FORMACIÓN DEL PROFESORADO
Actividades innovadoras para el dominio de las competencias docentes

AUTORES:

ANTONIO MEDINA RIVILLA (Coordinador)
(UNED-España)

CONCEPCIÓN DOMÍNGUEZ GARRIDO
(UNED-España)

EDUARDO RAMOS MÉNDEZ
(UNED-España)

GENOVEVA DEL CARMEN LEVÍ ORTA
(UNED-España)

C. MEDINA DOMÍNGUEZ
(UNED-España)

CRISTINA SÁNCHEZ ROMERO
(UNED-España)

EUFRASIO PÉREZ NAVÍO
(UNED-España)

MARGARITA ALEXANDRA RODRÍGUEZ ACOSTA
(Escuela Politécnica del Ejército - ESPE - Ecuador)

MARÍA ISABEL GUERRÓN TORRES
(Escuela Politécnica del Ejército - ESPE - Ecuador)

MARIO A. SECCHI
(Instituto Universitario Italiano de Rosario - IUNIR - Argentina)

N. SOTELO RODRÍGUEZ LEÓN
(Instituto Universitario Italiano de Rosario - IUNIR - Argentina)

GUSTAVO ELÍAS DE LA HOZ HERRERA
(Universidad Libre de Colombia)

BLANCA A. VALENZUELA
(Universidad de Sonora-México)

MANUELA GUILLÉN LUGIGO
(Universidad de Sonora-México)

ANTONIO MEDINA RIVILLA
(Coordinador)

FORMACIÓN DEL PROFESORADO
Actividades innovadoras
para el dominio
de las competencias docentes

Editorial Universitaria
Ramón Areces

Esta publicación ha sido realizada con el apoyo financiero de la Agencia Española de Cooperación Internacional para el Desarrollo (AECID). Su contenido es responsabilidad exclusiva de las entidades que han participado en la elaboración de la misma y no refleja necesariamente la opinión de la AECID.

Proyecto código: A3/040472/11

Diseño y aplicación de actividades innovadoras de enseñanza-aprendizaje para el desarrollo de competencias docentes.

© EDITORIAL CENTRO DE ESTUDIOS RAMÓN ARECES, S. A.
  Tomás Bretón, 21 - 28045 Madrid
  Teléfono: 91.506.11.90
  Fax: 914.681.952
  Correo: cerasa@cerasa.es
  Web: www.cerasa.es

ISBN-13: 978-84-9961-131-0
Depósito legal: M-21349-2013

Impreso por: Campillo Nevado, S. A.
Antonio González Porras, 35-37
28019 MADRID

Impreso en España / *Printed in Spain*

Índice

Índice de tablas

Introducción a la investigación desarrollada

La formación del profesorado universitario en la encrucijada de la segunda década del siglo XXI se sitúa como una garantía para la mejora de la Educación Superior, especialmente ante los desafíos del EEES y su incidencia en las numerosas universidades de América, con proyección en los países que se han implicado en esta investigación: Argentina, Colombia, Ecuador y México, en estrecha colaboración con España, a través de la Universidad Nacional de Educación a Distancia (UNED), que atiende el mayor número de estudiantes universitarios en diversas ramas, niveles, modalidades y con una apertura actualizada a todas las personas en su programa abierto COMA.

La obra que presentamos es una síntesis del amplio proyecto desempeñado entre cinco universidades, con la colaboración de un alto número de expertos doctores universitarios, que han puesto en común las reflexiones e investigaciones más valiosas llevadas a cabo en sus respectivas universidades; cuyo punto de encuentro ha sido identificar el mapa de competencias docentes más relevantes y seleccionar las tareas innovadoras pertinentes para la consecución y óptimo desempeño de aquellas en coherencia con investigaciones previas y estudios de caso acometidos en las universidades implicadas.

El proyecto ha sido realizado con el apoyo de la AECID, mediante la concesión de la ayuda con identificación A3/040472/11 y título: Diseño y Aplicación de Actividades Innovadoras de Enseñanza-Aprendizaje para el desarrollo de Competencias Docentes, que ha facilitado los intercambios de docentes, investigadores y expertos y la celebración de varios encuentros en las universidades de ESPE-Quito, UNISON-Hermosillo y UNED-Madrid.

Este trabajo es la constatación de uno de los abundantes productos de la Red (RIAICES) que acoge a numerosos países de Europa y América, habiendo consolidado su línea de congresos, obras de relevancia, revista y diseño de artículos en otras, centrada en la investigación, evaluación e innovación de la docencia universitaria y del desarrollo de las instituciones.

Proyectos anteriores, como el MOEES (2006-2007), Congresos DIPLAES (2008), INNOVADOR (2009) Madrid, Faro (2011), Portoalegre (2012) y Riga (2013) son claros exponentes del trabajo en curso y el impacto de la red en las universidades implicadas y en sus ámbitos de incidencia.

Esta publicación sintetiza las aportaciones de más de 600 docentes universitarios, que han respondido al cuestionario y de ellos más de dos centenares que han participado en encuentros y *simposium* realizados en las universidades participantes y llevado a cabo algunos estudios de caso como ha sucedido en la ESPE de Quito y UNISON de Sonora.

Este proyecto ha consolidado un mapa de competencias docentes que orientan la formación inicial y continua del profesorado con gran incidencia en la transformación de la cultura y procesos de innovación docente iniciados en el actual siglo y con elevado impacto en el momento actual. Se logra así una línea de continuidad, rigor y evidencias para la transformación de la profesión docente en las instituciones de educación superior. La aceptación y mejora del modelo de competencias se amplia y afianza en esta investigación, aportándose una matriz de tareas innovadoras que fundamentan el diseño de planes y programas de formación del profesorado y las decisiones para conseguir una mayor identidad con la profesión de la docencia universitaria.

El análisis factorial aplicado y la rotación realizada con los datos derivados del cuestionario evidencia la presencia de tres componentes en las que se agrupan las doce competencias.

La primera componente más valorada en los distintos procesos de análisis ha sido la **planificación** que queda definida como esencial y determinante para el desarrollo de la función docente.

La segunda componente agrupa las competencias de puesta en práctica de las decisiones de planificación, entre ellas: **comunicación, metodología, diseño e integración de medios, tutoría, motivación y evaluación** y como base para su óptimo desarrollo la de **identidad profesional**.

La tercera componente queda definida por la **investigación, innovación, pertenencia institucional e intercultural**.

La jerarquización de las competencias u ordenación otorgada por el profesorado complementa el análisis anterior y consolida las dos primeras y las dos últimas en su lugar de preferencia. La valoración otorgada al conjunto de competencias es elevada ya que sobre una puntuación máxima de 6 se acerca al valor 5,5 varias competencias, siempre presididas por la planificación, todas ellas obtienen una media global superior a 5, lo que pone de manifiesto el alto valor concedido al mapa presentado y fundamentado por el equipo de investigación.

Se amplía el análisis mediante la elaboración de un diccionario, aplicando la metodología de Minería de datos, que ha permitido identificar las tareas innovadoras que los docentes proponen llevar a cabo para alcanzar la formación requerida y explicitada en el dominio del mapa de competencias.

La comunidad universitaria dispone de una rigurosa obra, que armoniza las bases teórico-prácticas para el desarrollo profesional de los docentes universitarios y una línea básica para facilitar la iniciación profesional de los noveles.

La educación superior encuentra en esta investigación un modelo contrastado y ampliamente consolidado para diseñar programas de formación integral del profesorado con proyección y reconocimiento en el conjunto de universidades participantes. Este modelo aporta la concepción de la formación, las tareas a llevar a cabo y algunas decisiones que capacitarán al profesorado en las competencias docentes, esenciales para la formación integral de los estudiantes en el momento de cambio del modelo universitario, de adaptación de métodos y medios didácticos, que afectan globalmente a la comunidad universitaria y que demandan actuaciones creativas y rigurosas.

Esperamos que esta obra contribuya a afianzar las modalidades educativas del profesorado universitario con adecuada adaptación y proyección a los restantes docentes del Sistema Educativo, al facilitarles tareas adecuadas para lograr la plena identidad con la profesión y desarrollar un clima de formación integral de los estudiantes con impacto en la transformación de las sociedades, de las instituciones y de las organizaciones en su globalidad.

Esta investigación ha contribuido a la realización del programa en las universidades participantes y ha significado una mejora de la capacitación docente del profesorado. Se ha enriquecido la línea de innovación mediante la amplia experiencia que en este campo acumulan las universidades participantes como la Universidad de Sonora (México), el Instituto Universitario Italiano de Rosario (IUNIR) (Argentina) y la Universidad Libre (Colombia).

Este trabajo está avalado por los programas previos desarrollados entre las citadas universidades y la UNED para la formación en competencias de sus docentes y la adaptación de las TIC a las mejoras del proceso de enseñanza aprendizaje.

CAPÍTULO 1

Competencias docentes

1. Aproximación al concepto de competencia

La competencia es una cualidad que integra saber, capacidad de hacer, actitudes y valores para resolver situaciones complejas: personales, sociales y profesionales. La competencia es un concepto de integración del dominio de dimensiones de conocimiento (aprender a conocer), de acción-práctica y habilidad para resolver situaciones y de actitudes valiosas para tomar decisiones adecuadas.

De la Orden (2011: 53) considera que «la competencia implica complejas interacciones influidas por los estilos de aprendizaje y las condiciones motivacionales».

Esta complejidad y amplitud de la competencia, integra las dimensiones didácticas más representativas del proceso de enseñanza-aprendizaje: dominio de saberes de relevancia instructiva, métodos aplicados a resolver los problemas de la práctica docente y actitudes-valores.

El desarrollo de la competencia en el docente, requiere consolidar las dimensiones que integren y apliquen con acierto los valores que constituyen las bases de los saberes para que faciliten la solución de situaciones difíciles para su vida personal y profesional. Las competencias se proyectan en logros efectivos en el desempeño de la profesión docente, diseñando y desempeñando programas y prácticas de éxito y calidad del acto de enseñanza-aprendizaje.

El dominio de las competencias se expresa al integrar en su estilo docente formativo y relevante las dimensiones más valiosas:

- Qué conocemos, aprendizaje de saberes, instrucción de calidad, modelos didácticos, etc.

- Cómo los descubrimos, empleamos y aplicamos para resolver problemas y encontrar nuevas líneas de pensamiento y significados (métodos de enseñanza-aprendizaje y heurísticos).

- Con qué disposición, valores y estilos de ser los compartimos y enriquecemos continuamente.

- Qué nivel de compromiso y asunción ética de la profesión experimentamos y proyectamos (Medina, 2009).

La competencia profesional-docente se sintetiza en el saber-conocimiento abierto y profundo de la Didáctica y disciplinas concatenadas en el corpus pedagógico, en las cuales descubrir y consolidar modelos y estilos de aprendizajes fecundos e intelectuales, completados y transformados con métodos basados en la armonía emocional, los valores educativos y las formas más diversas de aprender con un enfoque profesional.

¿Qué aporta al proceso didáctico la formación por/desde competencias?

La identificación de las competencias sintetiza los aspectos diferenciales y necesarios para la formación, descubriendo la complementariedad e integración entre contenidos de aprendizaje, procedimientos prácticos ligados al proyecto de vida y profesional de los seres humanos, valores y actitudes profundas que subyacen al modo de actuar y se identifican con él, dado que la actitud se apoya en los valores, se enriquece con las emociones y afectividad y se hace realidad en cada comportamiento.

La formación del profesorado desde este enfoque se consolida como un proyecto con intenso impacto en la práctica docente y en cada grupo humano, a la vez que se trabajan los saberes más adecuados a la solución de los problemas personales, sociales y profesionales, ante y para cuya solución se ha de preparar a cada docente, en la línea de un plan de actuación en común.

El enfoque de trabajo y de mejora de cada ser humano para que sea competente, a juicio de Le Boterf (2010) radica en la toma de conciencia de las múltiples posibilidades que el aprendizaje de saberes relevantes y pertinentes ha de tener para tomar las decisiones, que lleven al desempeño adecuado y eficiente de cada proyecto personal y profesional. Se avanza en prácticas y concepciones de naturaleza competente cuando se realizan acciones orientadas a encontrar la plena complementariedad entre saberes fecundos y procesos innovadores.

La opción de formación por competencias pretende que los participantes en un programa educativo descubran los retos y problemas más relevantes que les afectan y prepararles para que combinen las demandas de sus vivencias con las nuevas y emergentes profesiones, reencontrando el valor de los saberes especulativos en el ámbito universitario y la aplicación de lo aprendido a la solución de complejas situaciones personales y profesionales.

Las competencias se configuran como una nueva línea, que orienta la formación de los estudiantes universitarios a tomar conciencia de los verdaderos retos de las futuras profesionales, de sus proyectos de vida en contextos inciertos y de la necesaria preparación para responder a complejas realidades humanas. El dominio de las competencias se sintetiza en nuevas formas de aprender los saberes, transferirlos a la solución de problemas reales y de afianzar las actitudes más coherentes con los valores relevantes y persistentes en la sociedad de la comunicación y el conocimiento.

La competencia integra cuanto se trabaja en los procesos formativos, dándoles una proyección generadora y potenciadora de ideas y acciones que transforman continuamente lo conocido, en adaptación a las exigencias de una sociedad abierta, glocalizada y pluricultural.

Las competencias que la profesión docente ha de dominar se concretan en el diseño y aplicación de modelos y concepciones didácticas innovadoras, que orientan y se enriquecen desde la toma de decisiones para resolver problemas prácticos, al aplicar los métodos heurísticos y didácticos más valiosos, enriquecidos con el desarrollo de actitudes y valores potenciadores de la formación a lo largo de la vida.

Las competencias docentes-profesionales emergen de la identificación y justificación de las funciones que el proceso de enseñanza-aprendizaje les demanda, siendo necesario capacitarse como expertos en la reflexión y actuación educativa. Las competencias colocan el acento en las evidencias formativas que necesitan los docentes para responder con pertinencia y éxito a la formación que requieren los estudiantes en un mundo en continua transformación.

El aprendizaje de las competencias profesionales conlleva una armonía entre la visión teórica, saberes que sustentan la competencia «nada hay más práctico que una teoría consolidada» y la riqueza de cada práctica docente convertida en la base del avance continuo, la reflexión y la construcción de nueva teoría. La formación de, y para la docencia, ha de intensificar la selección y adaptación de los saberes didácticos, apoyados en la reflexión y el estudio de caso de cada acto/acción docente con estudiantes, configurando un estilo de diálogo abierto y cercano a cada aprendiz. La comunidad de estudiantes, docentes, expertos profesionales, actores sociales y organizaciones, constituye un referente apropiado para descubrir las competencias que nos demanda este gran escenario, y se necesita estar cercano a los verdaderos problemas y expectativas que la intensidad de cada práctica nos ofrece.

El proceso a seguir consistirá en descubrir las demandas que desde las actuaciones docentes en diálogo continuo e incierto se plantean a cada formador/a en su desarrollo profesional.

Perrenoud (2008) considera que el enfoque centrado en las competencias adapta los programas de formación a las nuevas realidades sociales y a los problemas de la vida cotidiana y representan una fuerte movilización de los saberes para responder a los problemas concretos de las profesiones y de las diversas situaciones vitales que atañen a los seres humanos al relacionarlos con los retos que encontrarán los jóvenes en su futura vida laboral.

2. La formación por competencias de los docentes

Los modelos de formación del profesorado universitario, en su evolución desde la formación inicial a la permanente, han generado escenarios de avances y consolidación profesional.

Los modelos trabajados en los últimos años (Medina y Domínguez, 1990): *Formación del profesorado en una sociedad tecnológica y modelos de formación en la sociedad intercultural* (Domínguez, 2006), presentan la opción de ligar la formación a la transformación integral; relacionan la capacitación pedagógica y práctica (Medina, Herranz y Sánchez, 2012), evidencia la trayectoria de la capacitación del profesorado en el marco de las competencias. Medina (2009), Domínguez, Medina y Cacheiro (2010); Medina, Sevillano y De la Torre, 2009) y Domínguez y García (2012), subrayan que es necesario cuestionarse la línea de formación del profesorado, si se desea que sean los artífices de la capacitación integral de los estudiantes como personas, seres humanos y excelentes profesionales, al constatar el conjunto de competencias (específicas y profesionales) de la futura profesión, que los estudiantes han de alcanzar; en consecuencia, nos planteamos que cada docente ha de tomar conciencia de cuáles son las competencias que ha de mejorar, en qué intensidad y cómo llevar a cabo esta tarea.

La consecuencia es, si deseamos que los estudiantes se formen en el dominio de las competencias genéricas y profesionales, los que los han de formar en esta nueva visión de síntesis y combinación de saberes, culturas, estilos de acción y solución de problemas académicos y profesionales, han de valorar a su vez, el nivel de dominio y comprensión alcanzada en este estilo de formación con la amplitud y profundidad necesarias. El profesorado ha de asumir el reto de preparar a cada estudiante para que acceda a la capacitación, anticipación a los problemas y preparación para el desempeño de la futura profesión.

Nos planteamos la necesidad de identificar el modelo pertinente para responder al ingente desafío que representa preparar a la futura generación en este proceso y especialmente, cómo formar al profesorado universitario para que asuma y consiga la actualización y desarrollo profesional para avanzar en el conocimiento científico, tecnológico y artístico con una visión transdisciplinar y entender que su campo de especialización, rama del saber, ha de orientarse a buscar soluciones a las dificultades que las futuras profesiones demandan a los estudiantes y contribuir a engrandecer el conocimiento y el pensamiento intelectual más genuino, mediante una línea de actualización de los saberes, reenfoques formativos, compromiso con las profesiones y apertura a la conciencia intelectual en la que todos los miembros de la universidad han de situarse.

La formación de los estudiantes en el marco y base de las competencias, requiere del profesorado una formación análoga y un proceso creativo, flexible y colaborativo para avanzar en la perspectiva formativa más adecuada a los estudiantes, las organizaciones productivas y los escenarios de educación no formal.

El modelo de formación que propugnamos ha de centrarse esencialmente en el dominio de las competencias docentes y su adaptación continua atendiendo a las instituciones y los colectivos relacionados con las demandas de la universidad del siglo XXI y de una sociedad tecnológica, pluricultural y glocalizada.

Este modelo retoma los aspectos más valiosos de los procesos narrativos y de historias de vida al implicar al profesorado en la búsqueda de experiencias docentes que seleccionen la competencia o competencias en la que se sientan expertos y en torno a ellas, construir un discurso de reflexión y emergencia del modelo que las sustentan, basado en las vivencias más valiosas, que dan significado a los estilos de conocimiento y a las cambiantes formas de ser y estar como formadores en esta sociedad. Así mismo la formación en competencias de los profesores universitarios ha de incorporar los aspectos de interdependencia y apoyo mutuo, síntesis holísticas de búsqueda y mejora que caracterizan los modelos de formación en colaboración, conscientes del valor de las competencias y de su consecución, dado que se avanza en el dominio de ellas mediante los proyectos en común, el sentido integrador y el valor de complementariedad del significado y sentido de las propias competencias.

La combinación e integración de saberes didácticos, prácticas formativas, actitudes y valores, asumidos con elevado compromiso aportan soluciones a los problemas personales, sociales y profesionales; destacando el sentido creativo de cada actuación docente para lograr la formación integral y holística que caracteriza la consecución de las competencias, esencialmente de las profesionales.

2.1. Mapa de competencias docentes

La formación del profesorado universitario en competencias profesionales para el óptimo desempeño de la docencia ha sido objeto de numerosas investigaciones entre ellas: Zabalza (2006), Medina y Cols. (2007), De la Hoz (2009), Esteban (2011), Mas (2012), que evidencian la pertinencia de construir un modelo que sintetice el conjunto de competencias fundamentales para la formación integral del profesorado universitario.

Las competencias seleccionadas están en relación con las funciones innovadoras que caracterizan la docencia y que globalmente representan de modo interrelacionado la línea directriz de los programas de formación del profesorado en la universidad, a la vez que los logros que se espera que cada docente trabaje para conseguir la adecuada capacitación que reclama la puesta a punto del profesorado para a su vez formar a los estudiantes en las más valiosas.

Las competencias han sido contrastadas con las encontradas en otras investigaciones y presentadas como base para diseñar las más pertinentes a las demandas profesionales que tienen en su base la competencia denominada *identidad profesional*, y otras que unen los aspectos ligados a la mejora de la práctica docente y los continuos cambios: *la innovación de la docencia* que se completa con la de *investigación*.

Unidas a estas tres se agrupan las que consolidan las funciones esenciales de diseño y desarrollo de los procesos de enseñanza-aprendizaje: *Comunicación, Metodología,Integración de Medios* y *Motivación*, que se corresponden con actuaciones didácticas valiosas que dan sentido a nuevas prácticas (Zabalza, 2012); en las que la acción docente se organiza en torno al núcleo de la interacción didáctica, desarrollada en la competencia comunicativa y aplicada mediante los métodos más pertinentes, implicando a cada estudiante en su proyecto vital y a la clase como grupo creativo de conocimientos.

El mapa de competencias docentes se consolida mediante otras *competencias complementarias* que se hacen realidad en lo nuclear, como por ejemplo, *la Tutoría* mediante la cual el profesor universitario descubre a cada estudiante, le implica y estimula a llevar a cabo su proyecto personal de aprendizaje, en la vertiente de sus preferencias y necesidades formativas del título, en coherencia con la formación a lo largo de la vida.

El horizonte de la formación universitaria se amplía mediante la *evaluación* holística y comprensiva, el camino seguido por cada docente en el dominio de las competencias pretendidas, aplicando las modalidades de pruebas y criterios que evidencien, si se ha logrado el desarrollo integral de tales competencias.

El proceso de formación del formador es el conjunto de acciones y de experiencias realizadas para alcanzar su perfil profesional y sentar las bases de su mejora en el proceso de enseñanza-aprendizaje.

La representación gráfica del modelo de competencias en la práctica educativa, se expone siguiendo la interdependencia e interrelación entre ellas:

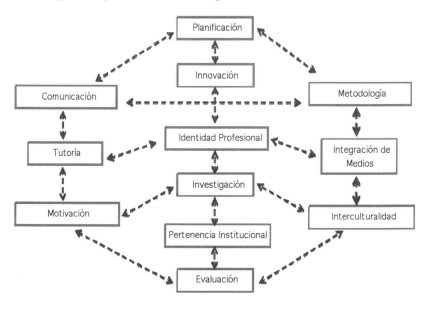

La práctica del proceso formativo explicita el avance que ha alcanzado el profesorado en este mapa de competencias, destacando las mejoras en cada una de ellas y la proyección ejercida en el desarrollo de las competencias de los estudiantes.

Los procesos de mejora que cada docente ha de lograr, constituyen el verdadero sentido de este proyecto de investigación abundando en las potencialidades y significados que para el profesorado tiene la mejora integral de su propio desarrollo profesional, identificando las más valiosas. ¿Qué línea seguimos o pretendemos desvelar para consolidar el dominio de las competencias? El desarrollo de estas competencias, al consolidar la complementariedad entre el saber y la solución de problemas prácticos, necesita de tareas-actividades innovadoras que las propicien y transformen permanentemente, dado el gran valor de las mismas para generar una docencia de calidad.

¿Por qué hemos de descubrir las principales tareas que consigan el óptimo desarrollo de las competencias?

La respuesta evidencia que cada competencia integra saberes, prácticas profesionales, actitudes y valores que han de ser promovidas mediante tareas innovadoras de acuerdo con las necesidades de cada docente en su auténtico proyecto vital y profesional. La práctica es la base para comprender la complejidad de los procesos formativos y llevar a cabo la docencia, como un proceso de mejora permanente y de desarrollo profesional.

3. Competencias docentes

Existen varios factores que determinan quiénes y cómo serán los nuevos profesores universitarios, entre ellos los aspectos socio-económicos y las características del sistema productivo del país que determinan el tipo de necesidades educativas que deben ser prioritarias y que influyen en la formación que se pedirá al profesor. El sistema educativo nacional determina la formación de los profesores en función de las exigencias del marco social imperante. Los avances de la cultura y de la tecnología, presionan para que se cambien los contenidos y la orientación de la preparación científica de los docentes. La diversidad de culturas que encontramos en las aulas obliga a la revisión y a la adecuación del concepto de educación y al desarrollo de nuevas líneas teórico-prácticas que contribuyan de manera directa a la formación de los formadores.

No podemos olvidar que existen facilitadores del desarrollo profesional de los nuevos profesores como son: la unificación de la formación en unos núcleos esenciales o la integración entre los contenidos de los distintos niveles de formación y el medio en el cual se ejercerá la profesión. El profesor debe ser formado para una variedad de tareas y niveles pedagógicos dentro y fuera de la institución de educación superior. Por ello, el proceso de formación de los profesores debe ser permanente a través de oportunidades de perfeccionamiento profesional (científico, pedagógico y personal) continuado.

3.1. Planificación

La competencia de planificación es la síntesis de saberes relacionados con el diseño y el desarrollo de prácticas curriculares, la metodología para resolver problemas de carácter profesional y anticipar de manera adecuada el conjunto de decisiones para desempeñar el proceso de enseñanza-aprendizaje con rigor y pertinencia, y predecir actitudes y valores propicios a la creación de una cultura de innovación.

Este ámbito de las competencias docentes constituye la capacidad de planificar que consiste en diseñar un programa académico universitario adaptado a las circunstancias de la institución, de las profesiones y de la sociedad, seleccionando diversos dispositivos y procedimientos para elegir los contenidos disciplinares más valiosos y relevantes que facilitan el aprendizaje de los estudiantes.

El proceso varía de unos contextos a otros, ya que resulta de un juego de equilibrios entre la predeterminación oficial de los programas académicos y la propia iniciativa profesional del docente para diseñar el programa adaptado a las características e intereses de los estudiantes.

Planificar la enseñanza universitaria significa tomar en consideración numerosos factores tanto externos como internos que se influyen mutuamente. Los primeros se establecen como marco referencial de naturaleza sociocultural en su dimensión más próxima y de carácter jurídico-normativo, en tanto se refiere a las determinaciones legales del sistema educativo universitario y de las instituciones. Los factores internos afectan a los contenidos básicos de las disciplinas, el marco curricular en el que se ubica la disciplina, la propia visión del docente, su didáctica, las características de los estudiantes y todos los recursos disponibles en la institución. Así pues, se trata realmente de una tarea compleja.

La tarea de planificación debe situar al profesorado en un espacio de predicción y anticipación razonada ante la futura toma de decisiones, en tanto que le posibilitan la contrastación de la propia práctica con los conocimientos teóricos pertinentes.

La estructura clásica de la competencia de planificación de la enseñanza, está formada por los siguientes elementos: competencias genéricas y profesionales, objetivos-resultados de aprendizaje, contenidos-saberes transdisciplinares, sistema metodológico y estrategias, análisis del campo laboral-taxonomía de tareas, perfil del egresado, integración de medios, agenda de trabajo y evaluación de las actividades desarrolladas. Dicha estructura se enriquece con la contextualización, las estrategias de apoyo a los estudiantes, la evaluación del desarrollo del programa, la organización de los ambientes de enseñanza-aprendizaje, los mecanismos de articulación con las otras asignaturas y departamentos y los procesos de documentación.

Esta competencia hace referencia al acoplamiento e integración de la asignatura, en el título, al incluir su propia capacitación, así como la organización de la misma para garantizar la efectividad del proceso enseñanza-aprendizaje en la clase; es decir, que tal proceso se debe construir en espiral y no de manera lineal.

La programación del proceso enseñanza-aprendizaje habrá de valorar las expectativas de los estudiantes, dado que el desconocimiento de las mismas, puede llevar al fracaso cualquier planificación, pero hemos de acertar en su satisfacción. La planificación educativa deberá hacerse bajo estos criterios y a través del diálogo y la generación de un clima de confianza mutuo entre el profesorado y los estudiantes.

Las directrices planteadas demandan al docente universitario asumir dos situaciones de importancia que afectan a la formación de sus estudiantes:

– El conflicto generacional, dado que el profesorado debe enfrentarse a problemas que a veces le superan, no siendo suficiente los recursos recibidos por los sistemas tradicionales de formación.

– Y por otro lado, los avances en la tecnología educativa, ya que el antiguo método de educar basado en la transmisión verbal y vertical de la información, carece de validez actual, exigiendo al profesorado el dominio de métodos y técnicas acordes con los retos que plantea el proceso educativo universitario en el siglo XXI.

En consecuencia, una universidad de excelencia organiza el trabajo académico de modo que siempre sea posible que unos docentes aprendan de los otros, creando los espacios (seminarios, talleres, conferencias, etc.) para asegurar este permanente proceso de enseñanza mutua; además de la exigencia del trabajo colaborativo entre pares, de actualización y de reflexión de todos los docentes.

La competencia de planificación ha de apoyarse en algún enfoque o modelo teórico que fundamente el proceso y la práctica de la misma. Entre los modelos a considerar por el profesorado destacaríamos el Científico-Tecnológico que parte de considerar la planificación, como un proceso sistemático basado en la identificación de competencias, definición de objetivos claramente formulados y la selección de los métodos y procesos más valiosos para la consecución de tales objetivos. La característica principal de este sistema de planificación por tanto, es la formulación de tales objetivos en términos precisos para ser alcanzados y la identificación de los medios y recursos más adecuados para lograrlos. El énfasis de esta línea de planificación radica en la determinación de los resultados de aprendizaje a alcanzar y en la adaptación del conjunto de decisiones que afectan a la globalidad de los elementos de esta planificación.

Sin embargo, el modelo científico-tecnológico aplicado de un modo estricto y riguroso es considerado inadecuado para responder a la singularidad y a la complejidad de los procesos de enseñanza-aprendizaje y se ha estimado necesario desarrollar un modelo menos centrado en los objetivos y resultados y más adaptado a la construcción de procesos pertinentes para respetar la singularidad y la incertidumbre que caracterizan las prácticas docentes y la diversidad de aprendizaje que alcanzarán los estudiantes. Cercano a este modelo procesual, se ha ido desarrollando otro denominado Cultural-Interpretativo, caracterizado por adaptarse a la incertidumbre y al sentido artístico de la enseñanza que pone de manifiesto las limitaciones de la planificación y sitúa el énfasis en el sistema de toma de decisiones abierto, flexible y creativo que ha de caracterizar las acciones que el profesorado asume en la diversidad de actos didácticos.

La competencia de planificación se forma y se fundamenta apoyada en alguno o algunos de estos modelos, y por su propia caracterización, evidencia que de acuerdo con la singularidad de los estudiantes, la amplitud de los saberes y el impacto de las TIC, el profesorado necesita recurrir a la utilización de diversas opciones del proceso de enseñanza-aprendizaje en función de la naturaleza de la práctica, la selección de los saberes más representativos, la taxonomía de actividades, la pertinencia de los medios, etc.

La competencia de planificación se constituye por la complementariedad entre el modelo o modelos de planificación que el profesorado ha de conocer y aplicar, por su proyección en los problemas relativos a la profesión y por la humanización de los mismos que han de ser adecuadamente elegidos y programados, orientados por los valores y actitudes que la formación de los jóvenes universitarios demanda en el mundo actual.

Proponemos algunas tareas para favorecer el desarrollo de esta competencia:

– Tarea 1. Estimar las actividades de planificación realizadas en el período académico anterior y narrar las principales decisiones tomadas en torno al proceso de aprendizaje e instrumentos utilizados.

– Tarea 2. Extraer el modelo de planificación que durante los últimos dos años ha fundamentado las actuaciones más adecuadas, realizadas para la mejora del proceso de enseñanza-aprendizaje.

– Tarea 3. Diseñar y actualizar el *syllabus* o programa de la asignatura en base al plan de estudio de la carrera, el perfil del egresado y el análisis del campo laboral.

– Tarea 4. Realizar seminarios de análisis de los planes de estudio que orienten y definan las actividades de aprendizaje innovadoras para alcanzar la competencia de planificación, empleando recursos bibliográficos, analizando programas anteriores aplicados a su asignatura y buscando criterios de armonización entre las diversas asignaturas que contribuyan al diseño de un equilibrado plan de estudios, abierto a incorporar los problemas de las futuras profesiones y las demandas de la sociedad tecnológica y pluricultural.

– Tarea 5. Seleccionar un tema o problema representativo de la futura profesión y plantear una adecuada programación del mismo en coherencia con actividades sugeridas en otras competencias tales como la de innovación, investigación, identidad profesional, etc. (selección de competencias a desarrollar genéricas y profesionales, resultados de aprendizaje a adquirir durante un periodo determinado, transferencia y selección de los contenidos formativo-transdisciplinares, métodos, tareas, recursos, modelo y pruebas de evaluación), convirtiendo este proceso de programación en una actividad investigadora y de innovación de la docencia.

3.2. Comunicación

El proceso comunicativo es tan amplio y complejo como la existencia humana y se afianza mediante la reflexión compartida, el conocimiento y el intercambio de conceptos, la solución de problemas y las nuevas formas de colaboración. En efecto, la comunicación es una práctica humana y social que se desarrolla en cercanía y comunidad entre las personas, facilitando el intercambio de significados y las demás realidades que deseamos compartir.

Así pues, la comunicación es un proceso científico, artístico y con un apoyo tecnológico que se transforma en coherencia con los retos, las demandas y singularidades de la sociedad del conocimiento, plenamente abierta a la continua búsqueda del saber, al hallazgo de los auténticos valores y al entusiasmo con los desafíos de la glocalización.

Para el logro de esta competencia comunicativa, el profesor universitario requiere un genuino dominio de los códigos verbal, no verbal, paraverbal e icónico, en estrecha complementariedad para la toma adecuada de decisiones y el verdadero significado de las realidades universitarias, o apoyados en los medios tecnológicos que transformen la práctica docente de forma continua y que den respuesta a cada una de las demandas de las nuevas culturas teniendo en cuenta que el estudiante es un procesador activo de la información, desde la que genera conocimientos que le permiten conocer y transformar la realidad, así como desarrollar todas sus capacidades. En cualquier caso, el aprendizaje es más complejo que el mero uso del recuerdo, pues no significa solamente memorizar la información. Desde esta perspectiva, la competencia docente de comunicación, tiene que ver con la capacidad para gestionar didácticamente la información y con las destrezas que se pretenden desarrollar en los estudiantes, es decir, que los profesores deben convertir las ideas o contenidos disciplinares en mensajes didácticos claros, para que los alumnos realicen la misma operación pero a la inversa. Esta competencia, se encuentra referida a la información, a la buena comunicación que se debe establecer con los estudiantes. Este intercambio de información tiene que facilitar la expresión correcta de la misma, e impedir que exista riesgo de pérdida de información dentro de todo lo que es importante transmitir.

En el manejo de la comunicación existen tres principios esenciales sin los cuales todo el proceso puede verse afectado (Medina y Cols., 2011: 160), a saber:

1. La información debe ser veraz. No cabe información manipulada ni contaminada por posiciones ideológicas partidistas.

2. La información debe ser dosificada. Los profesores en función de su formación, experiencia, roles sociales, expectativas y otros condicionantes personales, pueden generar algún grado de dificultad para manejar de forma adecuada la información,

3. La información debe ser secuenciada. La comprensión de los hechos tiene una racionalidad que afecta a las formas y los modos de com-

prender por lo que si la información no se ofrece en un orden secuencial adecuado, puede verse distorsionada.

Este proceso de codificación, transporte y decodificación de la información del emisor a los receptores es complejo y se ve afectado por diversos factores, tales como el tono de la voz del profesor, la velocidad en la emisión del mensaje, el tamaño del auditorio, el tipo de letra utilizada, la presencia de defectos en los materiales; en conclusión, todos ellos son los factores que afectan directamente la transmisión del mensaje. También conviene señalar que junto a esto, se pueden presentar problemas de diversa índole en los estudiantes, como sordera, pérdida de la visión, dificultades de la atención, déficit de conocimientos previos, etc.

Todos estos factores se pueden superar a través de los mecanismos de redundancia y del acondicionamiento de los propios mensajes. La redundancia consiste en repetir el mensaje de otra manera y/o expresarlo a través de códigos comunicativos diferentes, todo ello para garantizar que las explicaciones se entiendan adecuadamente. Respecto al acondicionamiento de los mensajes, éstos deben cumplir los criterios de simplicidad, orden, brevedad y estimulación que permitan a los estudiantes entender bien lo que se les quiere comunicar.

Uno de los aspectos que marca la calidad de la comunicación es la organización interna de los mensajes, que consiste en decir primero lo que piensa decir, después deben decirlo y deben acabar diciendo lo que habían pensado. Además, lo que se plantea sobre cada tema puede ser aplicado al conjunto de las disciplinas. Se debe iniciar el curso presentando a los estudiantes la asignatura que van a trabajar dándoles una visión general de la disciplina y de los contenidos. De esta manera, ellos pueden montar un esquema mental que les ayudará a situar cada tema con relación al conjunto y los problemas que se abordan desde cada disciplina, lo que les permite identificar que las disciplinas no son un entramado de temas unidos aleatoriamente, sino estructuras conceptuales y operativas que tienen una lógica interna que les es propia.

Otra característica esencial de la competencia de comunicación es transmitir una gran motivación a los estudiantes, es decir, apasionarlos por el conocimiento en general y por los asuntos concretos que desarrolla su disciplina. Con frecuencia las explicaciones de un tema se convierten en procesos enunciativos y discursivos densos y de alto nivel de abstracción, cuando hay que explicar algunos conceptos; en muchas ocasiones resultan difíciles de decodificar y exigen un alto nivel de concentración mental, por lo cual resulta apropiada la incorporación del entusiasmo.

En este sentido, toda comunicación conlleva esa orientación a la influencia de qué y quién comunica (profesor), qué se pretende del receptor (alumno), con el propósito de provocar en él cambios de conocimientos, de conductas, de sentimientos; es decir, que lo propio de la comunicación didáctica es que la influencia tiene un encuentro personal con sentido formativo que va implícito en su intención, es más, es una comunicación intencionalmente desarrollada para que los sujetos se formen.

De igual manera, la competencia de comunicación presenta otros retos como pueden ser las clases con un gran número de estudiantes, el estilo asumido por el docente (liderazgo, sensibilidad, autonomía, innovación y estimulación) en el proceso enseñanza-aprendizaje hacia el logro de los objetivos planteados. Otro aspecto importante es el clima de la clase (afiliación, claridad de las normas, control, orden, apoyo y orientación a la tarea) ya que mantener una relación agradable con los estudiantes les posibilita una mejor comprensión de los mensajes, dado que existen formas de trabajar que resultan ser más adecuadas para favorecer el enriquecimiento del proceso educativo.

De ahí la necesidad de que el profesor se autoevalúe sobre cómo se comunica, es decir, analizar su propia comunicación, pero también preguntarle a los estudiantes cómo perciben las cosas, cómo se sienten, cómo valoran el estilo de trabajo que estamos llevando a cabo y las formas de comunicación que se mantienen en la institución. Es un momento muy importante que si se lleva a cabo de una manera honesta y abierta, suele dar mucho éxito, pues el profesor se hace consciente de ciertas percepciones de los estudiantes de las que no sabía nada, también sirve para que el profesor pueda exponer sus propias sensaciones con respecto al grupo y plantear abiertamente la necesidad de reforzar ciertos aspectos de su participación. Los estudiantes aprenden por tanto, la importancia de la comunicación y de qué forma puede ser revisada y custodiada.

Se ha constatado en grandes aulas, la existencia de zonas que afectan de manera clara la satisfacción, la implicación y los resultados del aprendizaje. Así pues, la zona delantera y central de la clase, se configura como una zona de acción, mientras que los laterales y la parte posterior aparece como zona marginal. Los estudiantes situados en la zona de acción aparecen más implicados e interesados en el trabajo, mientras que los que se sitúan en las zonas marginales tienden a involucrarse menos en la actividad y a apartarse del proceso con mayor facilidad.

Para resolver estas diferencias de zonas, se sugiere una posición circular de los pupitres, además que el profesor se mueva a través de la clase y motive la participación activa de todos los estudiantes. De esta manera, los espacios se convierten en escenarios activos que invitan a trabajar de distintas maneras, a emplear otros tipos de recursos y estrategias de aprendizaje, etc.

Para lograr la mejora de la competencia de comunicación se debe valorar la armonía y complementariedad entre los métodos seleccionados como: comprensión y análisis de textos (diversas tipologías), tareas que se llevan a cabo, elaboración de los diversos recursos, dominio de la expresión oral y escrita. Esta competencia se desarrolla al integrar la teoría y la práctica educativa que representan el contenido esencial del aprendizaje y de la integración del saber y el hacer.

Otra cuestión importante es que la innovación de la competencia comunicativa radica en el empleo de las modalidades expresivas: la narrativa, interrogación, descripción, explicación, exposición, dramatización, solución de problemas, simulación de situaciones, integración de los estilos y propuestas de discursos interculturales, poética, etc. El docente para formar a los estudiantes en esta competencia debe autoevaluar su dominio y analizar su nivel de gozo en la práctica de la lectura, su hábito escritor y la implicación con las asociaciones y grupos de estudiantes relacionados con la publicación de textos, creación de webquest, wikipedia y blogs como recursos adaptados a los escenarios digitales propiciando las tareas pertinentes para avanzar en este modelo interactivo para el desarrollo de la competencia desde las dos perspectivas discente y docente, mediante el desarrollo de los hábitos de lectura y escritura.

En síntesis, para lograr la competencia comunicativa se deben tener en cuenta los siguientes aspectos: dominio del discurso personal y comunitario en y con la institución, interiorización del significado y el papel de la comunicación para el proceso de enseñanza-aprendizaje, óptima comprensión y aplicación de los códigos comunicativos y sus funciones, utilización de la metodología didáctica y heurística. La acción comunicativa es transformación continua del estilo de ser y de pensar-actuar en el aula y en la institución, mediante el diseño de tareas pertinentes desde un enfoque comprensivo y creativo cercano a cada estudiante.

Por todo ello, se proponen las siguientes tareas:

– Tarea 1. Aplicar normas básicas de comunicación para entorno: presencial, distancia y virtual, grabación en vídeo de clases, análisis y toma de decisiones para la mejora.

– Tarea 2. Formalizar una instancia comunicativa (diálogo) con los estudiantes e integrantes de la asignatura desde el inicio y durante el curso.

– Tarea 3. Taller con los estudiantes para determinar el nivel de comprensión de una actividad planteada, con empleo del código verbal, no verbal, paraverbal e icónico.

3.3. Motivación

«La desmotivación docente es el virus más pernicioso de la Educación»

EZEQUIEL ANDER-EGG

El docente se constituye como sujeto de acción educativa y elemento central en la aparición y desarrollo de las motivaciones. Cuando se habla de competencia motivadora del docente, *«motivación»,* hablamos de una acción orientada a ejercer esta tarea con ánimo y/o con entusiasmo. La motivación docente es el interés, la dedicación y la gratificación que aplica y obtiene el docente en su actuación cotidiana. Se puede considerar como una meta para conseguir algo.

Un docente, profesional con vocación (motivación interna), es aquel que tiene, además de habilidades y conocimientos, ciertas disposiciones, capacidades y habilidades psíquicas y morales que le facilitan una mayor adaptación a la situación. Tiene muy claro el fin que persigue y le gusta perseguirlo, de tal forma que en ello encuentra entusiasmo (motivación externa).

La motivación se transmite quiera o no el profesor. Es una jerarquía en el marco social de la clase (el estudiante se modela con el profesor). Un profesor no motivado, fomenta su descrédito como profesional y genera en sus alumnos, actitudes similares e incluso peores (Esteve, 1998) (*El malestar docente*, 3ª edición, Paidós, Barcelona). Por tanto, el docente debe liderar positivamente, mostrar entusiasmo e incitar al éxito para incorporar la competencia de motivación, interiorizándola.

La motivación resulta imprescindible en todo acto de enseñanza-aprendizaje y en ambos agentes: docente-estudiante. La falta o la inadecuada motivación por parte del docente, (debido a su personalidad, a un comportamiento autoritario, bien por la ausencia de un buen material didáctico o por un inadecuado método de enseñanza) desincentiva al estudiante lo que contribuye a su vez a desilusionar al docente. El docente motivado, estimula a su vez al alumnado; debe tener y mostrar interés y compromiso por la tarea docente, empatía con el estudiante, identificación profesional e institucional y sobre todo, poner en evidencia el arte de transmitir pasión por aprender.

La motivación ha sido definida como una variable que interviene relacionada con estados internos del organismo (Bolles, 1967).

La investigación básica en motivación ha pasado por tres fases de desarrollo:

a) De 1900 a 1950: motivación homeostática.

b) De 1950 a 1970: función activadora e incentivadora de estímulos.

c) Desde 1970: teoría dinámica de la acción: integración de la motivación con diversos constructos psicológicos (Atkinson y Birch, 1970 y 1978).

La motivación es un proceso unitario, que tiene un efecto diversificado en niveles de acción y actividad diferentes, donde se vinculan intención, motivación, volición y cognición.

Sobre la base de la diversidad, pueden encontrarse distintas formas de motivación, que posibilitan un adecuado funcionamiento del sujeto.

El modelo de acción humana es complejo dentro del ámbito de la motivación y obedece a funciones de «ajuste» dentro del sujeto, adaptación de la persona al medio físico y su adecuación al medio social.

La motivación trata el por qué de la conducta humana que es anticipatoria por naturaleza. Las expectativas son los conocimientos de meta-futuros y los medios para alcanzarlos.

En educación nos preguntamos por qué los estudiantes despliegan más o menos energía e interés en realizar una tarea.

La motivación determina el componente cualitativo, direccional de la acción. En el organismo se producen deseos y aversiones, como dos clases fundamentales de variables motivacionales (Beck, 1983).

La preferencia está relacionada con la persistencia y el vigor de la conducta. Cuanto más preferido (deseado) es un resultado, mayor es la persistencia y el vigor para alcanzarlo. Asimismo, cuanto menos preferido (más aversivo) es un resultado, mayor insistencia y vigor para evitarlo.

Pero la direccionalidad y persistencia de la acción no son función privativa de la motivación. En el nivel de actividad cognitiva, otros tipos de procesos (expectativas, anticipación de metas, etc.) son también determinantes como fases de un proceso; ejemplo de ello es el modelo del paso de un pensamiento deliberativo a un pensamiento ejecutivo también llamado modelo del paso del «Rubicón». (Heckhausen H. *et al.,* (1985) Achievment motivation in perspective. Academis Press of London).

Esta perspectiva motivacional comprende fases bien definidas para alcanzar las metas de logro:

a) Fase predecisional: estado mental motivacional. Toma de decisión.

b) Fase postdecisional: estado mental volitivo. Preocupación por el objetivo.

c) Fase de acción: se tiende a la consecución de la meta.

d) Fase post-acción: valoración de la acción, de acuerdo con los resultados alcanzados.

La motivación escolar surge de la interacción de las personas y objetos, que se encuentran en el ámbito educativo (Garrido, 1986).

Ámbitos de motivación y acción educativa

Motivación intrínseca: «interés». Lo vocacional

Una acción educativa debe estar centrada en el interés, la curiosidad, y el autoaprendizaje. El status motivacional tiene características productoras de estímulos:

– Impulsan la exploración, la manipulación y adquisición de destrezas (Berlyne, 1960).

– Se refiere a la necesidad de ser más «eficaz» como persona.

– Las conductas motivadas intrínsecamente son interesantes y agradables para quién las realiza (Deci E.L., 1975) «Intrinsic Motivation, New York Plenum. Hillsdale, N J: Erlbaum).

– El interés es innato y puede ser suscitado e incrementado por la curiosidad.

– Mientras que el interés se asocia a una «actitud de atención», de selección de esa atención hacia una actividad u objeto, la curiosidad se manifiesta por el interés de temas nuevos, formulación de preguntas, actitud investigativa personal. La curiosidad se asocia a la tenacidad, a persistir hasta alcanzar la meta, dominar el tema o para comprender la utilidad de un objeto.

– El interés sobre el cual trabajaremos las motivaciones internas, podemos decir que es la emoción positiva desarrollada con mayor frecuencia y un factor motivacional fundamental en el desarrollo de destrezas, de la inteligencia y de la competencia. Mediremos el interés por la cantidad de tiempo que el sujeto pasa desarrollando una actividad «sin ser obligado», por la frecuencia de aparición de una conducta espontánea y por el valor de refuerzo que el sujeto desarrolla en una actividad.

– Como el interés se encuentra ligado a la curiosidad, valoramos de 1 a 5 ambos aspectos en los TP (los otros 5 puntos valoran motivaciones externas como metas alcanzadas). Estos instrumentos evaluativos deberían servir para que los estudiantes desarrollen al máximo sus habilidades y sus motivaciones cognitivas-sociales.

Motivación extrínseca: «reconocimiento»

Esta acción está centrada en la instrumentación del conocimiento y del saber: ¿Para qué me va a servir esto?

Es conocida la estrategia de la economía de fichas de seguimiento (Garrido y Pérez, 1986). Utilizaremos este elemento como fichas de evaluación diaria. Reconocimiento y recompensas extrínsecas. En este aspecto se especifican los relacionados con el logro, competencias. Se debe reconocer el valor del «esfuerzo» o el éxito de tareas planteadas como metas accesibles para todos los estudiantes. Asimismo debe valorarse la habilidad individual para que pueda alcanzar éxitos en el futuro. Focaliza la atención del alumno en conductas relevantes para la realización de las tareas. Las recompensas se ofrecen según los grupos y tiene que ver muchas veces con fijar metas más altas, dentro de los márgenes de la equidad.

Motivación cognitivo-social

En la motivación está implicada la perspectiva temporal futura. Esto genera el deseo de adquirir competencias: habilidades prácticas del médico generalista que poseen las siguientes características:

- Es una variable cognitivo-motivacional: «metas y desafíos».

- El valor de la motivación humana (De Volder y Lens, 1982).

- Es la motivación de logro por establecimiento de metas y desafíos (Bandura y Vervone, 1983, en 1). El logro es una de las 20 necesidades psicógenas básicas según Revé (1994): superar obstáculos y llegar a un estándar alto. Esforzarse y alcanzar lo máximo.

- La motivación del logro también entiende otras dos concepciones: una contempla la motivación como un impulso, es decir como un estado de necesidad interna que empuja a la persona a actuar (esta puede ser considerada también como una motivación intrínseca (Heyman G.D. y Dweck C.S., 1992): «Achievevement goals and intrinsec motivations» Motivation and Emotion 16 (3): 231-247).

- Debe existir una equidad motivacional en la voluntad de aprender (Covington, 1998).

La voluntad de aprender corre peligro siempre que el sentimiento de valía personal se equipara a la capacidad de alcanzar los «Competitivos». Los estudiantes que basan su sentimiento de valía personal en la «capacidad» corren un riesgo considerable, porque la universidad, y la vida real no garantizan una secuencia ininterrumpida de éxitos.

Las soluciones preferibles a la crisis educativa consiste en reorganizar «los incentivos» de modo que las metas (motivaciones cognitivas-sociales) pasen de ser competitivas y se aproximen a motivaciones intrínsecas, aprender porque sí, porque me interesa, para lograr el dominio en uno mismo o en beneficio de los demás integrantes del grupo de estudio (Educación solidaria, también centrada en las motivaciones más equitativas).

Las metas intrínsecas promueven una equidad de motivación, en el sentido de que la satisfacción que deriva del esfuerzo por alcanzar dichas metas se hallan al alcance de todos los estudiantes del grupo, independientemente de sus antecedentes o de su capacidad.

La motivación docente es el interés, vocación y el compromiso del docente con el aprendizaje, formación, y desarrollo de sus competencias.

La motivación es un proceso psicológico, común para el estudiante, el docente, el político, etc., resulta imposible separar las motivaciones específicas de cada uno de los actores de la educación superior. La motivación actúa como un dispositivo integrado entre estudiantes, docentes y directivos en lo que podríamos llamar «dispositivo integral de la enseñanza».

Un docente tendrá motivación interna, cognitiva y social, cuando incorpore estas competencias. Tendrá motivación externa cuando estas competencias logren motivar al estudiante en sus aprendizajes y se alcancen las metas de logro.

Actividades innovadoras para facilitar el dominio de esta competencia docente

1. Generar transposición didáctica de lo teórico a lo práctico tomando problemas de la vida real. Discutir-debatir con sus compañeros de trabajo acerca de su interés en el trabajo docente. ¿Por qué se tiene vocación y pasión por enseñar?

2. Estudiar y analizar (sólo o en grupo), los motivos que llevan a continuar la preparación profesional y las expectativas al respecto. Trabajar en colaboración con el otro. El estudiante se modela en el docente y él mismo, juega un rol motivador en el aprendizaje.

3. Tomar la motivación interna como herramienta para lograr el interés y el óptimo desempeño en la materia y en áreas de bajo interés. Fijarse metas factibles, trabajar las motivaciones del estudiante y la metacompetencias para retroalimentar un dispositivo motivacional.

4. Describir y justificar cómo vincular las demás competencias con ésta.

Situaciones prácticas para desarrollar las motivaciones docentes

Según Locke y Lathan, (1984) (Goal setting: a motivational Technique that works, Prentice-Hall, Englewood cliffs, New Jersey) existen algunos pasos técnicos que hay que planificar para implementar el dispositivo motivacional propio del docente:

1. Especificar el objetivo general o tarea a realizar (cada Trabajo Práctico: TP) (metas de aprendizaje).

2. Especificar cómo se va a alcanzar esta meta (dificultad creciente).

3. Establecer el nivel de producción o de rendimiento (ficha de evaluación diaria).

4. Establecer metas según dificultad y jerarquía (progresión).

5. Obtener logros positivos (metas de logro).

6. Establecer prioridades entre las metas. Esto es lo más difícil porque implica saber que algunas deben alcanzarse siempre y otras no.

7. Establecer una manera realista de conseguirlas.

8. Valorar el proceso y los resultados obtenidos.

9. Retroalimentar el sistema motivacional de enseñanza-aprendizaje.

Cuando hablamos de utilizar una asignatura como una herramienta motivadora del aprendizaje, estamos identificando la metodología de enseñanza y aprendizaje que asegura esa equidad para lo humanístico y para lo biológico con el fin de que todos desarrollen sus actividades con todos los instrumentos educativos puestos a su disposición.

Las situaciones prácticas para desarrollar las motivaciones docentes, se entrelazan con otras situaciones del contexto general: identidad profesional e institucional, dominio de metodología y planificación, etc.

Las motivaciones del docente son complementarias con las del estudiante. Si el docente está capacitado y entusiasmado con los aprendizajes, seguramente sabrá trasmitir motivaciones externas fuertes para que el estudiante se apasione por sus estudios, logros y aprendizajes. Producto de esto se logrará un buen rendimiento académico y esto será una motivación externa para el docente, por lo que se retroalimentará el dispositivo en su conjunto. El docente que se coloca en el lugar del estudiante, tiene ya media meta de logro obtenida.

3.4. Metodología

La competencia de metodología es la combinación de conocimiento y aplicación de métodos y técnicas que se ofrecen para ser utilizados durante el proceso de enseñanza-aprendizaje en las instituciones de educación superior, adaptados a las necesidades de los estudiantes y de la disciplina, holísticos e integrados, al armonizar el empleo de la conferencia magistral, el aprendizaje autónomo y colaborativo, aplicados con éxito y enfocados desde actitudes y valores representativos.

La tarea del profesor universitario es concebida como una profesión, con un limitado marco de autonomía para determinar la orientación de su actividad. Además, se le asigna y se espera que realice una función que contribuya a descubrir las mejores potencialidades de sus alumnos. También se espera que lo de todo en aras de la función educadora que desempeña, y que además no escatime esfuerzos ni recurso alguno.

Asumiendo que los contenidos disciplinares de los estudios universitarios son un producto valioso para el desarrollo humano; su selección y elaboración científica debe ser justificada, coherente y responder a las exigencias de la sociedad. Una vez diseñada la planificación de la asignatura, se seleccionan los contenidos que permitan la identificación de lo que es importante y de lo que se quiere conseguir en esta materia. Dicha selección de contenidos implica, por parte de cada docente, no sólo la disposición para efectuar una clasificación de los temas y su correcta secuenciación, sino un dominio especializado de la asignatura, como único medio para garantizar la identificación de lo relevante o indispensable.

Para el dominio de la competencia metodológica se requiere que el profesor seleccione y prepare los contenidos disciplinares como uno de los aspectos más importantes de un diseño curricular; ya que ello responde al *qué* enseñar. En efecto la competencia de metodología constituye el conjunto de datos, teorías y modelos pedagógicos, entre otros, que se ofrecen para ser utilizados en el proceso de enseñanza-aprendizaje de las instituciones de educación superior y responde al *cómo* enseñar.

Las modalidades metodológicas para enseñar y aprender en la educación superior vienen sintiendo la presión interna y externa para elevar su eficiencia, calidad, pertinencia y actualización de los saberes que les corresponde construir y promover. A los profesores se les exige mejores métodos de trabajo, sistemas de formación y evaluación por métodos, estructuras organizacionales más abiertas, horizontales y flexibles, mejores articulaciones con el mundo del trabajo y con las redes internacionales de intercambio de conocimientos. Tales escenarios pueden tener efectos multifacéticos en lo que atañe a las nuevas formas de producir conocimiento, y en ello las universidades deben ser consecuentes con esta responsabilidad histórica (Leví y Ramos, 2012).

En consecuencia, los problemas que se presentan a los profesores en el momento de seleccionar los contenidos disciplinares suelen ocurrir bien por exagerar su papel o bien por desconsiderar su función. Ello involucra que los profesores deben seleccionar, secuenciar y estructurar didácticamente todos los contenidos de la asignatura, que le permitan garantizar la formación de profesionales actualizados y de alto nivel académico. En efecto, deberá seleccionar los temas más importantes del ámbito disciplinar, acomodarlos a las necesidades formativas de los estudiantes, adecuarlos a las condiciones de tiempo y de recursos disponibles en la institución y organizarlos de tal manera que sean realmente accesibles a todos los estudiantes, con una buena presentación didáctica que transfiera un mapa de relieve de la asignatura, con picos y valles dependiendo de la notabilidad de los contenidos, y no mostrarlos como un electrocardiograma plano (De la Hoz, 2009).

Esta secuenciación de los contenidos con saltos y planos, permite a los estudiantes establecer conexiones entre el tema o asunto tratado y otros que vendrán más adelante. Igualmente, se deben realizar saltos hacia atrás para recuperar aspectos ya vistos, posibilitando el desarrollo de un tipo de conocimiento mejor trabajado y más significativo, más práctico y menos vulnerable a las pérdidas por olvido o deterioro de la información, integrando en su desarrollo didáctico: actitudes, estrategias de trabajo, manejo de fuentes de información, dominio de las nuevas tecnologías, habilidades comunicativas y de debate, entre otras.

Una de las cuestiones más criticadas al actual medio educativo universitario, es la idea de la transmisión del conocimiento, dando primacía a la capacidad de razonamiento de los estudiantes para comprender un discurso docente organizado, que posteriormente memoriza para su evaluación mediante exámenes, a pesar de que la conocida pirámide del aprendizaje pone en evidencia que este método no resulta eficaz en absoluto como procedimiento para la valoración de tal aprendizaje, sin embargo sigue siendo el más empleado en las instituciones de educación superior. Por todo ello, el docente universitario debe generar un cambio como diseñador de retos y emociones, convirtiéndose en un gran activador de la motivación intelectual de los estudiantes, mediante una filosofía participativa y colaborativa siendo capaces de integrar diversos conocimientos con una gran capacidad de escucha, análisis, acción y respeto por el otro. Teniendo en cuenta al mismo tiempo, que cada alumno tiene sus ritmos, intereses, habilidades y propias necesidades.

El docente universitario ha de desarrollar la competencia metodológica, integrando diversos métodos y convirtiendo su práctica en un proceso de indagación continua. El dominio de esta competencia requiere desarrollar un Sistema Metodológico que profundice en los métodos didácticos; (saber), la aplicación creativa y artística de ellos y el fomento de actitudes y valores adecuados.

Medina (2010) propone que el profesorado elabore su línea metodológica:

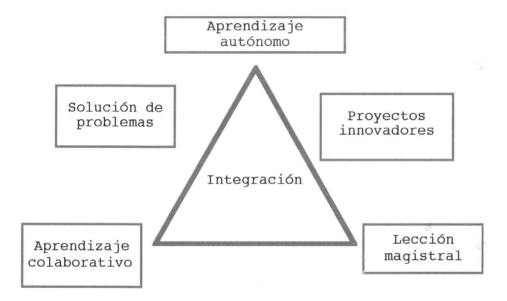

El profesorado ha de armonizar este conjunto de métodos y construir una estructura metodológica integrada y holística, implicando a los estudiantes, colegas y expertos, en la actualización y mejora permanente de los métodos más pertinentes para cada grupo, equipo y estudiantes, Medina y Sevillano (2010).

Los nuevos recursos tecnológicos para la docencia y las redes sociales se convierten en una extensión de la actividad desarrollada en clase, junto con las tutorías de carácter abierto. Estos procesos son la síntesis interactiva del conjunto de decisiones y formas de colaboración que se construyen entre los docentes de una misma institución o programa académico.

Todas estas decisiones metodológicas focalizan la tarea de enseñanza-aprendizaje en las instituciones de educación superior al desempeñar la docencia, pero dependen directamente de la implicación de los agentes, la calidad de las instituciones, los escenarios formativos, la adecuación y calidad del discurso y la pertinencia de todos los elementos coadyuvantes al proceso formativo. Estos aspectos inciden en la coherencia entre el pensamiento y los sentimientos de los docentes y la implicación de los estudiantes en cada práctica educativa. Nos planteamos, ¿qué elementos tienen máxima incidencia en la génesis y desarrollo de la competencia metodológica?

En síntesis el avance que requiere esta competencia depende de un conjunto de elementos, pero esencialmente del discurso que construyen los docentes y los estudiantes, de las relaciones que emergen y de la calidad de los conceptos y las tareas desempeñadas por ambos. En efecto, el dominio de esta competencia es sustancial para responder a los numerosos retos que caracterizan la profesión docente y evidencia que su conocimiento y experimentación es esencial para encontrar un nuevo sentido a la tarea formativa e incrementar el proceso de profesionalización.

Entre los modernos recursos didácticos podemos mencionar el Portfolio, el Portfolio electrónico, Portfolio digital, e-Portfolio o Web-folio que se puede definir como una «colección de evidencias electrónicas creadas y gestionadas por un usuario a través de la web» (url: wikipedia: e-Portfolio).

Estas evidencias o muestras de los trabajos desarrollados pueden contener elementos digitales en distintos formatos: textos, imágenes, entradas de blog, enlaces, etc. Como señala García-Doval (2005: 115). «Los portafolios electrónicos deben ir más allá de una mera función recopiladora y asumir funciones de gestión del aprendizaje». Jones (2008: 76) distingue distintos tipos o modalidades de uso del e-Portfolio:

1. e-Portfolio de evaluación. Permite valorar la consecución de criterios específicos para obtener una titulación o trabajo.

2. e-Portfolio de aprendizaje. Permite ofrecer información sobre los objetivos de aprendizaje, incorporando tanto reflexiones y autoevaluación del estudiante como del docente.

3. e-Portfolio de «demostración de las mejores prácticas». Permite presentar información o logros a audiencias concretas.

4. e-Portfolio de transición. Permite aportar evidencias y registros de utilidad en momentos de transición o paso de un nivel académico a otro.

Este moderno recurso facilita la integración de la evaluación en el proceso de enseñanza-aprendizaje, recopilando muestras de las actividades de aprendizaje en momentos clave y realizando una reflexión sobre los logros y dificultades para la consecución de las competencias genéricas y específicas propuestas.

De igual manera, el e-Portfolio facilita el cambio del centro de atención desde el docente al estudiante. El e-Portfolio fundamentalmente refleja la evolución de un proceso de aprendizaje; el diálogo con los problemas, los logros, los temas, los momentos claves del proceso; y el punto de vista de los protagonistas (Geme, 2007: 214).

El e-Portfolio permite a docentes y estudiantes crear y gestionar un espacio virtual con las realizaciones personales, académicas y profesionales incorporando una valoración y justificación de la importancia de las mismas. El Portfolio digital permite organizar estas evidencias utilizando herramientas para la edición de sitios, plataformas de teleformación o bien editores específicos para e-Portfolios, que han de emplearse en el desarrollo de los aprendizajes autónomos y colaborativos, prioritariamente.

Para alcanzar esta competencia se proponen las siguientes tareas:

– Tarea 1. Taller de estrategias de aprendizaje para las modalidades presencial y a distancia.

– Tarea 2. Diseño de portafolio de las actividades desarrolladas.

– Tarea 3. Diseño de proyectos y enseñanzas mutua y colaborativa.

– Tarea 4. Construcción de un sistema metodológico, adaptado, integrado y holístico.

3.5. Integración de medios

Los medios tienen la función común de servir como soporte para almacenar y difundir contenidos, a la vez que influyen y condicionan el lenguaje de los mensajes. Los medios tecnológicos aportan un sistema de diseño, almacenaje, recuperación y difusión de la información, complementario al de los tradicionales, basado en la impresión en papel.

En la actualidad, el desarrollo de los medios ha adquirido tal envergadura, que las Tecnologías de la Información y la Comunicación (TIC) son esenciales en la educación. Su manejo, no sólo por los estudiantes, si no también el profesorado, involucra el fortalecimiento del empleo y racionalización de estos medios.

El informe Horizon (2012) nos describe los nuevos tipos de tecnologías que van a ser de uso generalizado en las universidades. En este informe se presenta «la reflexión del impacto que se prevé en la enseñanza, el aprendizaje, la investigación y la expresión creativa». Este documento nos permite analizar la incorporación de tecnologías como «aplicaciones para dispositivos móviles, uso de tabletas, aprendizaje a través de los juegos, analíticas de aprendizaje y el internet de las cosas».

En este sentido, destaca el potencial de las tecnologías innovadoras en el currículum y en la integración de los materiales, también se permiten modificar experiencias y observar conductas. Podemos destacar algunas competencias que se adquieren con el uso de las TIC: colaboración, solución de problemas, comunicación, pensamiento crítico, etc.

Es evidente que las tecnologías de la información y la comunicación (internet, e-mail, multimedia, videoconferencias, etc.) se han convertido en una herramienta insustituible y de indiscutible valor y efectividad en el manejo de los contenidos disciplinares con propósitos didácticos. Resulta difícil concebir un proceso educativo en la universidad sin considerar esta competencia, la cual posee un efecto mucho más transformador, no sólo porque cambiará el rol del docente sino porque se necesitarán técnicos informáticos y especialistas en el diseño y producción de materiales multimedia para la docencia universitaria, que en colaboración con los profesores tendrán una gran incidencia en la calidad del trabajo docente.

En el prefacio de los estándares TIC de los docentes en el contexto educativo se describe que las Tecnologías de la Información y Comunicación ayudan a los estudiantes a ser:

> *«Competentes para utilizar tecnologías de la información; buscadores, analizadores y evaluadores de información; solucionadores de problemas y tomadores de decisiones;usuarios creativos y eficaces de herramientas de productividad;comunicadores, colaboradores,*

publicadores y productores; y ciudadanos informados, responsables y capaces de contribuir a la sociedad»(UNESCO, 2008:2).

La apropiación de las nuevas tecnologías, la modificación de los espacios físicos para hacerlos más cómodos, versátiles, productivos, son medidas muy importantes, pero por sí mismos no resuelven el problema de la modernización de la universidad. De la misma forma que flexibilizar los procesos administrativos de la academia no resuelven el problema de la pertinencia social del currículo, aunque significa un avance. Existe un cierto consenso en el sentido de entender la integración de medios como la apropiación de la problemática social de la institución y su transformación en un objeto de estudio, de investigación, de trabajo; y se podría decir que de alguna forma, aunque dispersa e intermitente, la universidad ha intentado lograr esta integración como objeto de estudio y en algunos casos lo ha logrado.

La integración de medios y recursos audiovisuales en la enseñanza a distancia permite desarrollar nuevos espacios formativos. El acceso de los estudiantes a videoclases, webconferencias, programas de televisión educativa y radio, ha sido un proceso de innovación didáctica, que ha complementado el estudio de la materia (Sánchez y Cacheiro, 2012). Esta nueva oportunidad ha transformado la docencia universitaria, pero se requiere una activa participación de los profesores y alumnos para que resulte exitosa.

En efecto, los espacios formativos son mucho más que un lugar neutral y sin significado, en el que se llevan a cabo las tareas docentes, de tal forma que llegan a constituirse en auténticos ambientes para el aprendizaje en los que los alumnos pueden desarrollar un estilo más autónomo y diversificado, con referentes situacionales que faciliten tanto su comprensión como su posterior evaluación. El profesorado debe estar al tanto de los efectos de los espacios para el logro de los objetivos propuestos en la asignatura.

Esta competencia expresa el manejo adecuado y oportuno de diversas inventivas dentro de la clase. Se trata, de la organización e integración de medios para propiciar una mejor explicación de los contenidos disciplinares programados. Es necesario clarificar los procesos de selección de medios y la integración de los mismos en el contexto en el que se interviene. El concepto de «tecnoselva contemporánea» (Sánchez, 2011) nos viene a confirmar esta situación, planteando que el profesional, ha de seleccionar aquellos recursos más adecuados y evaluar los mismos desde el contexto y las expectativas de los destinatarios.

La integración de medios constituye un aspecto fundamental del desarrollo del currículum, en el que se evidencia la calidad del aprendizaje del estudiante y el estilo de enseñanza del docente, de tal suerte que se favorezca la calidad y mejora de la enseñanza universitaria.

Esta competencia se focaliza en el dominio de saberes, habilidades y destrezas para planificar de forma integrada la enseñanza en unidades educativas y de aula.

Mediante la selección e integración de recursos, medios y tecnologías en el proceso formativo, que propicie el dominio de las competencias y genéricas y profesionales de los estudiantes.

Para potenciar el desarrollo de esta competencia, se recomiendan las siguientes tareas:

– Tarea 1. Diseñar material didáctico acorde a la modalidad de estudios y de fácil comprensión para los estudiantes.

– Tarea 2. Recibir capacitación en el uso de diferentes herramientas tecnológicas, como web 2.0; CTV para realizar en tarea docente.

– Tarea 3. Manejo de la diversidad de medios en función del estilo de aprendizaje de los estudiantes.

3.6. Tutoría

La tutoría universitaria la podemos definir como la síntesis de saberes y acciones de asesoramiento y orientación a los estudiantes universitarios en el proceso de aprendizaje, desarrollo personal y profesional, apoyada en actitudes y valores de mejora continua de la docencia y de las acciones formativas en general.

La tutoría se concreta en varias modalidades de apoyo y motivación a los estudiantes para comprender los procesos formativos, anticiparse a tomar conciencia de los problemas de la futura profesión y singularmente construir su proyecto vital, sintiéndose cerca de cada aprendiz.

La tutoría se construye mediante procesos de atención a cada estudiante, persona original y singular, que requiere el acompañamiento y el estímulo como ser humano que ha de diseñar un proyecto vital y creativo, que le capacite para tomar las mejores decisiones en su línea personal y profesional. El desempeño de la tutoría como docente requiere un conocimiento amplio de métodos y técnicas, de recogida de datos y especialmente el dominio de prácticas de empatía y comunicación en estrecha cercanía con cada estudiante. Se concreta la competencia en la modalidad personal como la integración de nuevas formas de entender, apoyar y situar a cada estudiante ante su plan vital y futuros retos profesionales.

La tutoría personalizada es esencial en los niveles previos a la universidad y adquiere pleno sentido en la iniciación de la formación universitaria, singularmente en el primer curso. El dominio de esta modalidad tutorial centrada en las relaciones de empatía y colaboración con los proyectos personales de los estudiantes adquiere la máxima relevancia en el primer curso y en el momento de introducción a la vida laboral, a fin de que el egresado de la universidad desarrolle un estilo armónico y equilibrado y se inserte en la vida productiva como un experto generador de nuevos modos de ser y sentirse líder en su futura profesión, procediendo en su actuación con elevado nivel de asertividad.

La tutoría académica se centra en formar al universitario como creador y generador de saberes y con gran implicación en el fomento del conocimiento. La universidad capacita a los estudiantes para que profundicen en el pensamiento innovador e incrementen el saber y las líneas más valiosas de engrandecimiento del conocimiento científico, artístico y tecnológico. Este apoyo al aprendizaje instructivo y al avance en el dominio de las competencias específicas de cada título es la base de la tutoría académica, dado que se pretende que cada estudiante aúne las demandas de su futura profesión con el logro de las teorías y modelos que caracterizan la vida universitaria, centrada en el desarrollo de escuelas y métodos que facilitan la comprensión del mundo y de la ciencia. La tutoría académica descubre lo más valioso del saber transdisciplinar y lo pone al servicio de cada estudiante que se convierte en el aprendiz permanente de nuevas líneas de progreso y de aprendizaje científico, tecnológico y artístico.

La tutoría profesional capacita a los estudiantes para avanzar en su identidad profesional y en lograr la mayor realización y satisfacción con la profesión.

Estas acciones y modalidades de tutoría (personal, académica y profesional) son necesarias para lograr que el profesional desarrolle la competencia docente-tutorial, que le permita:

- Avanzar en los saberes propios de la tarea tutorial.

- Desempeñar la tutoría con actividades concretas, que orienten a cada estudiante.

- Asumir el papel de la tutoría en coherencia con un modo de ser empático, colaborativo, flexible y creativo; sintetizando y asumiendo estas dimensiones mediante el desarrollo de las actitudes y valores que mejor definan un modo de compartir, asumir y sentirse muy cerca de las personas tuteladas, realmente apoyadas en su estilo de búsqueda y avance del conocimiento y las prácticas innovadoras.

Cano (2009: 184) subraya la tutoría personal, académica y profesional que amplía a vocacional, tránsito bachillerato-universidad; académica-universitaria; docente-orientadora; profesional-laboral.

La competencia tutorial docente se entiende como el proceso de toma de conciencia y de adquisición de los saberes, acciones, actitudes, y valores que requiere el profesorado universitario para apoyar a los estudiantes en su formación integral y en el desarrollo de competencias genéricas y profesionales. La competencia tutorial se adquiere y consolida cuando el profesorado desempeña la tutoría con los estudiantes en un clima de colaboración, empatía y compromiso compartido. Es la experiencia reflexiva y la actuación tutorial fundamentada, lo que consolida el estilo y la propia competencia tutorial-docente.

La competencia se compone de dimensiones y se combinan según las características que afectan a los integrantes de las mismas. Así la dimensión de los saberes/contenido constitutivos de la competencia tutorial se definen como: «Los enfoques, modelos y tipos de conocimientos que se requieren para desempeñarla». (García Nieto y Cols., 2005) proponen que este dominio atañe a:

- Conocimientos científicos, docente preparado en la materia que explica y en las asignaturas que imparte.

- Conocimientos teóricos sobre educación y ciencias afines, tales como psicología del aprendizaje, motivación, sociología de la juventud, innovación y metodología didáctica.

- Conocimientos teórico-prácticos, relaciones interpersonales, dirección y animación de grupos.

- Conocimiento de técnicas de diagnóstico e intervención educativa.

Zabalza y Cid (2006) coinciden en subrayar el dominio de la comunicación, relaciones de empatía, confianza y apoyo continuo al papel innovador y creativo de los estudiantes.

La formación y adaptación continua del docente universitario en el dominio de esta competencia es pertinente y se capacita con formación teórica y con la práctica. La formación dependerá de la experiencia del docente (novel-experto) y de la modalidad de la docencia (presencial-a distancia).

Tareas de iniciación al dominio de la competencia tutorial para docentes noveles: docentes principiantes, de 1 a 4 años.

1. Elaborar el proyecto de acción tutorial orientado a promover en los futuros docentes algunas experiencias personalizadas tales como:

    1.1. Construcción de un proyecto singular de vida.

    1.2. Tareas de acogida en la actuaciones universitarias, para la modalidad presencial y/o a distancia (*blended learning*).

    1.3. Identificación de los núcleos más representativos de la futura vida universitaria.

    1.4. Narrar alguna experiencia tutorial gratificante vivida de modo singular, autónomo y creativo.

    1.5. Elección de algunas competencias genéricas tales como comunicación, liderazgo, emprendizaje, trabajo en equipo, etc.

2. Tareas para el desarrollo de la tutoría académica:

    2.1. Análisis de contenido del plan de estudios más innovador.

    2.2. Construir matrices de pertinencia del plan de estudios para la formación integral de los estudiantes, desarrollo de competencias genéricas y profesionales.

    2.3. Presentar propuestas para adaptar el plan de estudios a los diferentes estudiantes, necesidades y problemas de la futura profesión.

    2.4. Definir tareas a sugerir a los futuros estudiantes para:

    – Atender las dudas, anticiparse y aprender de los errores de los estudiantes.

- Mejorar el clima de aprendizaje académico.

- Asesorar a cada estudiante (necesidades, elaboración de métodos, etc.).

- Elaborar apoyos al aprendizaje de los estudiantes.

- Métodos adaptados, individualizados y socializados.

- Técnicas de refuerzo y apoyo a los estudiantes, a sus capacidades, diversidad personal y cultural, etc.

3 Tareas para desarrollar la tutoría profesional (asesoramiento socioprofesional):

3.1. Construir itinerarios de salidas profesionales con los estudiantes.

3.2. Informarse de las posibilidades, recursos y oportunidades para montar su propia empresa (Medina, 2012).

3.3. Compartir y presentar informes de posibles salidas y escenarios de incorporación laboral.

3.4. Ofrecer planes de formación y aplicación del ROI en las empresas (Medina, 2012).

3.5. Descubrir ocupaciones y profesiones emergentes, presentar nuevos marcos de desarrollo sostenible y de impacto universal.

4 Tareas para potenciar la competencia tutorial para *docentes experimentados:*

4.1 Tareas personales:

4.1.1. Diseñar algún plan, que propicie el diseño de proyectos de vida de los estudiantes, al inicio de la titulación, en los cursos centrales y al finalizar.

4.1.2. Narrar alguna situación problemática vivida en la institución universitaria o en su escenario ocupacional, que a su juicio le haya marcado como profesional en el desempeño de su carrera.

4.1.3. Elaborar un informe de las experiencias tutoriales más gratificantes que ha experimentado en los últimos años:

- Destaque la idea central.

- Encuentre la línea de vida más representativa en este conjunto de experiencias tutoriales.

- Valore la experiencia más valiosa y su impacto en su mejora personal.

- Elabore un sencillo vídeo/fotografía con los aspectos más relevantes de sus experiencias tutoriales personalizado y proponga alguna línea para el desarrollo de la vida de los estudiantes.

4.2 Tareas para el desarrollo de la tutoría académica:

4.2.1. Seleccione algún equipo de estudiantes o varios (entre 3 y 7 miembros por equipo).

4.2.2. Describa un proceso de asesoramiento para estimular la investigación, innovación y el desarrollo comunicativo con estos estudiantes.

4.2.3. Formule algunos problemas relevantes, que compartiría con los estudiantes y afiance la línea de asesoramiento académico que llevaría a cabo.

4.2.4. Implique a un grupo de clase en el diseño y desarrollo de algún proyecto académico-innovador que mejore profundamente la línea y el estilo de conocimiento de cada estudiante.

4.2.5. Anticípese a las dudas y posibles errores de los estudiantes, seleccione un tema/núcleo formativo sustancial en su asignatura con carácter transdisciplinar y ecoformativo, implique a algunos colegas y proceda a trabajarlo.

4.3. Tareas para desarrollar la tutoría profesional (asesoramiento socio-profesional):

4.3.1. Elaborar una matriz de las principales salidas del título y de la profesión/es.

4.3.2. Compartir con un grupo de clase los aspectos más relevantes de la solución de problemas de la futura profesión.

4.3.3. Construir mapas mentales, análisis de fuentes y principales retos de la futura profesión.

4.3.4. Diseñar un programa de formación para la profesión, abierto a los retos, cambios, incertidumbres y transformaciones de la sociedad del conocimiento y pluralidad cultural.

4.3.5. Elaborar algún programa de desarrollo profesional de los estudiantes y las organizaciones aplicando el ROI (Medina, 2012).

3.7. Evaluación

La evaluación de los aprendizajes constituye un elemento fundamental de cualquier proceso de enseñanza-aprendizaje en las instituciones de educación superior, tanto por su relevancia para valorar el nivel de consecución de los logros de aprendizaje propuestos, como para acreditar la formación integral de los estudiantes. Por todo ello, se hace necesario que el profesor universitario posea la competencia de evaluación.

Así pues, la evaluación representa una fase del proceso enseñanza-aprendizaje en la cual se desea obtener información sistemática sobre los procesos de enseñanza-aprendizaje y a partir de ella extraer diversas conclusiones, ya sean de carácter interno, que permita valorar las decisiones tomadas a lo largo de las demás fases del proceso, tales como la adecuación y seguimiento del currículo, el cumplimiento de los objetivos del programa; y otras dirigidas al exterior, como el mantenimiento de los niveles académicos, la motivación y orientación de los estudiantes, la predicción de los resultados y la estimación de la calidad de la docencia.

En efecto, la evaluación se considera como una valoración preparada y aplicada por los docentes directamente involucrados en el proceso de enseñanza-aprendizaje, con unos criterios bien definidos para ponderar con claridad el grado de consecución de los resultados del aprendizaje, para proporcionar buenos indicadores del cumplimiento de los objetivos del programa. Estos criterios deben ser públicos, claros y suficientemente conocidos por todos los implicados en el proceso.

La evaluación de la práctica docente y el dominio de la competencia evaluativa ha sido uno de los núcleos de investigación más relevantes en el ámbito educativo y singularmente en el campo de la didáctica.

Campanale y Raîche (2008) proponen que la evaluación en la formación superior ha de mejorar su calidad, la preparación para la iniciación profesional y el fomento del aprendizaje a lo largo de la vida, formación continua.

La evaluación de las competencias ha incidido en la propia transformación de modelos y pruebas tradicionalmente aplicadas en el marco de la educación superior y, especialmente, la valoración de las competencias profesionales y de las escolares-básicas incorporando nuevas formas narrativas que estimen el proceso de dominio de los diferentes niveles de adquisición de la competencia (Scallon, 2004; Stiggins, 2004 y Bélair, 1999).

Bernad (1991) identificó algunas variables que influyen en la calidad de la enseñanza: características del curso, experiencia de enseñanza del docente, tamaño del grupo de los estudiantes por la materia y la forma en la que construye el instrumento de valoración.

La autoevaluación de la calidad de la enseñanza y del dominio de la competencia evaluadora ha preocupado a numerosos autores, entre ellos, Colet (2002) quien coincide con autores anteriores como Bernand, Grenier y Kérouac (1994) en la necesidad de que el profesorado realice un dossier personal de evaluación que sintetice la línea docente a lo largo del tiempo y los resultados de evaluación más relevantes.

Monttier y Laveault (2008) subrayan la evolución de los estudios de evaluación desde el análisis de los trabajos clásicos de docimología al análisis de los centrados en la evaluación formativa y destaca el papel fundamental que representa la clara definición de los objetivos de aprendizaje, la aplicación del modelo de evaluación formativa y la conveniencia de completarla con evaluación sumativa y actualmente la necesidad de la evaluación de las competencias, proponiendo investigaciones cada vez más rigurosas que afectan a la estimación de los logros escolares y del conocimiento de la calidad de la enseñanza.

La metaevaluación de esta competencia nos demanda profundizar en la relación triádica entre el docente-la docencia, el aprendizaje y el saber (contenidos de enseñanza-aprendizaje). Vial (2006) evidencia la necesidad de indagar en la relación entre la formación del profesorado y la evaluación confirmando que es fundamental la propia metaevaluación de esta competencia para desarrollar el conocimiento y ampliar su impacto en la calidad de la docencia y la repercusión en el dominio del conjunto de las competencias para la mejora integral del proceso formativo.

La práctica de la evaluación necesita de un amplio número de instrumentos y técnicas, sin embargo se pueden diferenciar varios tipos de evaluación dependiendo de las siguientes consideraciones: ubicación temporal (inicial o diagnóstica, continua y final); situación espacial (presencial y a distancia); responsable de la misma (autoevaluación, coevaluación, heteroevaluación); la escala de medida (cuantitativa, cualitativa); el criterio (criterial, normativa, personalizada); de acuerdo con la finalidad educativa (formativa, sumativa) (Leví y Ramos, 2012).

Se considera que el modelo más pertinente para estimar el dominio y avance en la formación de las competencias discentes, es el de la evaluación formativa, ya que ella implica valorar el avance en los procesos realizados por los estudiantes, prioritariamente constatar el nivel de dominio de la competencia en un tiempo breve, que podría ser mensual ponderando el alcance en el conocimiento y el estilo de aprender, aplicando para resolver los problemas de la profesión, los valores y actitudes, que se van consolidando en los procesos formativos (Medina, 2012).

La evaluación formativa es un juicio de valor que se realiza del proceso de avance en el conocimiento y dominio de las competencias genéricas, informando a cada estudiante y valorando el avance que progresivamente se alcanza tanto de los aprendizajes pretendidos, como de las competencias que se desea dominar.

El modelo de evaluación formativa requiere de algunas pruebas que evidencien el progreso obtenido por cada estudiante como persona y aprendiz, para tomar conciencia de la complejidad de la competencia a desarrollar (Medina, 2012).

Evaluar de modo formativo es convertir la función docente en una oportunidad para que los estudiantes aprendan a conocerse, comprenderse como agentes con un sentido integrado y consoliden las prácticas como la base de su formación. Al evaluar se constata si la competencia a valorar ha mejorado durante el período de tiempo elegido y en qué forma se ha perfeccionado en ese período.

Para evaluar las competencias de los estudiantes, hay que tener en cuenta que éstas además de los conocimientos incluyen capacidades, habilidades, destrezas, actitudes, valores, etc. que el estudiante tiene que desarrollar.

Esta evaluación conlleva un importante componente subjetivo y son muchas las dificultades que han de superarse al tratar de valorar las dimensiones de la competencia mediante pruebas de evaluación tradicionales.

Desde esta perspectiva un modelo de evaluación de las competencias de los estudiantes debe apoyarse en un variado tipo de pruebas tales como: presentaciones orales, pruebas de conocimiento, informes de laboratorio, análisis de datos y de textos, protocolos de observación, realización de trabajos de campo, informes de cuadernos de prácticas, ensayos por escrito, reseñas bibliográficas, crítica de artículos, elaboración de resúmenes y mapas conceptuales, portafolio (manual o electrónico); simulaciones, juego de roles, entrevistas, escalas de actitudes, etc. (Leví y Ramos, 2012).

Todas estas pruebas representan una mejora en la valoración de los conocimientos adquiridos, en su aplicación y en las actitudes que subyacen, es decir, que con ellas se evalúa si se han adquirido o no las competencias previstas por el programa académico.

Se evalúa formativamente si se informa a cada estudiante de la evolución posible y de la realidad en el dominio de las competencias estimadas, se le asesora de las expectativas positivas y de las limitaciones encontradas y se le coloca en situación de continuar mejorando. Al evaluar las competencias discentes se pretende conocer en qué se ha mejorado durante el proceso de enseñanza-aprendizaje, qué rasgos positivos y qué logro con cada dimensión de la competencia se ha conseguido y si existe alguna trasformación favorable, singularmente en los conceptos-teoría, saber académico, proyección y solución de los problemas de la profesión y actitud profunda, en y desde la que se vive el aprendizaje, los resultados obtenidos y la cultura profesional en la que nos situamos (Medina, 2012).

La evaluación estima el nivel de dominio de las competencias al conocer e investigar el camino que cada estudiante ha desarrollado y la diferencia entre sus capacidades, estilo de aprendizaje, aptitudes y habilidades en un escenario evidente de mejora. La evaluación adquiere la visión formativa, si retoma minuciosamente cada competencia y estima en cada persona el ritmo y consolidación de los niveles y dimensiones de aquellas que se consideran adecuadas, así se logra una armonía entre el avance en el dominio de las competencias y la estimación cualitativa, que pondere y ajuste el modo de desarrollar las competencias con las auténticas pretensiones de cada ser humano en su marco de consolidación profesional, conscientes del largo camino que significa el conocimiento de este «proceso de dominio» y de las dificultades para informar a cada ser humano del verdadero itinerario y de los resultados obtenidos en las competencias (Medina, 2012).

Modelo de Evaluación de Competencias: Pruebas y técnicas y Criterios (Medina, Domínguez y Sánchez, 2013)

MODELO DE EVALUACIÓN DE COMPETENCIAS	PRUEBAS Y TÉCNICAS	CRITERIOS
Formativa	Problemas relevantes de la profesión	Intensidad de logro
	Solución de problemas	Originalidad
	Situación de los proyectos realizados	Pertinencia
	Explicación de conceptos	Coherencia
	Análisis de prácticas y disposiciones	Sucesión de complejidad
	Disonancias en la acción	Armonía
Autoevaluación	Auto-observación, autoinforme (escalas, grabaciones en audio y vídeo, registros, participación)	Integral
Coevaluación	Co-observación Cuestionario *ad hoc*	Participación
Heteroevaluación	Entrevistas	Complementariedad en el dominio de las dimensiones (conocimiento, aplicación, actitudes, valores)
	Cuadernos de campo	Globalidad de los resultados de aprendizaje
	e-portfolio, webs ad hoc	Autonomía

La evaluación como competencia docente necesita comprenderse y desarrollarse en sus componentes de saber-conocimiento (modelos de evaluación), en la forma de aprender a aplicar el modelo, mediante (pruebas y técnicas pertinentes) y actuando favorablemente ante las nuevas actitudes y el compromiso ético de emplear la evaluación para apoyar los procesos de enseñanza-aprendizaje y evitar la marginación de algunos estudiantes, máxime si pretendemos avanzar en la valoración del dominio de las competencias de los estudiantes y en la consecución de nuevos modos de valorar el desarrollo de la docencia y el auténtico avance que el profesorado alcanza en las competencias en general, y en la evaluación, en particular (Medina, Domínguez y Sánchez, 2013).

La heteroevaluación de la competencia de evaluación y su impacto en la docencia requiere completarse con los modelos de auto y coevaluación, preferentemente devolviendo al profesorado la responsabilidad de diseñar técnicas didácticas y heurísticas, que estimen el avance en la competencia y generar criterios que ponderen la pertinencia de las prácticas evaluadoras y de las técnicas «*ad hoc*»; se configuran acciones de «expresión y narración del dominio procesual de la competencia», al estimar la calidad del modelo de autoevaluación y formación para ponderarlas en su impacto.

Se han de registrar los aspectos más relevantes para el desarrollo de la docencia desempeñada y globalmente valorar la pertinencia del mapa de competencias propuesto y su incidencia en el desarrollo profesional del docente.

El modelo y técnicas empleadas han de integrar los aspectos cuantitativos para valorar el avance en la competencia mediante cuestionarios, escalas y análisis de datos, completados con la observación perseverante y otras técnicas cualitativas (solución de problemas, calidad de los proyectos realizados, explicación de conceptos, análisis de prácticas y estimación de las actitudinales, etc.).

Tareas

1. Implicarse en procesos de evaluación colegiada que faciliten el trabajo en equipo.

2. Configurar modelos de evaluación formativa, integral y permanente de la enseñanza y aprendizajes de los estudiantes y la autoevaluación docente.

3. Diseñar pruebas de evaluación de carácter cuanti-cualitativo para valorar el mapa de competencias docentes como conjunto integrado, y aplicar grupos de discusión para estimar el nivel de dominio del equipo docente.

3.8. Investigación

La competencia investigadora se configura desde la identificación del término nuclear; la investigación, según el diccionario de la Real Academia Española (RAE) tiene dos acepciones:

- Competencia: Es la «combinación de conocimientos, capacidades y actitudes adecuados para una determinada situación» (Recomendación Europea sobre el Aprendizaje Permanente, 2006).

- Investigación: El diccionario de la Real Academia de la Lengua Española (RAE, 2013) define la palabra «investigar» que proviene del latín *investigare*, con varias acepciones, entre las que destacamos:

  1. Hacer diligencias para descubrir algo.

  2. Realizar actividades intelectuales y experimentales de modo sistemático con el propósito de aumentar los conocimientos sobre una determinada materia.

En este sentido, podemos definir la investigación docente como el proceso de experimentar y aumentar los conocimientos en una materia y en su práctica de la enseñanza, a través de diferentes actividades intelectuales.

En la línea de las definiciones anteriores, la competencia investigadora será la capacidad de descubrir y experimentar de manera intelectual con el propósito de adquirir conocimientos de forma sistemática.

La sociedad cada día reclama de sus universidades mayores niveles de calidad y de eficiencia en sus aulas y en las aportaciones científicas. A su vez, la universidad demanda a los profesores para que sean competentes en la investigación de la enseñanza. La investigación en la universidad es una función y un reto irrenunciable tanto para la institución universitaria como tal, como para los profesores que la integran.

Desde esta perspectiva, se trata de contrastar y de someter al análisis, determinadas circunstancias que acontecen en las clases, que podrían ayudar a los profesores a entender mejor lo que está acaeciendo y comprobar si los materiales que se están utilizando realmente generan buenos conocimientos en los alumnos.

Los procesos de investigación de los profesores en la institución se convierten en ejes articuladores de los procesos de enseñanza-aprendizaje para generar un ambiente de aprendizaje que privilegie la participación activa de los profesores, desarrollándose de esta manera en el aula, la cultura de la investigación científica para formar docentes innovadores, capaces de enfrentar la incertidumbre y los retos de la profesión. Se trata de una actuación que tiene que ver con la reflexión sobre la propia docencia del profesor universitario, que le permite someter al análisis, los distintos factores que afectan la didáctica universitaria y de valorar el proceso de enseñanza-aprendizaje.

Un aspecto clave dentro de la investigación es el trabajo colaborativo entre pares y el efecto que provoca en otras metodologías, trabajar por problemas o con estudio de casos mejora los conceptos que los estudiantes obtienen. De igual manera, el diseño curricular y su posterior aplicación y desarrollo, precisan una evaluación investigadora que garantice la adecuación de la propuesta que se formula y la correcta aplicación en la actividad docente.

Indudablemente el perfil de investigador en el docente universitario es imprescindible para la mejora de los procesos formativos y la calidad de la enseñanza. En la actualidad adquirir la competencia investigadora en el profesorado universitario y desarrollar la misma junto a un perfil docente y gestor en la formación, es un requisito necesario en la evaluación de organismos oficiales de acreditación del profesorado universitario. Se insiste en la necesidad de investigación, de la transferencia de resultados y de las publicaciones del docente como mejora de la calidad de enseñanza en la transmisión de conocimientos.

Esta competencia despierta en el docente otras competencias relacionadas con el aprendizaje a lo largo de la vida como «aprender a aprender» (Informe Delors, 1996). Un docente que investiga tiene una actitud hacia la ampliación del conocimiento que le permite autoformarse mejorando así su perfil profesional.

Despertar inquietudes de investigación e innovación en los docentes debe ser una de las funciones claves de la institución, es más, las propias instituciones deben de propiciar el desarrollo de la misma a través de proyectos de investigación y acciones de movilidad. Desde la perspectiva docente investigadora se ha de propiciar la movilidad, el intercambio y la transferencia de resultados en diferentes contextos universitarios (Sánchez y Pérez, 2011).

Una formación permanente en metodología de la investigación permitiría al profesorado optimizar el desarrollo de esta competencia y conformar su perfil profesional. El conocimiento de métodos cuanti-cualitativos para el desarrollo de los procesos de investigación en el aula/ciberaula, describen las posibilidades de éxito y obtención de resultados y su incidencia en la mejora.

La combinación de esta competencia con la evaluadora permitiría establecer mecanismos de evaluación internos y externos, en las diferentes modalidades de evaluación: Auto, Co, y Heteroevaluación. Por ello, es necesario que los elementos que influyen en la competencia investigadora se tengan en cuenta en las instituciones para poder propiciar la misma a sus profesionales.

Entre los elementos referidos a la evaluación del profesorado destacamos los siguientes:

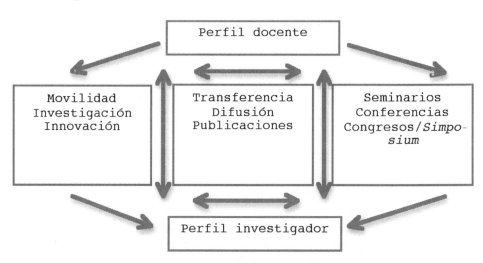

La investigación se presenta como un componente imprescindible en el perfil profesional del docente universitario. Desde la enseñanza de una materia, el docente comienza a desarrollar esta competencia mejorando por un lado la calidad docente y por otro, modelando su identidad profesional. Este proceso se desarrolla a través de los siguientes momentos:

– Búsqueda de información que amplía el conocimiento y que actualiza la bibliografía de la materia a enseñar.

– La reflexión en la práctica. Permite al docente desarrollar un proceso de indagación interna de aplicación de las actividades y utilización de la metodología pertinente.

– Toma de decisiones. El docente investigador debe analizar su proceso y tomar decisiones durante el mismo, que son claves a la hora de impartir los conocimientos en una materia, valorar los métodos y actividades para la consecución de los objetivos de la misma.

– Aptitud investigadora. Transferencia de la actitud investigadora a los estudiantes desde la reflexión e implementación en la práctica.

– Metodología de investigación. El desarrollo de métodos de investigación en el aula/ciberaula, como la observación, la narrativa, grupos de discusión que le permitirán consolidar una actitud investigadora del proceso de enseñanza-aprendizaje.

Richardson (2001) y Kennedy (1998) consideran que la tarea de investigación ha de aplicarse a la enseñanza, y es esencial para el desarrollo profesional del profesorado.

La competencia es la combinación del dominio de enfoques y modelos que orientan y emergen cuestiones de investigación, empleando los métodos adecuados para comprender los procesos formativos, generando actitudes y valores para su adecuado desempeño.

La competencia se consolida cuando el profesorado convierte su práctica en un proceso investigador, identificando los núcleos más valiosos, y diseñando situaciones de enseñanza, generando procesos de comprensión y desarrollo del conocimiento profesional.

La investigación de la docencia requiere elaborar una agenda de indagación permanente, que seleccione algún período formativo con algún grupo de estudiantes y la realice como un laboratorio de conocimiento y de búsqueda de sentido, aplicando la metodología cualitativa más coherente con la naturaleza de la práctica elegida, implicando a una red de colegas y apuntando una línea de mejora integral del proceso de enseñanza-aprendizaje, auténtico escenario para avanzar en esta competencia.

La transferencia de la actitud investigadora a los estudiantes desde la reflexión e implementación en la práctica se convierte en una tarea a desarrollar en el proceso formativo desde la perspectiva crítica.

La competencia de investigación del docente se consolida mediante la transferencia de la misma a los estudiantes, realizando las siguientes tareas:

– Tarea 1. Participar en actividades de investigación del aula.

  Emplear metodología de investigación para comprender los procesos de enseñanza-aprendizaje, implicando a los estudiantes, mediante la aplicación del pensamiento crítico.

– Tarea 2. Involucrarse en las líneas de investigación de la docencia.

  Participar en diferentes proyectos (incluidos los de innovación educativa) y actualizarse en su línea de investigación en conferencias, congresos y seminarios de carácter científico e investigador, transfiriendo en publicaciones los hallazgos.

– Tarea 3. Elegir situaciones prácticas y convertirlas en procesos de investigación y compartirlas, que transformen la docencia en un proceso de indagación y autoevaluación. Narrar desde la experiencia profesional situaciones innovadoras del aprendizaje. Utilizar las herramientas de comunicación y de trabajo (virtuales) para implantar procesos de investigación con los estudiantes.

La competencia investigadora demanda mejorar la calidad de resultados, afianzar el conocimiento, adquirir experiencia, transferir resultados, propiciar procesos de colaboración, facilitar la movilidad del docente, participar en reuniones científicas, actualizar la formación y reflexionar críticamente sobre los procesos formativos.

3.9. Pertenencia institucional

La pertenencia institucional ha provocado una gran implicación del profesorado en la cultura de las instituciones educativas. Se conceptualiza desde el papel desempeñado por la enseñanza superior como sistema y por cada una de sus instituciones con respecto a la sociedad.

La universidad es la que da al docente parámetros para que se identifique con la propia institución y adquiera los valores más representativos de la misma en un proceso bidireccional de enriquecimiento mutuo.

La pertenencia implica que la formación de los recursos humanos de la organización ha de encontrar las bases de la cultura que les identifica y que en el ámbito universitario se consolida al impulsar el desarrollo científico y tecnológico, incidiendo en la riqueza económica.

La capacitación de las personas que forman parte de la institución de educación superior es la verdadera finalidad que orienta el trabajo y genera espacios de cultura institucional entre docentes y discentes. El profesorado y los estudiantes han de acelerar el dominio de esta competencia, mejorar los beneficios para el desarrollo integral de las comunidades y regiones en las que las universidades llevan a cabo su principal tarea: engrandecer el conocimiento, preparar a los profesionales del futuro y aportar la conciencia crítica a la mejora de la sociedad en general.

Este proceso de pertenencia transforma las condiciones de vida y facilita las oportunidades de ascenso y movilidad social. El sistema educativo, en su globalidad, ha de mejorar la formación de los recursos humanos para desarrollar los conocimientos y destrezas que requieren los docentes y en particular, el avance del sistema universitario.

Podemos reconocer la pertinencia de estos servicios atendiendo a la oferta y demanda educativa a partir de la identificación de las relaciones que existen entre el nivel de escolaridad de los trabajadores, las ocupaciones desempeñadas y los respectivos niveles de productividad.

La pertenencia institucional es un concepto estrechamente relacionado con la organización y la calidad de los centros educativos de educación superior; por tanto, es necesario saber cuál es su significado para conocer si está presente o no en las instituciones de educación superior. El desarrollo institucional existe cuando las organizaciones aprenden, mejoran y optimizan sus recursos.

La competencia de pertenencia institucional está compuesta por numerosas dimensiones: trabajo en equipo, Proyecto Educativo del Centro (PEC), infraestructura, diálogo educativo e innovación y desarrollo personal/profesional del profesorado (Rodríguez, 2005). Por la importancia que supone para los docentes identificarse con su profesión y ligarse al desarrollo institucional, se ha estudiado y analizado el valor de esta competencia.

La toma de conciencia de esta competencia, atañe a las autoridades académicas. El profesor debe ser líder y para ello reunirá las siguientes características:

– Ser capaz de implicar a los otros en misiones consensuadas, articulando las visiones parciales en un marco simbólico que sintetice creencias y actitudes coherentes con la cultura universitaria. Serán mejores líderes los que motiven, dirijan o apoyen a los demás en torno a determinados proyectos.

– El liderazgo supone ir más allá de la propia gestión.

– El liderazgo es inevitablemente político. Tiene que lidiar entre diferentes puntos de vista enfrentados, intentando consensos o acuerdos, con el fin de que las tareas de la organización puedan ser productivas.

– El liderazgo es inherentemente simbólico. El ejercicio del liderazgo es contextual, precisa de una cultura organizativa de base. Además, una cultura escolar fuerte requiere un liderazgo. Lo más propio del líder es articular una visión conjunta en pro de una meta e implicar a los miembros en dicha misión.

– Tiene que poseer un conjunto de cualidades humanas y éticas.

– El líder debe lograr la armonía empática y emocional (Medina, 2013).

El trabajo en equipo se puede resumir en la definición que realiza Medina (1994):

> *«La colaboración es el intercambio participativo mediante el cual los sujetos viven la realidad como un proceso compartido y llevan a cabo las actuaciones más adecuadas para la mejora de la concepción y práctica educativa, como proceso de realización social y cooperativa».*

En el Plan Institucional, es fundamental la relación entre la normativa vigente, la evaluación y el desarrollo institucional. La investigación acerca del sentido y compromiso del profesorado con el plan institucional y el desarrollo que se logra a través de la evaluación, pondrán de manifiesto el camino seguido en el dominio de esta complicada competencia.

Todas las instituciones poseen un sistema de valores, normas, creencias, formas de ver la educación que las identifican y que reflejan en documentos a los que la comunidad educativa, sea o no universitaria, tiene acceso. Éste ha sido el caso del Plan de Centro o Proyecto Educativo Institucional que elaboran los centros educativos con la normativa administrativa actual en cada país.

Por tanto, es necesario distinguir entre lo ideológico de la pertinencia institucional y lo pragmático que conforma la gestión de las instituciones.

La infraestructura de la institución, debe ser acorde a las necesidades del profesorado para que se sientan a gusto trabajando y participando activamente en la vida universitaria. Los ámbitos de la institución educativa han ir destinados a canalizar información, establecer relaciones sociales o simplemente como plataforma bidireccional de intercambio de saber científico.

La competencia de pertenencia institucional logra que se produzca un diálogo educativo entre todos los miembros de la comunidad universitaria posibilitando una mayor cooperación y compromiso de las personas implicadas. La participación constituye uno de los índices de calidad para la mejora de la pertenencia institucional.

La innovación educativa es otra de las dimensiones a tener en cuenta para la mejora de la pertenencia institucional. Toda innovación se debe a un proceso de investigación, pero no toda investigación produce índices claros de innovación.

Para que la institución evolucione gradualmente es necesario el desarrollo profesional de las personas que trabajan en ella, pero este desarrollo no puede realizarse si no se dan una serie de circunstancias dentro de las instituciones educativas:

– La comunicación debe ser transversal, posibilitando el diálogo en todas las direcciones de la organización.

– La evaluación debe ser democrática, consensuada y no impuesta, con el fin de que los participantes la hagan suya. El aprendizaje profesional colaborativo mejorará si la totalidad de los docentes o la mayoría, lo toman como tarea de responsabilidad compartida.

– El proceso debe estar asumido. Si no se interioriza no se considerará útil y el desarrollo profesional será mucho más superficial.

– El docente debe tener un tiempo de dedicación adecuado. Si se ve únicamente como una carga de trabajo no se emplearía el tiempo preciso y condicionará todo el proceso.

– Las finalidades deben estar claras. El concepto de evaluación incorpora nuevos conocimientos y facilita predecir los tiempos, las técnicas, el coste personal, etc.

– Los espacios deben estar previstos de antemano.

El desarrollo de la cultura institucional se lleva a cabo con la realización de actividades y tareas prácticas de cada docente. Nos preguntamos: ¿por qué no basarse en la propia experiencia del docente como un recurso para generar cultura de participación en la institución? Esta interrogación nos lleva a nuevas preguntas:

– ¿Es un requisito imprescindible la participación de todos los miembros de la comunidad universitaria?

– ¿Qué características debe reunir esa participación para auspiciar la reflexión y la generación de nueva cultura, que nos lleve a la mejora de la institución?

– ¿Cuál es el proceso para orientar el desarrollo profesional en relación con la cultura de la participación?

– ¿Por qué, en algunos casos, las instituciones educativas son reacias a la participación?

– ¿Es suficiente la participación como estrategia para integrar los miembros en la organización?

– ¿Es posible crear relaciones auténticas de cooperación en vez de sumisión en una organización universitaria?

– ¿Cuáles pueden ser las estrategias para aumentar la participación?

Como bases para afianzar la competencia de pertenencia, se tendrá en cuenta:

– La institución superior tiene que dar a conocer su reglamento de organización y funcionamiento a los miembros de la Comunidad Educativa.

- El profesorado ha de comprender el reglamento de la institución y su aplicación.

- Debe transmitirse el reglamento de organización y funcionamiento de la institución al alumnado y a todos los miembros para evitar dificultades a su acceso y comprensión.

- Crear un organismo institucional que vele por el cumplimiento de la presencia de la institución en lugares representativos y en el que el profesorado ha de participar.

- Generar recursos y aplicar técnicas para la obtención de una adecuada información acerca del grado de pertenencia institucional.

- Crear unidades didácticas como parte del plan de estudios de asignaturas vinculadas con determinadas titulaciones y a las que se le puede dar un enfoque institucional (Recursos Humanos, Derecho, etc.).

La adquisición de esta competencia se precisa para comprender la cultura institucional e implicarse en las funciones y ámbitos como docente universitario.

La pertenencia en la tarea docente se lleva a cabo mediante la implicación del profesorado en las funciones propias de la práctica docente. El docente se siente identificado con su institución cuando ésta le facilita su labor y complementa su formación para su óptimo desarrollo profesional.

La pertenencia institucional en la tarea docente se mejora al implicase el profesorado en redes de innovación, análisis de tareas docentes y consolidación de la cultura de colaboración entre éstos y los estudiantes, proyectando los avances científicos de la institución universitaria en el desarrollo regional y comunitario de los diversos grupos sociales.

La institución universitaria ha de promover programas de incentivación de la conciencia institucional e implicar al profesorado en el diseño de medios, en la creación de ambientes de aprendizaje y la utilización por todo el claustro universitario de nuevos materiales mediante el uso compartido de plataformas en torno a actividades comunes, tales como asignaturas compartidas, tareas transdisciplinares y utilización en común de equipos informáticos y de actualizadas bases de datos.

Las hemerotecas, cibertecas, bibliotecas, etc., contribuirían a mejorar el uso de fondos bibliográficos, acceso a bases de información, consultoría electrónica de revistas, programas en red, etc.

La pertenencia en la investigación significa la creación de grupos de investigación dentro de la universidad, que retomen objetivos y problemas representativos de la misma y aporten soluciones valiosas a través de proyectos y programas que mejoren la innovación e investigación. El descubrimiento de objetos propios de investigación de la universidad y de espacios compartidos que liguen las inquietudes de los investigadores de la universidad a proyectos como el actual, redundando en el beneficio de todos los miembros de la comunidad universitaria y mejorando el papel de la Institución en la sociedad en la que se encuentra insertada.

La pertenencia en la gestión significa mejorar la institución mediante la cultura colaborativa, utilizada como un enfoque para la mejora y el éxito. La educación superior sigue ese patrón. «Las primeras investigaciones utilizan la cultura para ilustrar que las universidades tenían culturas únicas y distintas a la de otros tipos de instituciones, describiendo los mitos y rituales de los colegios, los estudiantes y profesores entre subculturas» (Clark, 1970; Lunsford, 1963; Riesman, Gus Campo y Gamson, 1970).

Actuar en coherencia con esa cultura y esa práctica tiene la necesidad de conocer las normas, sentirse implicado en ellas, ampliar los márgenes de participación y vivir con satisfacción intrínseca, en cuanto forma parte de esa institución. Esta competencia tendría un nuevo saber, la cultura de la institución como síntesis de los valores más representativos y del plan estratégico de la institución.

El profesorado evidencia la pertenencia institucional en las tres funciones fundamentales: docencia, investigación y gestión, aplicando e integrando las tareas correspondientes a las restantes competencias, como la de comunicación, metolológica e integración de medios, con especial relación a las de investigación, innovación y planificación.

3.10. Innovación

Conjunto de concepciones y modelos que orientan las prácticas docentes, realizadas desde actitudes y valores favorables a la mejora de la educación universitaria.

El desarrollo de esta competencia requiere partir de Prácticas Profesionales de mejora continua de la docencia, profundizando en las experiencias más valiosas y relevantes, que han marcado su vida profesional.

La innovación de la docencia universitaria requiere de perspectivas y modelos que la fundamenten y que mejoren las prácticas educativas, entre estos modelos destacamos el sistémico de Bertalanphy, del cambio profundo de Senge, los modelos culturales, entre otros, que plantean la complejidad de los procesos educativos y la necesidad de avanzar en aquellos que comprendan la amplitud de la formación universitaria y la urgencia de generar enfoques teóricos que orienten las decisiones para la transformación de la educación universitaria.

Los modelos de innovación de la educación han aportado interpretaciones valiosas y ofrecido caminos creativos para la mejora continua de la cultura universitaria y el desarrollo de las instituciones, pero la innovación de la docencia precisa de enfoques teóricos y de la generación de modelos didácticos que propicien la interpretación de las prácticas de enseñanza-aprendizaje y justifiquen las decisiones más adecuadas para alcanzar la educación integral de los estudiantes.

Los modelos didácticos que fomentan la innovación de los procesos de enseñanza-aprendizaje y que han sido ampliamente aplicados en los diversos ámbitos universitarios son los siguientes:

- Socio-comunicativo.

- Colaborativo.

- Socrático.

- Aprendizaje situado y complejo.

- Aprendizaje integrador.

- Aprendizaje en la incertidumbre, etc.

El conocimiento de estos modelos es imprescindible para que el profesorado descubra las dificultades que entraña el desarrollo del proceso de enseñanza-aprendizaje en los escenarios universitarios, desempeñado con una gran incidencia en la mejora de la capacitación profesional y del dominio de las competencias genéricas y específicas que los estudiantes han de adquirir, dado que para su consecución el profesorado debe comprender y asumir el gran desafío que para el diseño de la práctica requiere esta transformación y de la que se deriva el imprescindible desarrollo de las competencias docentes que faciliten al profesorado, a su vez, la formación de los estudiantes en las competencias que plantea la sociedad del conocimiento, las profesiones en transformación continua y los cambiantes climas de las empresas y las organizaciones actuales.

La innovación de la docencia ha de entenderse como la adquisición de una cultura que demanda nuevos pensamientos y actuaciones ligadas al desarrollo integral.

Los modelos didácticos constituyen una base para la innovación de la docencia dado que seleccionan lo más valioso de los procesos de enseñanza-aprendizaje para comprenderlos y propiciar su mejora permanente, orientando la práctica y generando un clima de superación continua.

La competencia de la innovación docente se desarrolla mediante la base que propicia algún modelo didáctico innovador, al seleccionar los elementos más relevantes y orientarse a la mejora permanente, dado que necesitamos un marco conceptual que fundamente y dé sentido a la práctica. Los modelos didácticos se caracterizan por su provisionalidad, reducción y consolidación, pero aportan aquellos aspectos más creativos y representativos de la tarea docente, eligiendo los componentes que evidencian las visiones que la teoría de la enseñanza le aportan, singularmente la base científico-tecnológica, la opción comprensiva y artística en relación a las cuales mantienen una dependencia.

La competencia de innovación se construye mediante las sucesivas aportaciones de los enfoques teóricos más cercanos a ella, especialmente la visión más rigurosa, ampliada con su puesta en acción, adoptada y en permanente mejora, dado que cada tarea docente se genera como una actuación creativa, pero influida por la incertidumbre que caracteriza las acciones formativas en contextos y ámbitos tan diversos y cambiantes como las aulas, los ciber-espacios y los ambientes socio-comunitarios en continua evolución.

Las prácticas docentes evidencian una línea de mejora permanente si se aplican de modo creativo los modelos y métodos didácticos, generando un clima que propicie la superación continua, el desempeño indagador del profesorado y la consolidación del pensamiento divergente apoyado en una visión argumentada de las decisiones más valiosas. La línea de innovación de la docencia requiere de un adecuado flujo de aspiraciones del profesorado y de los estudiantes fundamentado en los procesos de armonía, legitimación y evidencia del desarrollo del profesorado.

La innovación requiere de un equilibrio entre los dos componentes constitutivos de la misma:

– El pensamiento abierto y generador de continua mejora del proceso educativo y de la institución.

– La acción consolidada en los procesos de enseñanza-aprendizaje generados, esencial en la innovación, que a su vez lo es de la competencia docente, dado que el conocimiento de los modelos innovadores se proyecta en la solución de los problemas y en la toma de decisiones.

El avance en la competencia de innovación de la docencia es una línea que ha de caracterizar la cultura universitaria y forma parte del modo de asumir responsabilidades y de resolver los problemas connaturales al actuar científico, tecnológico y artístico de las instituciones de educación superior.

La competencia de innovación de la docencia se concreta en el dominio de teorías y modelos que se aplican al desempeño de prácticas de mejora de la Educación Superior, realizadas mediante actitudes y valores de implicación y transformación de los procesos de enseñanza-aprendizaje.

La construcción de la competencia innovadora es un proceso incierto, que se relaciona con un estilo de búsqueda permanente, avance hacia lo desconocido y un compromiso por la transformación de las prácticas educativas en la Universidad. Esta competencia se constituye por la complementariedad entre la consolidación de un modelo abierto y flexible, orientado a la legitimación y fundamentación de las mejoras de las tareas formativas y el desarrollo de un estilo de toma de decisiones indagador y artístico que logra anteponer la iniciativa y el respeto a la incertidumbre con gran sensibilidad ante lo desconocido.

Se contrasta el avance en la competencia de innovación de la docencia, al aunar nuevos pensamientos y concepciones fundamentadas de las prácticas educativas con realizaciones del proceso de enseñanza-aprendizaje en tensión y mejora integral, desde la cual cada hecho académico se refleja en un desafío y superación continua en todas las dimensiones del discurso y de las actuaciones didácticas.

La innovación de la docencia es complicado que se produzca de modo individual, aislado y carente de un compromiso institucional, ya que la competencia innovadora se incrementa cuando el conjunto de personas de la Institución Universitaria toma conciencia del significado y el impacto de las actuaciones y se anticipa a los nuevos cambios, procediendo desde una cultura de colaboración y adaptación a las formas de intervenir en cada práctica docente.

¿Tiene la innovación y el avance en esta competencia el valor de una transformación institucional?

La respuesta ha de encontrarla cada docente, equipos y grupos intervinientes en situaciones de transformación permanente al trabajar por respetar la iniciativa y autonomía del profesorado, completada con la cultura de la colaboración y adaptación continua de las prácticas docentes.

Actividades innovadoras para el desarrollo de la competencia:

a) Identificar una experiencia profundamente significativa y original de su docencia:

 – Contar detalladamente la experiencia de innovación docente, vivida anteriormente:

   • ¿Cuándo?

   • ¿Dónde?

   • ¿Por qué?

   • ¿Para qué?

   • ¿Qué?

   • ¿Cómo?

   • ¿Con quién?, etc.

 – Presentar el contenido de la innovación de la docencia (entre 3 y 5 páginas) que sinteticen la visión y vinculación de la experiencia realizada.

 – Elaborar una redacción y a partir de ella construir un mapa mental o conceptual de los aspectos más innovadores de la experiencia docente seleccionada.

b) Seminario de discusión del modelo de innovación; elaborado el modelo que subyace a la experiencia innovadora presentada entre los miembros del equipo, se procede a:

 – Dialogar acerca de los diversos modelos de innovación de la docencia, vividos y justificados por los docentes.

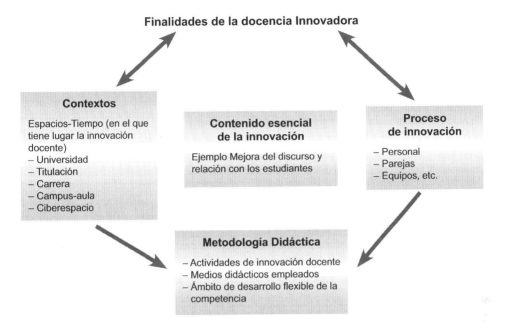

Finalidades de la docencia Innovadora

Contextos

Espacios-Tiempo (en el que tiene lugar la innovación docente)
– Universidad
– Titulación
– Carrera
– Campus-aula
– Ciberespacio

Contenido esencial de la innovación

Ejemplo Mejora del discurso y relación con los estudiantes

Proceso de innovación

– Personal
– Parejas
– Equipos, etc.

Metodología Didáctica

– Actividades de innovación docente
– Medios didácticos empleados
– Ámbito de desarrollo flexible de la competencia

– Seleccionar algún modelo y orientar la práctica.

– Análizar algunos modelos de innovación de la docencia.

– Trabajar alguna obra de innovación de la docencia.

– Seleccionar algún modelo y trabajarlo en profundidad. Sub-tareas.

– Enriquecer el modelo propio con la lectura, análisis y desarrollo de los modelos o del modelo del autor/es seleccionados.

– Reelaborar el modelo de innovación de la docencia.

– Compartir con otro u otros colegas el modelo elaborado, modelo de Innovación Docente del Grupo.

c) Aplicar el modelo de innovación de la docencia, por ejemplo: «Unidad didáctica diseñada» (tema). Aplicar el modelo de innovación de la docencia a una práctica profesional:

– Seleccionar el tema-bloque de aprendizaje (unidad didáctica) (elegir el bloque-tema en el que consideremos que nuestras expectativas y las de los estudiantes quedan mejor representadas y conocidas).

– Diseñar la unidad didáctica, adaptar y enriquecer algunas de las trabajadas anteriormente.

– Desarrollar en la acción y justificar el proceso más valioso de diseño, aplicación, evaluación y mejora integral de la práctica docente.

DISEÑO	APLICACIÓN	EVALUACIÓN
Introducción	Metodología	Autoevaluación
Competencias	Tareas	Co-evaluación
Objetivos	Medios (recursos TIC)	Portfolio
Mapa conceptual	Discurso expresivo socrático y empático	Análisis de casos
Desarrollo: idea eje, aplicación del contenido	Convertir la aplicación en una INVESTIGACIÓN: – Diario e-portfolio – Autoobservación – Observación en parejas. – Propuestas de mejora, etc.	Solución de problemas.
Metodología		«Criterios de dominio de las competencias»
Síntesis		
Integración de medios (TIC)		
Actividades		
Cronograma		
Autoevaluación		
Bibliografía, web-grafía		
Glosario		

3.11. Interculturalidad

La competencia de la cultura universal se consolida mediante la integración de actividades, valores y estilos de relación entre las diversas culturas, concretados en el discurso y acciones más representativas para crear un clima de colaboración y enriquecimiento intelectual y emocional entre las personas y los más diversos grupos humanos.

La competencia requiere a juicio de Domínguez (2006) las siguientes dimensiones formativas del docente:

– Empatía.

– Colaboración.

– Identidad.

– Apertura.

– Conocimiento geo-histórico.

– Saber práctico e intercultural.

– Compromiso con el encuentro cultural.

La concepción y práctica a la apertura a las diversas culturas (interculturalidad) se explicita en el saber y en el discurso plural que caracteriza a los seres humanos, en el encuentro entre las culturas y la empatía mutua que genera actitudes y valores positivos entre ellas.

Matveev y Milter (2004) han identificado la incidencia de la competencia intercultural y su valor para estructurar el trabajo en equipo entre las diversas culturas y nuevas formas de construir el diálogo y el acercamiento entre las personas de diferentes contextos geográficos.

La diversidad de personas, grupos y comunidades en las instituciones educativas es la característica más común que se completa con la identidad e igualdad como contrapunto entre todos los participantes en la universidad.

La práctica docente de respeto y búsqueda de síntesis superadoras entre las diversas culturas, ha de destacar las acciones y formas de comunicación entre los estudiantes universitarios, dado que por su propia naturaleza, la Institución de Educación Superior ha de promover el pleno desarrollo de nuevos estilos y relaciones entre los seres humanos.

La preparación del profesorado en el encuentro y la empatía con todas las culturas presentes en la clase es uno de los objetivos de esta innovación e investigación de la docencia universitaria. Pretendemos diseñar las actividades más enriquecedoras para promover actitudes y valores profundos, que constituyen la base de esta competencia dado que ante la dificultad de entender la lengua y las percepciones de las personas de la otra cultura, han de generarse nuevos conocimientos y auténticos procesos de empatía hacia ellos.

La empatía ante la pluralidad cultural, se construye por la integración de los saberes culturales, la habilidad para aplicar tales saberes a la solución de los problemas de convivencia y desarrollo integral entre las personas y la generación de actitudes y valores favorables al diálogo y al desarrollo colaborativo entre las diversas culturas. Su dominio en el marco universitario requiere por parte del profesorado, un riguroso avance en los aspectos más representativos de las culturas participantes en las clases, en los marcos sociales y en las organizaciones productivas.

El desarrollo de la empatía es procesual, dado que es necesario intensificar el conocimiento profundo de las diversas culturas presentes en los campus universitarios y se concreta en:

– El discurso mayoritario y el singular de cada cultura.

– Los problemas y estilos de colaboración intra e inter culturales.

– Los procesos de intercambio y de acercamiento entre las personas.

– Los valores más destacados de las culturas y su relación con los procedimientos en las aulas.

– Las formas de interacción entre los participantes de cada grupo humano, avanzando en nuevas formas de síntesis y enriquecimiento entre las culturas.

La tarea docente en este contexto de pluralidad ha de ser abierta y flexible, descubriendo las expectativas e intereses más representativos de los miembros de cada etnia y grupos humanos más representativos.

Por otra parte, el diálogo entre las culturas se consolida al interactuar los docentes con los estudiantes de diversidad cultural y sentar las bases del conocimiento mutuo y de la búsqueda de un horizonte para la mejora y el intercambio continuos.

La cultura universitaria y las instituciones han sido los marcos más abiertos al reconocimiento de la pluralidad cultural y se han construido cercanos a los más diversos retos y cambios del mundo. El avance y el fomento de la cercanía entre las diversas culturas se han desarrollado históricamente en las aulas universitarias, y en el mundo de la intercomunicación se requiere que todas las personas de esta institución vivan abiertas a la complejidad e intercambio cultural.

Los docentes universitarios descubren en la transformación de los climas universitarios, la necesidad de comprender la pluralidad cultural y de actuar para fomentar el encuentro, la colaboración y el desarrollo integral de los procesos de enseñanza-aprendizaje que estimulen en cada estudiante la armonía entre su identidad cultural y la apertura a las restantes culturas, estimulando su formación como ciudadanos del mundo y aplicadores de los principios del respeto cultural, de glocalización y ecoformación.

La riqueza de las culturas en interacción en los claustros universitarios y los cambios de las sociedades con múltiples enfoques culturales, representan un gran desafío para el profesorado e implica el necesario dominio en esta competencia para responder a la amplitud y complejidad de los procesos de enseñanza-aprendizaje en estos contextos.

El dominio de esta competencia ha de concretarse en un avance en los saberes y estilos creativos de las culturas, en interacción y en coherencia con los valores y actitudes de colaboración más pertinentes proyectados en la solución de los problemas de síntesis cultural y de búsqueda de sentido en una apertura y flexibilidad continuas. El profesorado universitario ha de generar modelos didácticos que orienten la complementariedad entre las personas de diversas culturas y emplee las prácticas empáticas y emotivas como base para consolidar el acercamiento y diálogo entre las culturas.

Actividades para avanzar en el dominio de esta competencia

Hemos aprendido a aprender y a relacionarnos con las más diversas culturas, en consecuencia tenemos experiencias previas en el marco docente que nos demandan retomar algunas de las que hayan significado una evidencia destacada para nuestra actuación y desempeño docente, procediendo a:

1. Narrar alguna experiencia de formación intercultural desarrollada en los últimos años.

2. Identificar alguna experiencia docente previa con estudiantes de diversas culturas.

3. Describir el contexto, circunstancias, riqueza y significado de las culturas presentes en su grupo de clase/curso/módulo/asignatura, entre otros.

4. Realizar las preguntas necesarias para desarrollar la acción formativa y aprender de nuestra experiencia profesional. ¿Cuándo, dónde, con quién, para qué, por qué, qué, cómo se realizó esa innovación intercultural vivida, etc.?

5. Emerger algunas conclusiones de nuestra narrativa.

PUNTOS FUERTES EN EL DOMINIO DE LA COMPETENCIA	PUNTOS DÉBILES EN EL DOMINIO DE LA COMPETENCIA
Discurso	Procesos de relación limitados
Empatía	Inadaptación del discurso a los estudiantes
Relaciones	Disminución de los saberes, valores y actitudes trabajados, etc.
Clima	Inhibición en la relación.
Innovación Cultural, etc.	Rutinas en la relación con las diferentes culturas.

1. Situaciones para avanzar en:

   – Empatía, colaboración y diálogo con los estudiantes.

   – Participar o diseñar algún seminario que les forme.

   – Mejorar la asertividad que facilite el acercamiento y potencialidad para colocarnos en el lugar de las personas, grupos y etnias, que avancen y compartan: discursos, valores, climas favorables a las distintas culturas.

   – Grabaciones en audio/vídeo y registrar en el e-Portfolio:

      ◆ Alguna experiencia práctica, concreta y de gran impacto que haya experimentado en su tarea docente en relación con algún o algunos estudiantes.

   – Compartir lo descubierto en nuestro auto-análisis en colaboración entre:

      ◆ Colegas.

      ◆ Etnias-grupos culturales.

      ◆ Estudiantes.

      ◆ Otras culturas presentes en la clase, con foro, chat, etc.

2. Integrar en el proceso de enseñanza aprendizaje: el discurso, métodos y tareas adaptadas a la diversidad de estudiantes:

   – Diseñar o retomar una unidad didáctica o tema concreto que han trabajado para dar respuestas fundamentadas a prácticas culturales, posibilitadoras del encuentro y formación integral.

– Formar al profesorado y estudiantes en el avance de la competencia de diálogo y complementariedad cultural, ampliando las posibilidades entre los docentes y estudiantes.

3. La metodología más favorable es:

   – Diálogo implicador, colaboración entre pares, enseñanza mutua, métodos globales e integrales de aprendizaje (parejas, pequeños grupos y comunidades-proyección e impacto de la comunidad en las diferentes culturas).

   – Avance en la competencia de complementariedad y mejora de tareas culturales.

La práctica docente es el escenario en el que el profesorado va a situarse como ciudadano del mundo y se concreta en la ecoformación y el desarrollo de las habilidades y actitudes, que acercan a todas las personas al mundo de la mejora integral, la colaboración y el enriquecimiento cultural.

El dominio y avance en esta competencia requiere:

– Pensar los saberes, tareas, métodos y medios didácticos en el marco de un mundo interdependiente, incierto y requerido de un profundo proceso de búsqueda y colaboración, asumiendo el discurso de la empatía, el equilibrio emocional y el pleno desarrollo humano.

– El uso frecuente del entendimiento y la adaptación al mundo real y virtual (internet) para que el diálogo pluri-cultural, se concrete en el conocimiento, las claves de la acción y la realización de proyectos compartidos en una nueva humanidad.

3.12. Identidad profesional

El término *identidad* tiene gran vigencia en el marco conceptual de numerosos estudios del ámbito de las Ciencias sociales. Se considera identidad nacional, cultural, social, política, de género, y otros calificativos que incluyen los más diversos campos de investigación. En particular, en las ciencias del comportamiento ocupa un lugar destacado la expresión *identidad profesional*, que para el caso concreto de las Ciencias de la educación toma la forma de *identidad profesional docente*.

La definición precisa del término es compleja y su alcance y significado son objeto de constante discusión, así como su construcción y los modelos más destacados en que llega a materializarse.

El significado del término identidad

La palabra *identidad*, en la visión clásica, su etimología *idem* (lo mismo), designa la relación existente entre dos o más realidades o conceptos, que siendo diferentes bajo ciertos aspectos, sin embargo se unifican según otros (Clawell, 1991). La relación entre dichas realidades puede estar basada en la sustancia de las mismas, los distintos estados por que pasan a lo largo del tiempo e incluso en las diferencias que establece la inteligencia entre dos objetos que corresponden a una misma realidad; por ejemplo, cuando se afirma A es A, proposición en la que una misma realidad es desdoblada por la inteligencia en sujeto y predicado. En un sentido similar se utiliza la palabra identidad en Matemáticas, al constatar que dos objetos matemáticos con grafía distinta corresponden, de hecho, a la misma realidad.

Con el desarrollo de las Ciencias Sociales, en particular la Psicología y la Sociología, a lo largo del siglo XX el concepto de identidad comienza a ser vagamente definido en términos del «yo» y de la visión que cada uno tiene del «yo» (Mead, 1934; Erickson, 1968) entendido como una representación organizada de nuestras propias teorías, actitudes y creencias acerca de nosotros mismos (McCormick y Pressley, 1997). El modo en que una persona se ve a sí mismo, *identidad*, y su realidad existencial personal, *entidad*, interactúan constantemente, de forma que la identidad se basa en la percepción que uno tiene de la realidad. Tajfel y Turner (1986) postulan la tendencia de los individuos a la categorización e identificación con un determinado grupo social, con el fin de establecer comparaciones con otros grupos que establezcan sesgos positivos hacia el grupo al cual se pertenece y que le proporciona tanto identidad cultural como incremento de la autoestima.

El concepto de identidad profesional docente

Las Ciencias de la educación atienden e investigan la *identidad profesional docente* (Knowles, 1992; Kompf et al., 1996; Connelly y Clandinin 1999).

Algunos autores (Nias, 1989;Knowles, 1992) la relacionan con la imagen que el docente tiene de sí mismo, entendiendo que la concepción del «yo personal» condiciona el «yo profesional», es decir, la manera de enseñar, su desarrollo como docente y las actitudes frente a los cambios educativos. Volkmann y Anderson(1998) ponen el énfasis el complejo equilibrio dinámico que el docente ha de mantener entre la imagen personal de sí mismo y el rol de profesor que viene obligado a desempeñar.

En la sociedad de la información y del conocimiento, el concepto de identidad profesional docente comienza a percibirse como un proceso dinámico (Fernández, 2012). Más allá de entenderla como una forma de adaptación del individuo a los modelos sociales, emerge el modelo de identidad individual. La identidad puede considerarse como la respuesta a la pregunta constantemente reiterada, «¿quién soy yo en este momento?» De esta forma, la identidad no se concibe tanto como una cualidad de la persona, sino más bien como una capacidad o *competencia en identidad* (Cooper y Olson, 1996; Kerby, 1999; Gee, 2001).

Beijaard *et al* (2004) identifican las siguientes características que califican como esenciales para definir la identidad profesional docente:

– Se trata de un proceso permanente (*ongoing process*), dinámico, no estable ni fijo; es decir, el desarrollo de la identidad profesional docente nunca se detiene y ha de ser contemplado como un aprendizaje a lo largo de la vida. En este sentido, la formación de la identidad profesional no es tanto la respuesta a la pregunta «¿quién soy yo en este momento?» sino más bien, la cuestión a dilucidar es «¿quién quiero ser?», en sintonía con lo que se puede denominar función de reflexión anticipadora (Conway, 2011).

– Implica simultáneamente a la persona y al contexto, por lo que la identidad profesional docente no es unívocamente singular.

– Está integrada por lo que puede denominarse subidentidades, es decir, factores relativos a las distintas variantes que pueden encontrarse en cada contexto a lo largo del tiempo y que son susceptibles de entrar en conflicto.

– Exige una participación activa de los docentes en su proceso de desarrollo profesional. La contribución puede realizarse de varias formas, según los objetivos que se persigan y los medios disponibles para alcanzarlos. De alguna forma, puede decirse que la identidad profesional no es algo que los docentes «poseen», sino que es algo que «utilizan» para darse sentido a sí mismos como profesores. El modo como explican y justifican las cosas en relación con otras personas y el contexto, expresan, por así decirlo, su identidad profesional (Coldron y Smith, 1999).

Dimensiones del «yo personal» de la identidad profesional docente

La parte del «yo personal» que configura la identidad profesional docente está integrada principalmente por el modo en que los docentes se ven a sí mismos como expertos en tres dimensiones: la materia que enseñan, las capacidades didácticas y las actitudes pedagógicas (Beijaard *et al.*, 2000).

El conocimiento de la materia

Tradicionalmente, el conocimiento de la materia que enseña un docente ha formado parte fundamental de la docencia profesional. Se consideraba que el conocimiento disciplinar, junto con alguna experiencia práctica en el aula, eran elementos suficientes para convertirse en un buen profesor, pero esta concepción de la docencia es insuficiente. La complejidad de la enseñanza y el nuevo rol que ha de desempeñar el docente como administrador de lo que ocurre en el aula y facilitador del aprendizaje, le obligan a ser algo más que un mero transmisor del conocimiento (López, 2012). Una consecuencia indeseada de esta nueva perspectiva es que, por exageración, se ha dado por supuesto, o incluso preterido, el papel de los conocimientos en la materia en la configuración de la identidad docente. Por ello, algunos autores Bennett y Carre (1993) reivindican la necesidad de incluir en los programas de formación del profesorado elementos de auto-diagnosis y evaluación de los conocimientos de la materia, complementados, en su caso, con las oportunas unidades de actualización que faciliten elevar el nivel de las explicaciones en el aula, detectar carencias y dificultades en la comprensión de los conceptos de los estudiantes.

Las capacidades didácticas

La formación del profesorado está fuertemente condicionada por el modelo de enseñanza aprendizaje que se ha de poner en la práctica. Tradicionalmente, en la configuración de la identidad profesional docente se ha prestado atención, esencialmente, a la formación y desarrollo de capacidades que tienen una relación directa con la tarea docente, como la planificación, comunicación, metodología, integración de medios, tutoría o evaluación. La visión actual del proceso de enseñanza aprendizaje considera insuficiente este planteamiento. Los modelos de enseñanza aprendizaje se reorientan hacia las salidas del proceso, haciendo un mayor énfasis en el aprendizaje de los estudiantes y reemplazando la concepción tradicional gobernada fundamentalmente por las entradas del proceso, es decir, basada principalmente en la transmisión de conocimientos por parte del profesor. El rol del profesor apunta especialmente hacia su misión como orientador, guía, facilitador del aprendizaje e inspirador de actividades de reflexión intelectual a los estudiantes. Tienen relevancia en la configuración de la identidad profesional docente otras capacidades didácticas que influyen de manera muy importante en la buena práctica docente, como pueden ser la investigación y la innovación.

Las actitudes pedagógicas

La verdadera enseñanza no puede reducirse a una simple acción instrumental que produzca unos determinados resultados en términos de ganancia de conocimientos por parte de los estudiantes. La parte didáctica de la profesión debe compaginarse con los aspectos éticos y morales del lado pedagógico. Por ejemplo, el docente debe conectar adecuadamente con sus estudiantes y manifestar cierto compromiso con sus inquietudes, preocupaciones o problemas personales. Estos aspectos pedagógicos son particularmente relevantes para la profesión docente y desempeñan un importante papel en la concepción del rol personal y profesional del docente; no obstante, con frecuencia se les presta poca atención en la configuración de la identidad profesional (Oser, 1992).

Los docentes deben tener una conciencia clara de las normas y valores que intervienen en su interacción y relación con los estudiantes. Por otra parte, en la sociedad actual los docentes se enfrentan con diversos dilemas sociales, emocionales y morales: ¿cómo educar en contextos de diversidad o multiculturalidad?, ¿cómo manejar estudiantes con un comportamiento desviado?, ¿cómo proceder con estudiantes superdotados?, ¿cómo prevenir los riesgos derivados del mal uso de internet o las redes sociales?, ¿cómo ayudar a los alumnos en conflictos derivados de divorcios, abusos sexuales?, la configuración de la identidad profesional docente debe integrar en su concepción elementos que valoren la interculturalidad, la actitud ética y el constante refuerzo de los valores morales.

Factores que influyen en la identidad profesional docente

La percepción del docente de su «yo personal» viene influenciada por diversos factores que interactúan entre sí y configuran la parte correspondiente tanto al «yo profesional» como a la dimensión dinámica de la identidad profesional docente. Dichos factores pueden clasificarse en dos grandes grupos: el *factor social* del «yo profesional», conformado esencialmente por el contexto en que se desarrolla la acción docente, y el *factor temporal* o dinámico, que recoge la evolución personal del profesor a lo largo de su carrera docente, configurando su biografía personal y determinando su experiencia docente (Beijaard *et al.*, 2000).

El factor social

El contexto en que se desarrolla la labor docente es determinante en la configuración de la identidad profesional docente.

Con respecto al contexto global, podemos señalar que, en el momento actual, los centros educativos «tienen que afrontar un número creciente de desafíos de la cambiante sociedad de la que proceden sus alumnos y de unos gobiernos preocupados por su competitividad económica» (Day, 2012: 31). Entre ellos se destacan:

- La incertidumbre emocional de los jóvenes derivada del descenso de motivación de los alumnos por aprender, la conducta negativa y el absentismo crecientes, de forma que la demanda emocional sobre los profesores ha ido creciendo.

- Los cambios en la demanda de mano de obra, que convierten a la educación en un activo, siempre que sea amplia y no superficial.

– La revolución de las telecomunicaciones que proporciona mayores oportunidades de aprender mediante «entornos virtuales», «plataformas de aprendizaje», «aprendizaje ubicuo basado en tecnologías móviles».

– Las nuevas demandas al profesorado, el cual, como se ha señalado anteriormente, tiene que afrontar nuevas realidades sociales y culturales en el aula, motivadas por las corrientes de opinión que abogan por la integración en el centro educativo de la diversidad, multiculturalidad y demandas especiales, entre otras.

– La nueva demografía de la docencia, derivada del hecho de que el perfil del profesorado ha empezado a cambiar, resultando una generación de docentes con mayor dispersión en edad, experiencia, preparación, expectativas profesionales y concepción de la carrera profesional.

La cultura propia del centro abarca las concepciones, normas y valores compartidos por todos sus integrantes, lo cual conlleva una manera concreta de realizar la docencia (Nias, 1989).

El factor temporal

La parte dinámica de la identidad profesional docente se materializa en base a su experiencia docente y su biografía personal.

Aunque, como apunta Day y Gu (2012: 36) no pueden equipararse experiencia y pericia, diversos estudios comparativos suponen que los docentes experimentados son, al menos en cierta medida, docentes expertos (Beijaard *et al.*, 2000). Tomando como base esta hipótesis, puede afirmarse que el conocimiento de los docentes expertos resulta estar especializado en un dominio concreto y está organizado en unidades amplias, teniendo además, en buena parte, carácter implícito (Carter, 1990). En comparación con los profesores noveles, los docentes expertos precisan no sólo un menor esfuerzo cognitivo sino que también son capaces de recuperar de la memoria y combinar adecuadamente la información necesaria para resolver un problema.

Numerosas investigaciones ponen de manifiesto que las experiencias de la vida personal del docente en el pasado interfieren sensiblemente con su vida profesional (Clandinin, 1986; Goodson, 1992). Las narrativas de las biografías y autobiografías de los docentes ponen de manifiesto que los denominados *incidentes críticos* conllevan *influencias críticas* en la configuración del perfil profesional de los docentes (Day y Gu, 2012: 66).

Day y Gu (2012: 63) establecen las seis etapas siguientes en el ciclo de vida profesional:

– *De 0 a 3 años de docencia*, caracterizada por el compromiso, apoyo y desafío.

– *De 4 a 7 años de docencia*, caracterizada por la identidad y eficacia en el aula.

– *De 8 a 15 años de docencia*, caracterizada por el control de los cambios de rol y de identidad, tensiones y transiciones crecientes.

– *De 16 a 23 años de docencia*, caracterizada por las tensiones trabajo-vida, los retos a la motivación y al compromiso.

– *De 24 a 30 años de docencia*, caracterizada por los desafíos al mantenimiento de la motivación.

– *Más de 31 años de docencia*, caracterizada por la motivación sostenida, la capacidad de afrontar el cambio y la espera de la jubilación.

Las investigaciones de Day y Gu (2012) ponen de manifiesto que la intensidad de los efectos de las influencias críticas varían a lo largo de las distintas fases de la vida profesional.

Modelos de identidad profesional docente

Para completar el estudio de la identidad profesional docente, presentamos en este apartado los modelos más representativos de identidad que pueden observarse en la práctica. La clasificación establecida por Sachs (Sachs, 1999 y 2001), y recogida asimismo por Day y Gu (2012: 47), establece dos discursos distintos, pero no enteramente opuestos, acerca de cómo se entiende el profesionalismo docente: el modelo *empresarial, entrepreneurial identity,* y el modelo *activista, activist identity.*

La identidad empresarial

Este modelo responde a la idea del profesional eficiente, responsable y con una visión del servicio docente con un contenido de carácter económico; demuestra su acatamiento a los imperativos impuestos desde fuera, con una enseñanza de alta calidad, tal como viene medida por indicadores del rendimiento fijados desde el exterior. «La competencia por los recursos entre centros educativos da origen a un *ethos* competitivo, en lugar de colaborativo. Se fomenta la operativa eficiente del mercado mediante la combinación de controles legislativos e internos, mecanismos institucionales, en particular los indicadores de desempeño e inspecciones» (Sachs, 2001: 156).

La identidad activista

Para Sachs (2001: 157) la identidad activista viene impulsada por la creencia en la importancia de movilizar a los profesores en beneficio del aprendizaje de los estudiantes. En esta identidad los profesores se preocuparán en crear y poner en práctica normas y procedimientos que faciliten a los estudiantes experiencias democráticas. Esta identidad emerge en centros en la que impere un clima colaborativo y la enseñanza esté relacionada con grandes ideales y valores sociales. Sachs (2001) identifica cinco valores que constituyen el fundamento de esta identidad: *enseñanza, participación, colaboración, cooperación* y *activismo*.

Destacamos que la identidad profesional docente sólo se puede concebir como algo dinámico que está en constante revisión y perfeccionamiento, en perenne dialéctica entre el «yo personal» del docente, la visión que percibe de sí mismo, con el «yo profesional», o visión social derivada del entorno en que realiza su misión.

Si, siguiendo a Seligman (Seligman, 2004), distinguimos entre un *trabajo* que se hace por un sueldo al final del mes, una *carrera* que supone una implicación personal más profunda en el trabajo por llevar el añadido del progreso, y una *llamada*, o *vocación,* que supone un compromiso apasionado a trabajar porque sí, sin tener en cuenta el dinero o el progreso, podemos concluir que la verdadera identidad profesional docente sólo está al alcance de quienes entienden la profesión docente como su auténtica vocación.

Tareas para el desarrollo:

1. Diseñar y aplicar el mapa de competencias más pertinente en el marco universitario y en los contextos regionales universales.

2. Narrar las experiencias más representativas y valiosas que han consolidado su línea de trabajo y su proyección en la Institución, los estudiantes y la mejora del conocimiento del marco ámbito científico en el que trabaja.

3. Seleccionar y avanzar en una línea integrada de saber profesional, desarrollo transdisciplinar y ecoformativo del conocimiento y proyectos de auténtica mejora de: la docencia universitaria, el desarrollo institucional y las prácticas profesionales.

CAPÍTULO 2

Las instituciones

1. Introducción

El proyecto de investigación «Diseño y aplicación de actividades innovadoras de enseñanza-aprendizaje para el desarrollo de competencias docentes», se ha realizado en un contexto de internacionalización y pretende fundamentar y compartir algún modelo de formación de docentes, con base en tres principios: colaboración, interculturalidad y corresponsabilidad, integrado por Universidades, Escuela Politécnica e Instituto de cinco países de Iberoamérica: España, Ecuador, México, Colombia y Argentina. La red que conforma este proyecto, está formada por la UNED de España, la Universidad de Sonora de México, el Instituto Universitario Italiano de Rosario de Argentina, la Universidad Libre de Colombia y la Escuela Politécnica del Ejército de Ecuador. Se hace necesario describir las características de cada una de las universidades participantes, que han propiciado estrechos lazos de cooperación investigadora, asentados en ejes axiológicos comunes para la mejora de la calidad de la docencia y la puesta en práctica de las estrategias metodológicas de los docentes.

2. Universidad Nacional de Educación a Distancia –UNED–

Historia de la Universidad Nacional de Educación a Distancia (UNED, 2013)

La génesis de la Universidad a Distancia en España tiene lugar en la década de los 70. Creándose en 1972 por Decreto Ley (agosto, 1972) la

Universidad Nacional de Educación a Distancia cuyos objetivos en ese momento y con una proyección de crecimiento, eran:

– «Aumentar el número de alumnos de forma geocéntrica.

– Expandir sus centros a núcleos de población alejados de las ciudades.

– Desarrollar una estructura internacional en América Latina.

– Garantizar la igualdad de oportunidades.

– Potenciar la incorporación de la mujer.

– Convertir la formación en una segunda oportunidad para las personas que están trabajando».

Durante los años 80 estos objetivos siguen aumentando y consolidándose a través de la creación de Centros Asociados. La incorporación de las TIC en los años 90 para el diseño de materiales y la utilización de la Radio y Televisión Educativa como herramientas para la transmisión de contenidos, se convierten, en una forma de acercar el conocimiento a los estudiantes a través de los recursos del CEMAV.

La aparición de Internet y el uso de la plataforma virtual han consolidado los objetivos de su inicio. La UNED es cercana y «sin distancias», lo que permite llegar a todos los estudiantes de cualquier punto de España y de otros países.

La innovación tecnológica, que en la actualidad proporciona nuestra universidad a través de la integración de los medios, permite llegar a todos los estudiantes conectados desde sus casas con herramientas de la Plataforma AVIP, como la webconferencia, que permiten de forma presencial y a distancia seguir una tutoría de un centro asociado.

La actualidad de la UNED se explicita en: «La Universidad mayor de España, con más de 250.000 estudiantes que cursan sus titulaciones oficiales (27 grados EEES, 49 másteres universitarios, 44 programas de doctorado) o sus más de 600 cursos de formación permanente, con casi 10.000 personas que, desde la sede central y los centros asociados, se esfuerzan por apoyar día a día la meritoria marcha de sus estudiantes hacia la meta de su formación».

Las cifras de la UNED en la actualidad (curso académico 2012-2013) son:

260.079 ESTUDIANTES				
128.601 Estudiantes de Grado	6.405 + 957 Estudiantes de Máster y Doctorado	22.954 Estudiantes de Acceso Universidad	17.669 Estudiantes de Formación Continua	14.407 Estudiantes de Idiomas
52.583 Estudiantes de Licenciaturas y Diplomaturas	18.000 + 2.134 Estudiantes extranjeros + estudiantes en el extranjero	1.268 Estudiantes en Centros Penitenciarios	4.774 Estudiantes con discapacidad	5.427 Titulados
Oferta				
27 Títulos de Grado	49 Másteres EEES	610 Programas de Formación Continua	12 Idiomas	148+397 Cursos de Verano y Actividades de Extensión Universitaria
Recursos				
151 Tesis leídas	163 Grupos de Investigación	1.448.500 Libros Bibliotecas	5 + 87 Puntos de servicio + Centros UNED	2.200 Títulos editados (libros, CDs, DVDs)
300 + 1.208 Aulas AVIP y Horas radio y TV	1.496 Personal docente e investigador	7.154 Profesores tutores	1.432 + 700 Personal de administración y servicio	1.016.001 Antiguos alumnos
227.843.630 euros de Presupuesto				
8 Ministerios	17 Comunidades Autónomas	47 Diputaciones Provinciales y Cabildos	178 Ayuntamientos y Mancomu- nidades	31+1.100 Entidades Financieras y Empresas

Obtenido de la web de la UNED.http://www.uned.es

Estudios de la UNED

La amplia oferta formativa que propone esta universidad surge en coherencia con el plan Bolonia, Espacio Europeo de Educación Superior, que se concreta con los estudios de Grado, Máster y Posgrado, incluyendo los Programas de Doctorado adaptados al plan de estudio actual, la formación a través de los cursos y los Programas de Títulos Propios, Formación Permanente, Formación del Profesorado, Expertos Universitarios y los Estudios de Idiomas (CUID) que facilitan la formación continua de aquellas personas que quieran actualizar su formación.

Otra iniciativa formativa son los Cursos de Acceso y la preparación a los mismos para: mayores de 25 y 45 años y mayores de 55 años a través de la UNED Senior, así como los novedosos y masivos cursos abiertos (COMA).

La metodología de estudio de la UNED

La UNED facilita al estudiante la autonomía de aprendizaje, a través de su modalidad de orientación presencial (Tutorías) y su modalidad virtual (Plataforma ALF).Reconoce el ritmo de trabajo de los estudiantes y aboga por su flexibilidad en el aprendizaje. Esta flexibilidad permite al estudiante adaptar su situación personal y profesional a su ritmo de trabajo y estudio.

Los materiales se presentan en soporte escrito: guías, unidades didácticas, etc., y en soporte virtual: diseño *on-line* de las asignaturas, que permiten al estudiante estar en contacto con los Equipos Docentes y con otros compañeros en su misma situación, intercambiar dudas, socializar, etc.

La UNED y la igualdad de oportunidades

La universidad se caracteriza por llegar a todas las personas. La diversidad de estudiantes en su origen y procedencia nos permite acercarnos a los mismos a través de los Centros Asociados. También se ha pensado en aquellas personas que tengan alguna desventaja socio-educativa y puedan acceder a estudios universitarios. La integración y adaptación a situaciones especiales para la igualdad de oportunidades en la formación se atienden a través de:

– UNIDIS (Centro de Atención a Universitarios con Discapacidad), servicio destinado a los estudiantes con discapacidad que garantiza la igualdad de oportunidades, eliminando las barreras de acceso y participación en el proceso formativo. Entre sus objetivos se encuentra la mediación entre estudiantes y docentes para la adaptación en el proceso de enseñanza-aprendizaje, así como acciones de sensibilización, coordinación, voluntariado, integración laboral, etc.

– Programa para Centros Penitenciarios, servicio que posibilita el acceso a los estudios universitarios de la población reclusa española.

La UNED, universidad emprendedora

La UNED es una universidad con iniciativa y emprendedora. Dado que se ha creado un canal abierto para la búsqueda de contenidos y gestión de cursos con la plataforma APRENDO. Esta plataforma, es un marco libre de Cursos Online Masivos en Abierto. Esta estrategia nos posiciona como una universidad en *«la vanguardia mundial de la formación online masiva»*, en abierto.

La UNED y la innovación

Nuestra universidad se caracteriza por llevar a cabo propuestas de innovación educativa. Esta innovación en la enseñanza se lleva a cabo a través del Instituto Universitario de Educación a Distancia (IUED). El objetivo de este Instituto es la mejora de la calidad de la enseñanza a distancia y el perfeccionamiento de su propia metodología, y entre sus funciones destacan:

– La formación del profesorado.
– La evaluación de los materiales didácticos y de la actividad docente.
– La investigación institucional.
– La promoción de actividades de innovación e investigación educativa.

La UNED cuenta también con Institutos de Investigación:

– Instituto General Gutiérrez Mellado.
– Instituto Universitario de investigación sobre Seguridad Interior (IUISI), etc.

La nueva visión tutorial de la UNED

La visión tutorial ha sido renovada desde sus inicios. Las propuestas de innovación han llegado a la orientación tutorial, con las nuevas aplicaciones virtuales y la necesidad de actualización formativa en TIC de los Equipos Docentes y de los Tutores al tener que utilizar nuevos recursos virtuales.

La modalidad de aula AVIP permite realizar videoconferencias, videoclases y webconferencias que los estudiantes pueden ver en directo desde los Centros Asociados y/o desde sus casas o bien, consultarlas posteriormente. Esta plataforma favorece el acceso a un repositorio digital para que los estudiantes accedan a los diversos fondos. Se contextualiza así la nueva visión tutorial virtual a través de una conexión a Internet vía chat, que junto a la tutoría presencial con pizarras digitales, permite atender a los estudiantes, resolver dudas, etc.

Con esta metodología se cumplen los principios de flexibilidad, aprendizaje activo y orientación tutorial a los estudiantes de la UNED.

La internacionalización de la UNED

La dimensión internacional de la UNED y su expansión a otros continentes implica también un reto en sus propuestas de estudio y se desarrolla en sus centros, a través de acciones, convenios de colaboración y programas internacionales, que permiten la extensión y actividad universitaria a otros países, principalmente en América, Europa y África. La internalización de la enseñanza universitaria que propone la UNED está dentro de la política educativa de la misma y favorece el lema: «Estés donde estés»

Bajo la dirección del Vicerrectorado de Relaciones Internacionales se desarrollan los siguientes programas:

– Puentes Internacionales UNED.

– Movilidad Universitaria.

– Acciones de Cooperación al Desarrollo, etc.

La oferta académica de la UNED

La oferta académica de la UNED es muy variada y diversa por las diferentes facultades que la integran, a su vez, por la modalidad de formación que permite situarla en el aprendizaje a lo largo de la vida.

Los estudios oficiales de nuestra Universidad son:
– Grados.

– Másteres EEES.

– Doctorados EEES y planes antiguos.

– Licenciaturas / Diplomaturas / Ingenierías.

• Grado: las titulaciones de grado ofertadas por las diferentes facultades de la universidad son:

FACULTAD	GRADO
Facultad de Ciencias	Grado en Ciencias Ambientales Grado en Matemáticas Grado en Química Grado en Física
Facultad de Psicología	Grado en Psicología
Facultad de Educación	Grado en Educación Social Grado en Pedagogía
Facultad de Filología	Grado en Lengua y Literatura Españolas Grado en Estudios Ingleses: Lengua, Literatura y Cultura
Facultad de Ciencias Económicas y Empresariales	Grado en Economía Grado en Administración y Dirección de Empresas Grado en Turismo
Facultad de Derecho	Grado en Ciencias Jurídicas de las Administraciones Públicas Grado en Derecho Grado en Trabajo Social
Facultad de Geografía e Historia	Grado en Geografía e Historia Grado en Historia del Arte
Escuela Técnica Superior de Ingenieros Industriales	Grado en Ingeniería Eléctrica Grado en Ing. en Electrónica Industrial y Automática Grado en Ingeniería Mecánica Grado en Ingeniería en Tecnologías Industriales
Facultad de Ciencias Políticas y Sociología	Grado en Ciencia Política y de la Administración Grado en Sociología
Facultad de Filosofía	Grado en Filosofía Grado en Antropología Social y Cultural
Escuela Técnica Superior de Ingeniería Informática	Grado en Ingeniería Informática Grado en Ingeniería en Tecnologías de la Información

- Máster/Postgrado: la oferta de Másteres también es muy amplia:

FACULTAD	POSTGRADO/MÁSTER
Facultad de Ciencias	Máster Universitario en Ciencia y Tecnología Química Máster Universitario en Matemáticas Avanzadas Máster Universitario en Física Médica Máster Universitario en Ciencia y Tecnología de Polímeros Máster Universitario en Física de Sistemas Complejos
Facultad de Psicología	Master Interuniversitario en Metodología de las Ciencias del Comportamiento y de la Salud. UNED, UCM y UAM Máster Universitario en Investigación en Psicología Máster Universitario en Intervención Psicológica en el Desarrollo y la Educación
Facultad de Educación	Máster Universitario en Comunicación y Educación en la Red: de Sociedad Información a Sociedad Conocimiento Máster Universitario en Innovación e Investigación en Educación Máster Universitario en Tratamiento Educativo de la Diversidad Máster Universitario en Formación del Profesorado de Educación Secundaria Obligatoria y Bachillerato, Formación Profesional y Enseñanzas de Idiomas Máster Universitario en Estrategias y Tecnologías para la Función Docente en la Sociedad Multicultural Máster Universitario Euro-Latinoamericano en Educación Intercultural Máster Universitario en Orientación Profesional Máster Universitario en Intervención Educativa en Contextos Sociales
Facultad de Filología	Máster Universitario en Literaturas Hispánicas (Catalana, Gallega y Vasca) en Contexto Euro Máster Universitario en Elaboración de Diccionarios y Control Calidad Léxico Español Máster Universitario en Lingüística Inglesa Aplicada Máster Universitario en Formación e Investigación Literaria y Teatral en el Contexto Europeo Máster Universitario en el Mundo Clásico y su Proyección en la Cultura Occidental Máster Universitario en Ciencia del Lenguaje y Lingüística Hispánica Máster Universitario en Análisis Gramatical y Estilístico del Español Máster Universitario en Tecnologías de la Información y la Comunicación en la Enseñanza y Tratamiento de Lenguas Máster Universitario en Estudios Franceses y Francófonos

FACULTAD	POSTGRADO/MÁSTER
Facultad de Ciencias Económicas y Empresariales	Máster Interuniversitario en Sostenibilidad y RSC (UNED-UJI) Máster Universitario en Investigación en Economía
Facultad de Derecho	Máster Universitario en Intervención de la Administración en la Sociedad Máster Universitario en Unión Europea Máster Universitario en Seguridad Máster Universitario en Derecho de Seguros Máster Universitario en Derechos Fundamentales Máster Universitario en Derechos Humanos Máster Universitario en Dirección Pública, Hacienda Pública, Políticas Públicas y Tributación Máster Universitario de Investigación en Derecho de la Cultura Máster Universitario en Acceso a la Procura Máster Universitario en Acceso a la Abogacía Máster Universitario en Administración Sanitaria
Facultad de Geografía e Historia	Máster Universitario en Métodos y Técnicas Avanzadas de Investigación Histórica, Artística y Geográfica Máster Universitario en la España Contemporánea en el Contexto Internacional
Escuela Técnica Superior de Ingenieros Industriales	Máster Universitario en Investigación en Tecnologías Industriales Máster Universitario en Ingeniería del Diseño Máster Universitario en Investigación en Ingeniería Eléctrica, Electrónica y Control Industrial Máster Universitario en Ingeniería Avanzada de Fabricación
Facultad de Ciencias Políticas y Sociología	Máster Universitario en Política y Democracia Máster Universitario en Problemas Sociales
Facultad de Filosofía	Máster Universitario en Filosofía Teórica y Práctica
Escuela Técnica Superior de Ingeniería Informática	Máster Universitario en Lenguajes y Sistemas Informáticos Máster Universitario en Comunicación, Redes y Gestión de Contenidos Máster Universitario en I.A. Avanzada: Fundamentos, Métodos y Aplicaciones

También hay otros másteres con otras Universidades: Máster Interuniversitario en Memoria y Crítica de la Educación (Interuniversitario Universidad de Alcalá de Henares y UNED).

Y otros que no dependen de ninguna Facultad como el Máster Universitario en los Retos de la Paz, la Seguridad y la Defensa.

• Doctorado:

Programas de Doctorado: Los programas de doctorado están en proceso de modificación por el Real Decreto 99/2011 y su adaptación a la UNED mediante el Reglamento regulador de los estudios de doctorado y de las Escuelas de Doctorado de la UNED, de 26 de octubre de 2011; en la actualidad permanecen:

- Programas de Doctorado / EEES (Plan de estudios, RD 99/2011) (en proceso de verificación y aprobación para su implantación en 2013/2014) (En proceso de aceptación cinco).

- Programas de Doctorado / EEES (Plan de Estudios, RD 1393/2007).

- Programas de la UNED con «Mención de Excelencia».

- Programas de Doctorado en Extinción (Plan de estudios, RD 778/1998).

• Licenciaturas / Diplomaturas / Ingenierías: las Licenciaturas/Diplomaturas (algunas en proceso de extinción por los planes nuevos):

FACULTAD	TITULACIÓN
Facultad de Ciencias	Ciencias Físicas Ciencias Matemáticas Ciencias Químicas
Facultad de Ciencias Políticas y Sociología	Ciencias Políticas y Sociología (Sección Ciencias Políticas) Ciencias Políticas y Sociología (Sección Sociología)
Facultad de Ciencias Económicas y Empresariales	Administración y Dirección de Empresas Economía
Facultad de Geografía e Historia	Historia

FACULTAD	TITULACIÓN
Facultad de Filología	Filología Hispánica Filología Inglesa
Facultad de Psicología	Psicología (Plan 2000)
Facultad de Educación	Pedagogía Psicopedagogía Educación Social
Facultad de Derecho	Derecho (Plan 2000)
Escuela Técnica Superior de Ingenieros Industriales	Ingeniero Industrial (Plan 2001)
Escuela Técnica Superior de Ingeniería Informática	Ingeniero Técnico en Informática de Sistemas (Plan 2000) Ingeniero Técnico en Informática de Gestión (Plan 2000) Ingeniero en Informática
Facultad de Ciencias Económicas y Empresariales	Turismo
Facultad de Filosofía	Filosofía (Plan 2003) Antropología Social Y Cultural
Facultad de Ciencias	Ciencias Ambientales
Facultad de Ciencias Políticas y Sociología	Trabajo Social
Escuela Técnica Superior de Ingenieros Industriales	Ingeniero Técnico Industrial en Electrónica Industrial Ingeniero Técnico Industrial en Mecánica Ingeniero Técnico Industrial Especialidad en Electricidad
Facultad de Ciencias Económicas y Empresariales	Diplomado en Ciencias Empresariales

En la actualidad, nuestra universidad pionera en la incorporación de las TIC, se puede seguir a través de las Redes Sociales:

- Facebook; la UNED tiene más de 40.000 personas que la siguen en la modalidad en red.

- Twitter, con 4.691 tweets y 34.662 seguidores.

– YouTube (http://www.youtube.com/user/uned?gl=ES&hl=es) en donde se pueden visualizar y explorar diferentes vídeos UNED.

– Linkedin con 4.694 seguidores.

Para la elaboración de la Historia de la UNED se ha utilizado y adaptado la información de su página web: http://www.uned.es

3. Escuela Politécnica del Ejército –ESPE–

La Escuela Politécnica del Ejército –ESPE–, tiene su origen el 16 de junio de 1922, fecha en la cual el Presidente de la República, Dr. José Luis Tamayo crea la *Escuela de Oficiales Ingenieros*, mediante decreto publicado en el Registro Oficial N° 521.

Posteriormente, el 22 de octubre de 1936 ante la necesidad de tecnificar los mandos en la especialidad de Ingeniería y Artillería, se transforma en «*Escuela de Artillería e Ingenieros*». En 1948, se amplía el pensum académico y se nivela con el resto de Universidades Ecuatorianas cambiando su nombre por el de «*Escuela Técnica de Ingenieros, ETI*».

En 1972 la ETI abre sus puertas a estudiantes civiles, alcanzando un gran reconocimiento ante la sociedad, y el 8 de diciembre de 1977 el Congreso Nacional mediante Decreto 2029 publicado en el Registro Oficial N° 487, le confiere el carácter y condición de Escuela Politécnica del Ejército –ESPE–, definida como una «Institución de Educación Superior con personalidad jurídica, autonomía administrativa y patrimonio propio de derecho público, con domicilio en la ciudad de Quito y sede principal en la ciudad de Sangolquí».

El 8 de mayo de 1996, el Consejo Nacional de Universidades y Escuelas Politécnicas (CONUEP), hoy Consejo de Educación Superior (CES), resolvió integrar a la ESPE al seno del Consejo Nacional de Universidades y Escuelas Politécnicas.

El 13 de junio del 2001, el Dr. Gustavo Noboa Bejarano, Presidente Constitucional de la República, aprueba el nuevo Estatuto de la Escuela Politécnica del Ejército, mediante Decreto Ejecutivo N° 1585, publicado en el Registro Oficial N° 349.

El 28 de septiembre de 2008, se aprueba la Nueva Constitución de la República del Ecuador, de la cual se resaltan algunos cambios muy importantes en cuanto a la Educación Superior: artículos 28, 29, 350-356, destacando en este última, el establecimiento de *«la gratuidad de la educación superior pública de tercer nivel, y que esta gratuidad está vinculada con la responsabilidad académica de las estudiantes y los estudiantes»*.

El 7 de enero de 2010, el Consejo Nacional de Evaluación y Acreditación de la Educación Superior (CONEA) entrega a la ESPE la carta que la acredita como Institución de Educación Superior categoría «A», como un reconocimiento a la calidad y excelencia académica.

En octubre de 2010, se publica la Ley Orgánica de Educación Superior (LOES) que tiene como objetivo *«definir los principios, garantizar el derecho a la educación superior de calidad que propenda a la excelencia, al acceso universal, permanencia, movilidad y egreso sin discriminación alguna»*.

Es importante resaltar, dentro de la LOES, la implementación del Sistema de Nivelación y Admisión (SNNA) establecido en el artículo 81 y en cuanto a la acreditación que certifica la calidad de las instituciones de educación superior de una carrera o programa educativo, la realizará el Consejo de Evaluación, Acreditación y Aseguramiento de la Calidad de la Educación Superior (CEAACES), de acuerdo al artículo 95.

Adicional, una de las acciones dentro del proceso de modernización de las Fuerzas Armadas del Ecuador, y siendo uno de los objetivos, optimizar el uso de los recursos disponibles, en el ámbito educativo, era integrar a través de una sola Universidad que cubriera las necesidades de cada una de las tres Fuerzas: Terrestre, Aérea y Naval. Es así que, en la vigésima segunda disposición transitoria de la Ley Orgánica de Educación Superior (LOES), promulgada en el Registro Oficial N° 298 de 12 de octubre de 2010, se dispone que: *a partir de la vigencia de esta ley, se integrarán la Escuela Politécnica del Ejército ESPE, la Universidad Naval Comandante Rafael Morán Valverde UNINAV y el Instituto Tecnológico Superior Aeronáutico ITSA, conformando la Universidad de las Fuerzas Armadas «ESPE».* Esta disposición entrará en vigencia una vez que se aprueben los estatutos de esta universidad.

Por lo que, la ESPE ha considerado este marco general y el contexto internacional para adaptarlas a las características de nuestro modelo educativo.

La misión de la ESPE es «*formar académicos, profesionales e investigadores de excelencia, creativos, humanistas, con capacidad de liderazgo, pensamiento crítico y alta conciencia ciudadana; generar, aplicar y difundir el conocimiento y, proporcionar e implementar alternativas de solución a los problemas del país, acordes con el plan Nacional de Desarrollo*».

Para el cumplimiento de esta misión, la Escuela Politécnica implementó una estructura orgánica Departamental (anteriormente se tenía por facultades): el nivel directivo está conformado por el Honorable Consejo Politécnico, el Rectorado, dos Vicerrectorados: Académico y de Investigación y Vinculación con la Colectividad; y la Gerencia Administrativa Financiera. En el nivel operacional se tienen Departamentos y Carreras y en el nivel de apoyo a las Direcciones y Unidades.

Oferta académica de la Institución

En total son 9 departamentos que ofertan de manera regular 39 carreras de pregrado, en modalidades: presencial y a distancia.

DEPARTAMENTOS	CARRERAS	MODALIDAD
Ciencias de la Tierra y la Construcción	Ingeniería Civil Ingeniería Geográfica y del Medio Ambiente	Presencial Presencial
Ciencias de la Vida	Ingeniería Agropecuaria Ingeniería en Biotecnología	Presencial Presencial
Ciencias de la Computación	Ingeniería en Sistemas e Informática Tecnología en Computación	Presencial Distancia
Ciencias de la Energía y Mecánica	Ingeniería Mecánica Ingeniería Mecatrónica	Presencial Presencial
Ciencias de Eléctrica y Electrónica	Ingeniería Eléctrica en Automatización y Control Ingeniería Eléctrica en Redes y Comunicación de Datos Ingeniería Eléctrica en Telecomunicaciones	Presencial Presencial Presencial

DEPARTAMENTOS	CARRERAS	MODALIDAD
Ciencias Económicas, Administrativas y del Comercio	Ingeniería Comercial	Presencial/ Distancia
	Ingeniería en Finanzas y Auditoría	Presencial/ Distancia
	Ingeniería en Mercadotecnia	Presencial/ Distancia
Ciencias Económicas, Administrativas y del Comercio	Ingeniería en Comercio Exterior y Negociación Internacional	Presencial
	Tecnología en Marketing y Publicidad	Distancia
	Tecnología en Secretariado Ejecutivo	Distancia
	Tecnología en Administración Microempresarial	Distancia
	Ingeniería en Administración Turística y Hotelera	Presencia
	Tecnología en Administración Turística	Distancia
Ciencias Humanas y Sociales	Licenciatura en Administración Educativa	Distancia
	Licenciatura en Educación Infantil	Presencial/ Distancia
	Licenciatura en Educación Ambiental	Presencial/ Distancia
	Licenciatura en Ciencias de la Actividad Física, Deportes y Recreación	Presencial
Seguridad y Defensa	Ingeniería en Seguridad	Distancia
	Licenciatura en Ciencias Militares	Presencial
	Licenciatura en Ciencias Aeronáuticas Militares	Presencial
	Licenciatura en Administración Aeronáutica Militar	Presencial
Lenguas	Licenciatura en Lingüística aplicada al idioma inglés	Distancia
Ciencias Exactas	Ninguna	

Se debe señalar, que luego del proceso de acreditación realizado a todas las Instituciones de Educación Superior, se suspendieron definitivamente 14 de ellas, ubicadas en la Categoría «E», de acuerdo al Mandato 14, por lo que la Secretaría Nacional de Educación Superior, Ciencia, Tecnología e Innovación, SENESCYT, llevó a cabo un plan de contingencia para los estudiantes de estas Instituciones, y la ESPE firmó un convenio para apoyar con 3 Carreras de Titulación Especial (CTE) en el área de Administración, con una modalidad semi-presencial:

– Contabilidad y Auditoría.

– Licenciatura en Comercio y Marketing.

– Licenciatura en Administración.

En cuanto a la oferta de Posgrados, actualmente se cuenta con 9 programas:

– Administración Gerencial Hospitalaria.

– Sistemas de Gestión Ambiental.

– Auditoría Ambiental.

– Agricultura Sostenible.

– Administración de la Construcción.

– Evaluación y Auditoría de Sistemas Tecnológicos.

– Gestión de Proyectos.

– Enseñanza de la Matemática.

– Producción Animal.

El recurso humano de la Institución se puede identificar por: Personal Militar, Personal Docente, Personal Administrativo y Estudiantes. A la fecha, se cuenta con 1534 docentes, distribuidos entre dedicación de tiempo completo, tiempo parcial y contratos. 733 servidores públicos, 18.110 estudiantes en pregrado y 1.066 estudiantes en posgrados.

La ESPE cuenta con un área de 688 hectáreas y dispone de un moderno campus matriz ubicado en la ciudad de Sangolquí, provincia de Pichincha; una sede en la ciudad de Latacunga –ESPEL– (Cotopaxi); 4 unidades descentralizadas en Quito, Sangolquí y Santo Domingo; y, 25 centros de apoyo a nivel nacional. Ofrece las modalidades de estudio: presencial, semi-presencial y a distancia.

Dentro del Plan Estratégico Institucional (PEI) se han establecido 9 áreas de desarrollo:

1. Gestión institucional.

2. Formación profesional.

3. Posgrado.

4. Investigación.

5. Extensión.

6. Recursos humanos.

7. Infraestructura física, tecnológica y recursos materiales.

8. Finanzas.

9. Relaciones de cooperación interinstitucional.

La visión para el 2016 de la ESPE, es ser «*líder en la gestión del conocimiento y de la tecnología en el Sistema Nacional de Educación Superior, con prestigio Internacional y referente de práctica de valores éticos, cívicos y de servicio a la sociedad*».

Principios Filosóficos (tomado del Plan Estratégico Institucional)

– La Institución se debe fundamentalmente a la nación ecuatoriana; a ella orienta todo su esfuerzo contribuyendo a la solución de sus problemas mediante la formación profesional y técnica de los miembros de su población.

– Es una Institución abierta a todas las corrientes del pensamiento universal, sin proselitismo político ni religioso.

– La búsqueda permanente de la excelencia a través de la práctica de la cultura de la calidad en todos sus actos.

– La formación consciente, participativa y crítica con libertad académica y rigor científico, que comprenda y respete los derechos fundamentales del ser humano y de la comunidad.

– El cultivo de valores morales, éticos y cívicos, respetando los derechos humanos con profunda conciencia ciudadana; coadyuva a la búsqueda de la verdad y forma hombres de honor, libres y disciplinados.

– El mantenimiento de las bases históricas de la identidad nacional para incrementar el orgullo de lo que somos y así proyectamos al futuro.

– La conservación, defensa y cuidado del medio ambiente y el racional aprovechamiento de los recursos naturales; y,

– La práctica de los valores tradicionales de orden, disciplina, lealtad, justicia, gratitud y respeto, en el contexto de la responsabilidad, la honestidad, el autocontrol, la creatividad, el espíritu democrático, la solidaridad y la solución de los problemas mediante el diálogo y la razón.

Valores Institucionales (tomado del Plan Estratégico Institucional)

La conducta de todos y cada uno de los miembros de la comunidad politécnica se mantendrá siempre bajo la práctica de los valores institucionales que se puntualizan a continuación:

– Honestidad a toda prueba.

– Respeto a la libertad de pensamiento.

– Orden, puntualidad y disciplina conscientes.

– Búsqueda permanente de la calidad y excelencia.

– Igualdad de oportunidades.

– Respeto a las personas y los derechos humanos.

– Reconocimiento a la voluntad, creatividad y perseverancia.

– Práctica de la justicia, solidaridad y lealtad.

– Práctica de la verdadera amistad y camaradería.

– Cultivo del civismo y respeto al medio ambiente.

– Compromiso con la institución y la sociedad.

– Identidad institucional.

– Liderazgo y emprendimiento.

– Pensamiento crítico.

– Alta conciencia ciudadana

En cuanto al modelo Educativo de la ESPE este fue concebido tomando en cuenta el adelanto de la ciencia y la tecnología, y la necesidad de vincular la educación con la empresa y la sociedad. Por lo tanto, el modelo integra la docencia, la investigación y la vinculación con la colectividad.

Atendiendo a estos requerimientos, en el 2007, se realiza un rediseño al enfoque curricular basado en competencias profesionales que generen el desarrollo de conocimientos, habilidades y valores, sobre una base estructural de unidades integradoras del contenido, procesos educativos innovadores y una evaluación de los aprendizajes alcanzados.

Dentro del modelo, se ha definido a las competencias como el «conjunto de cualidades que caracterizan comportamientos humanos generalizados dentro de una perspectiva integradora y compleja del pensamiento y modo de actuación en correspondencia de las necesidades sociales».

El diseño curricular se estructura sobre una base de unidades integradoras de contenidos y de las actividades de aprendizaje a desarrollar a través de la participación activa y participativa del estudiante en la construcción de su propio conocimiento, propendiendo al trabajo colaborativo y en equipo.

La ESPE maneja dos tipos de competencias: las genéricas y las específicas. Las primeras, llamadas también Institucionales tienen su aplicación en todos los programa carrera y están vinculadas con el desarrollo de la cultura de la investigación, el emprendimiento, la conservación del ambiente y las prácticas de valores universales y propios de la profesión. Mientras, que las segundas están en correspondencia con los diferentes campos profesionales de cada carrera.

Para la implementación del enfoque por competencias, el compromiso Institucional ha sido capacitar a los profesores en el diseño macro, meso y micro curricular, con la finalidad de contar con un cuerpo docente que orienten al pensamiento crítico y solución de problemas por parte de los estudiantes, mediante el diseño de estrategias metodológicas innovadoras, para satisfacer los requerimientos de la sociedad.

Alineado al contexto mundial (II Conferencia Mundial de Educación Superior UNESCO, en el cual se establece la inclusión de las TIC a todo quehacer educativo universitario), y al contexto nacional (art. 347, lit 8 de la Constitución de la República, en el que se manifiesta: Incorporar las TIC en el proceso educativo y propiciar el enlace de la enseñanza con las actividades productivas o sociales»; el Reglamento Especial para los Programas de Educación con el apoyo de la TIC, emitido por el CONESUP, el 3 de septiembre de 2009), la ESPE ha mantenido una política de capacitación continua para su profesorado en cuanto a la utilización de las TIC dentro del proceso de enseñanza aprendizaje, con la finalidad de promover una cultura tecnológica, y de esta manera, desarrollar las competencias propias de los usos tecnológicos más apropiados y específicos, así como la competencia comunicacional.

En el ámbito de la investigación cuenta con el Centro de Investigaciones Científicas y Tecnológicas del Ejército (CICTE), el cual «*centraliza y coordina las actividades de Investigación Científica y Tecnológica que requiere la Fuerza Terrestre para facilitar la ejecución de proyectos de Investigación. Proporciona asesoramiento técnico a fin de contribuir en el mejor cumplimiento de las misiones de las unidades operativas*» y el Centro de Investigación Científica (CEINCI), que tiene como uno de sus objetivos «*contribuir a la actualización del conocimiento científico en áreas específicas. Para ello, el Centro lleva a cabo congresos, seminarios y otros eventos de carácter científico. Además, publica revistas y monografías sobre tópicos específicos de la ciencia*».

La vinculación con la colectividad se realiza de forma constante a través de los procesos de investigación, la realización de prácticas pre-profesionales, proyectos integradores de base curricular y proyectos de innovación tecnológica, empresarial y social.

Página web: www.espe.edu.ec

4. Universidad de Sonora –UNISON–

La Universidad de Sonora es la institución de educación superior de mayor reconocimiento en el Estado de Sonora, México, por la calidad de sus programas docentes, de investigación, de vinculación y de difusión y por la excelente preparación de sus egresados que se formarán con modernos conocimientos en su disciplina, con una profunda convicción de honestidad, orden, justicia lealtad, respeto y una firme actitud de defensa de los derechos humanos y de su medio ambiente.

En 1938 se integró el Comité Pro-fundación de la Universidad de Sonora. En su calidad de Jefe del Ejecutivo, Ignacio Soto Martínez dio forma a la Ley Número 39 de Enseñanza Universitaria, misma que fue aprobada por el H. Congreso del Estado el 14 de agosto de 1953. Al entrar en vigor dicho ordenamiento al mes siguiente, la Universidad entraba, a la vez, a la vida orgánica.

Fue en el otoño de 1942 –15 de octubre– cuando se inauguraron los cursos de la naciente Universidad de Sonora. A partir de esta fecha y hasta el año 1953, la institución fue consolidándose en la conciencia de la comunidad sonorense. Durante dicho período, la Universidad vio transitar a tres rectores: Aureliano Esquivel Casas (2 años), Francisco Antonio Astiazarán (2 años) y Manuel Quiroz Martínez (7 años).

La Universidad contaba con las siguientes escuelas: secundaria, bachillerato, normal para maestros de educación primaria, superior de comercio, farmacia y enfermería hospitalaria. Además, en este período se instituyeron el escudo y lema de la Universidad, y se abrieron las especialidades en Topografía e Hidrografía de la Escuela de Ingeniería, y la Escuela de Agricultura y Ganadería.

El año 1953 fue clave en la historia de la Universidad. El nuevo instrumento jurídico (Ley Número 39) proyectó la Institución hacia dos décadas productivas, bajo los rectorados de Norberto Aguirre Palancares, Luis Encinas Johnson, Moisés Canale Rodríguez, Roberto Reynoso Dávila y Federico Sotelo Ortiz.

Esta etapa culminaría con el establecimiento de un nuevo marco de normatividad y de organización de la Universidad, al entrar en vigor, en agosto de 1973, la Ley Orgánica Número 103.

Al cumplirse su undécimo aniversario, en octubre de 1953, la Universidad se internaba en una fecunda dimensión de logros institucionales, de crecimiento y madurez cuyos signos más evidentes fueron el ejercicio de una sana autonomía que se sustentaba en el Consejo Universitario como autoridad máxima, la consolidación del patrimonio territorial de la institución, ampliación de su planta física y la expansión de sus servicios educativos.

En esta época se iniciaron los trámites legales para la ampliación del campus, se inauguraron los cursos de la Escuela de Agricultura y Ganadería, se estableció la Escuela de Derecho y Ciencias Sociales, y la Escuela de Farmacia se transformó en la Escuela de Ciencias Químicas. Igualmente, se recibe del Gobierno del Estado el edificio de la Biblioteca y Museo de Sonora.

Se procedió a refundar la Escuela de Ingeniería Civil, se construyeron el edificio de la Escuela Preparatoria y la primera sección del estadio para las prácticas deportivas. Se proyectaron los edificios de las escuelas de Derecho y Ciencias Sociales y de Comercio y Administración, y a la vez, se realizaron actividades previas a la creación de Radio Universidad.

Durante este período, las funciones de Extensión Universitaria y de Difusión se vieron fortalecidas con la creación de la Imprenta Universitaria, de Radio Universidad y de la Televisión Universitaria; la cobertura escolar se amplía con la apertura de las escuelas preparatorias de Navojoa y Magdalena, y la Escuela Técnica de Administración de Ranchos en Santa Ana.

Se crean las carreras de Ingeniería Química, Ingeniería Industrial, Física y Matemáticas; además, las carreras de Letras y de Trabajo Social. Se establece el Centro de Cálculo y se inicia formalmente la investigación científica a través del Centro de Investigaciones Científicas y Tecnológicas (CICTUS) y el Instituto de Investigaciones Económicas y Sociales, transformado luego en Departamento de Planeación, y en septiembre de 1971 se funda la escuela de Economía.

En enero de 1974 se da a conocer el documento «Reestructuración Integral de la Educación Profesional de la Universidad de Sonora», con el cual se delinearon los criterios de administración y política universitaria de los años siguientes.

La Comisión de Planeación y Desarrollo es creada en septiembre de 1974, como un órgano de apoyo técnico para la planeación del crecimiento universitario. En este período se inauguran las carreras de Geología y Minas.

Por primera vez se crea un Centro Didáctico (1975), adscrito a la Comisión de Planeación y Desarrollo, con la finalidad de desarrollar programas de actualización pedagógica para el personal docente, impartición de cursos de didáctica, dinámica grupal, micro enseñanza, sistematización de la enseñanza, evaluación del aprendizaje, elaboración de programas por objetivos y cartas descriptivas.

La Escuela Preparatoria Central sale del campus universitario y se transforma en el Sistema Estatal de Colegio de Bachilleres.

En 1976 emerge el Sindicato de Trabajadores y Empleados de la Universidad de Sonora, STEUS.

En septiembre de 1978 se diseña el «Modelo de Departamentalización de la Universidad de Sonora». Este nuevo sistema transforma los departamentos de Químico-Biológicas, Económico-Administrativas, Ciencias e Ingenierías, Ciencias Sociales y el de Humanidades, creándose nuevas carreras: Lingüística, Sociología y Administración Pública. Simultáneamente, se crean la Unidad Norte en Caborca (1978) y la Unidad Sur en Navojoa (1979).

Se definen los primeros estudios de postgrado: Maestría en Administración (en 1978) y se inician los trabajos de creación de la Maestría en Matemáticas Educativas (1980).

La escuela de Psicología y Ciencias de la Comunicación es creada en el año de 1981.

Para diciembre de 1983 se crea el Bufete Tecnológico Universitario (BTU) y en febrero de 1984 se inicia la impartición de la Maestría en Ciencias de Polímeros y Materiales, ese mismo año inicia actividades la Maestría en Física.

En abril de 1984, los docentes se agremian y forman el Sindicato de Trabajadores Académicos de la Universidad de Sonora, STAUS.

Se aprueba el programa de doctorado en Ciencias en Polímeros y Materiales y la especialidad en Biotecnología.

Buscando que la institución «recupere su posición estratégica para el progreso del Estado y su capacidad de respuesta como factor de cambio a los requerimientos de progreso de los sonorenses», el 26 de noviembre de 1991, el Congreso del Estado expidió la Ley Orgánica 4, que plantea una reestructuración de la Universidad, con base en un régimen de desconcentración funcional y administrativa, a través de Unidades Regionales, Divisiones y Departamentos.

Los avances en revisión curricular, infraestructura académica y en el programa de formación del personal académico, así como la implementación de una profunda reforma administrativa apoyada en la elaboración de instrumentos normativos y manuales de organización y de procedimientos, permiten vislumbrar un panorama de consolidación y fuerte desarrollo académico de la Universidad en los próximos años, con mayor capacidad de adecuación constante a los requerimientos que plantea el desarrollo de la entidad y del país.

En esta nueva estructura, la Universidad ha crecido geométrica y geográficamente: de los cuatro campus existentes en 1991 (Hermosillo, Santa Ana, Navojoa y Caborca), la institución creció a seis con la apertura de los campus Nogales (1999) y Cajeme (2010).

Se oficializaron los estudios de artes con la apertura de la Licenciatura en Artes, opciones Danza, Canto, Plásticas y Teatro; además de Arquitectura y Diseño Gráfico.

En Ciencias de la Salud se abrieron las carreras de Medicina, Biología, Nutrición y Deportes.

«El saber de mis hijos hará mi grandeza», reza el lema de la institución educativa que por casi siete décadas ha formado importantes cuadros de profesionistas en diversas áreas del saber y continúa con su compromiso de seguir contribuyendo en la mejora de la calidad educativa a nivel superior.

Innovación, liderazgo y creatividad son algunos de los valores que distinguen a la Universidad de Sonora, con los cuales ha logrado fomentar no sólo entre la comunidad universitaria, sino en la sociedad sonorense, el orgullo de ser Búho.

La misión de la UNISON contempla:

– Formar profesionales creativos, competentes y comprometidos en la solución de problemas.

– Generar conocimientos útiles para vivir mejor.

– Difundir los productos científicos, tecnológicos y artísticos, para engrandecer la cultura, promover la justicia y favorecer la democracia, la equidad social y la igualdad de oportunidades.

Visión

La UNISON cuenta con programas educativos diversificados, acreditados y pertinentes, programas de investigación y de vinculación acordes al desarrollo y las necesidades regionales y tiene instalaciones modernas para el óptimo funcionamiento de sus programas educativos y de investigación así como instalaciones apropiadas para el deporte, la cultura, el recreo y el esparcimiento. Se ha superado la etapa de pocos espacios para el deporte y la cultura y se promueve y practica una educación superior sustentada en valores universales de respeto y cuidado al ser humano y al medio ambiente.

Los valores

- – Autonomía.
- – Libertad de cátedra y de investigación.
- – Compromiso con la sociedad y la naturaleza.
- – Respeto.
- – Tolerancia.
- – Integridad.

Oferta educativa

La Universidad de Sonora oferta un total de 44 programas de licenciatura en las cinco sedes que constituyen sus tres Unidades Regionales, 42 de ellos se ofertan en la Unidad Regional Centro y 7 están adscritos a la División de Ciencias Sociales, a saber, Sociología, Administración Pública, Derecho, Psicología, Comunicación, Trabajo Social e Historia. En cuanto a estudios de posgrado, la institución oferta 43 programas, 8 de ellos son se imparten en la División de Ciencias Sociales: Especialidad en Derecho y Psicología de la familia, Especialidad en Derecho penal y Criminología, Maestría en Derecho, Doctorado en Derecho, Maestría en Innovación Educativa, Maestría en Política y Gestión del Desarrollo Social, Maestría en Ciencias Sociales y Doctorado en Ciencias Sociales.

Número de estudiantes en la UNISON

El número de estudiantes de licenciatura en la Universidad de Sonora asciende a 29.377, la Unidad Regional Centro Campus Hermosillo concentra a 23.093 (78,6%), la División de Ciencias Sociales tiene un total de 6.803 estudiantes, lo que representa al 23,2% de la matrícula total de la Institución.

Número de docentes

En cuanto al número de docentes que en la institución laboran son un total de 2.516 profesores, concentrando a 2.101 en la Unidad Regional Centro (83,5%), mientras que en la División de Ciencias Sociales hay 451 docentes, el 17,9% del total institucional.

¿Qué hace la Institución en relación a las competencias?

En 2004 la Universidad de Sonora da inicio a una nueva etapa en la formulación y operación de los programas educativos a razón de una profunda reforma curricular que conllevó a la reestructuración y reforma de los planes de estudio para integrar nuevos modelos curriculares en el marco de los modelos por competencias. En dicho año, la División de Ciencias Sociales inicia el proceso de reforma en las carreras de Psicología y Comunicación, siendo estos los primeros planes operando bajo el modelo por competencias y en someterse a los procesos de evaluación de organismos acreditadores de calidad educativa (Consejo Nacional para la Enseñanza e Investigación en Psicología y Asociación para la Acreditación y Certificación en Ciencias Sociales A.C). Con los años la División de Ciencias Sociales reforma 6 de 7 planes de estudio a nivel de licenciatura, sumándose los programas de Derecho, Trabajo Social, Sociología y Administración Pública, todos bajo enfoque por competencias (la licenciatura en Historia no adopta dicho enfoque). En 2013, es la única División que ha implementado sus programas por competencias. Se han organizado una serie de eventos de capacitación para la habituación de los docentes en las nuevas dinámicas escolares, así como en la planeación y organización de procesos educativos por competencias. Distintos grupos e investigadores en lo particular, así como tesistas de licenciatura y posgrado, han abordado este proceso desde diferentes perspectivas para determinar los factores institucionales, sociales y personales que han promovido o dificultado la óptima operación de los programas bajo el modelo por competencias.

5. Instituto Universitario Italiano del Rosario –IUNIR–

El Instituto Universitario Italiano de Rosario (IUNIR) fue creado por Decreto del Poder Ejecutivo Nacional (PEN) N° 197/01 y Resolución ME

N° 767/01-768/01 Art. 64 inc. c) Ley 24521. Fue Inaugurado el 16 de marzo de 2001, por el Presidente de Italia Carlo Azeglio Chiampi. Este es el año en que se cumplen 12 años de aquel momento histórico.

La misión del IUNIR fundacional es formar profesionales de calidad, para desplegar en todas sus actividades la «Calidad Educativa», integración con la visión del HIG (Centro de formación de excelentes especialistas de larga trayectoria) y ampliación a otros centros de formación, Integración a la sociedad de nuestro medio con acciones de extensión a la Comunidad; Inserción en el escenario nacional e internacional de la Educación Superior y Formar investigadores y producir investigaciones de calidad.

El IUNIR es un Instituto Universitario Público de Gestión Privada, dedicado a las «Ciencias de la Salud». Es totalmente auto sustentable en base a la confianza y aportes de los usuarios: estudiantes de grado y postgrado, de carreras y de cursos.

Oferta Académica

• Carreras de Grado:

– Medicina, Enfermería, Psicología y Odontología.

– La carrera de Medicina cuenta ya con cinco promociones de médicos, y fue también acreditada por la CONEAU en 2010.

• Carreras de Post-grado:

– Doctorado en Ciencias Biomédicas, «acreditado por Resolución CONEAU 390/08».

– Maestría en Educación Médica, «acreditada por Resolución CONEAU N° 292/08».

Todos los Post-grados de la Institución han sido hasta ahora acreditados por la CONEAU.

• Carreras de Especialización Médica:

– Carrera de Cardiología: «Autorizada por Resolución ME 768/01».

– Carrera de Cirugía General: «Acreditada y categorizada por Bn Resolución CONEAU N° 111/04».

– Carreras de Cirugía Torácica y Cardiovascular: «Autorizada por Resolución ME 768/01».

- Carrera de Ginecología y Obstetricia: «Acreditada Resol. CONEAU N° 656/08».

- Carrera de Hematología: «Acreditada Resol. CONEAU N° 405/09».

- Carrera de Inmunología y Alergia: «Autorizada por Resolución ME 768/01».

- Carrera de Medicina Interna: «Autorizada por Resolución ME 768/01».

- Carrera de Medicina Transfusional: «Autorizada por Resolución ME 768/01».

- Carrera de Nefrología: «Acreditada Resol. CONEAU N° 369/08».

- Carrera de Neonatología: «Autorizada por Resolución ME 768/01».

- Carrera de Pediatría: «Autorizada por Resolución ME 768/01».

- Carrera de Terapia Intensiva: «Acreditada Resol. CONEAU N° 058/08».

- Carrera de Urología: «Acreditada Resolución CONEAU N°368/08».

Casi todas las Carreras de Grado y Postgrado se desarrollan en el Hospital Italiano Garibaldi (HIG) que es el Centro de formación de excelentes especialistas de larga trayectoria, además de ser la Sede Oficial del IUNIR.

El IUNIR posee una amplia gama de Cursos de Posgrado y de Capacitación en Ciencias de la Salud, lo que permite a sus egresados y docentes ampliar sus horizontes. Estos cursos son abiertos a egresados de otras Universidades Argentinas y del Extranjero.

Desde el 2002 el IUNIR ha ido creciendo pausada y sostenidamente, hoy cuenta con más de 80 convenios que se realizan con Instituciones, Universidades y gobiernos de la región, el país y el mundo. Entre ellos, 17 son centros de enseñanza adscritos para que los estudiantes de grado y postgrado del Instituto dispongan de más de 1.300 camas y 200 consultorios para sus prácticas dentro de la diversidad asistencial del medio. Además del Hospital Universitario (Italiano Garibaldi), constituyen centros adscritos el Sanatorio Británico, el Sanatorio Plaza, el Instituto del Niño, el Hospital Italiano de Monte Buey, el Sanatorio Modelo de Rufino, la Clínica San Felipe, el Centro de Día Renacer, el Hospital Geriátrico Provincial, entre otros.

La génesis organizacional se gesta a partir de su creación y de su estatuto académico, reformado en 2004 y 2010 (Res. ME 1627/10), para asegurar el cumplimiento de las normativas vigentes y su autonomía académica y administrativa, respecto a las entidades fundadoras, ambas del HIG.

Hoy todo el proyecto autorizado en el 2001, está en pleno funcionamiento, sus carreras de Grado y Post-Grado, todas en Ciencias de la Salud y centradas en el aprendizaje de competencias profesionales.

Hasta el momento, se han firmado más de 30 convenios con Universidades Argentinas y Centros de Salud en Rosario y en la Provincia de Santa Fe. Estos últimos son los centros de enseñanza adscritos al IUNIR, que se han sumado desde entonces para dar cabida a todos nuestros proyectos educativos.

El IUNIR tiene 32 convenios internacionales, pero 15 de ellos están hoy activos, por citar algunos: la Universidad de Perugia, Universidad de Torino, Universidad de Catania (Italia), Universidad Complutense de Madrid, Universidad Católica de Lovaina (Bélgica), Universidad Nacional de Educación a Distancia (España) y la Escuela Superior Latino América (Brasil) y muchos más. Con ellos desarrollamos programas académicos en común e intercambio de estudiantes, docentes e investigadores. La «Internacionalización del IUNIR», es ya una realidad.

La Institución integra una Red de Universidades Privadas con Sede Rectoral en Rosario: el UPROS, (IUNIR, UCEL e IUGR) con quien sostenemos la convicción de una enseñanza de excelencia. También integra la Red Internacional de Investigación en Calidad de la Educación Superior (RIAICES).

En el año 2010 se realizó la Reforma del Estatuto Académico del IUNIR, para asegurar su autonomía académica y administrativa por exigencia de CONEAU y ME: Res. ME 1627/10. Se concretó la ampliación de la Biblioteca. Convenio con la AM, disponiendo de 300 m^2. En 2011 se solicitó al Ministerio de Educación de la Nación el Reconocimiento definitivo del IUNIR.

Como acto conmemorativo del X Aniversario del IUNIR, se realizaron las «Jomadas Pedagógicas Internacionales». El tema central fue «*Construyendo Saberes en Ciencias de la Salud, Aprender y Enseñar por Competencias*». Como conclusiones de dichas Jornadas señalamos que: enseñar competencias busca obtener aprendizaje significativo (construido y perdurable) con las siguientes premisas: Aprendizaje centrado en el estudiante. Consolidar las «Competencias del Docente Universitario». Trabajo en grupos pequeños. Tutorías. Modelo apto para educación personalizada. Aprendizaje basado en la práctica (no en el enciclopedismo). Aprendizaje basado en problemas (estudio y prácticas). Aprendizaje en servicios y en simuladores. Prepararlo integralmente para la práctica profesional.

Se tomó el concepto de competencia profesional (genérica y/o específica) al «Conjunto de conocimientos, habilidades, actitudes y valores, combinados, coordinados e integrados en la acción y adquiridos a través del trabajo en la asignatura, para desarrollar algún tipo de actividad». Es el *saber hacer*. Obviamente cada actividad suele exigir la presencia de un número variado de competencias que pueden posteriormente ser desglosadas en unidades más específicas en las que se aprenden tareas concretas que están incluidas en cada competencia. Así, cada una de ellas está formada por diversas unidades de competencia.

Por iniciativa de AFACIMERA se promulgó la Resolución 1314/07 del Ministerio de Educación de la Nación Argentina; se decidió evaluar «la calidad del plan de estudio de Medicina» con estándares basados en las competencias profesionales. Todas las carreras de Medicina de Argentina fueron evaluadas en 2009 y la mayoría acreditadas en 2010 en base al cumplimiento de esta Resolución.

La calidad da sus frutos

El alto rendimiento académico de nuestros estudiantes se ha destacado en los últimos años entre los mejores promedios de los egresados de todas las carreras de grado de la Provincia de Santa Fe, alcanzando los máximos niveles de aptitud educativa.

Concebimos la Educación Superior como proceso enseñanza / aprendizaje totalizador construido en la adquisición integrada de las competencias, evitando así la escisión entre lo teórico y la praxis.

Todos los títulos que otorga el IUNIR tienen validez nacional. En diciembre del 2007 tuvimos el primer médico egresado. Tenemos 1.022 estudiantes: 653 de Grado (todas las carreras) y 369 estudiantes de Postgrado. Tenemos también 486 docentes: 297 son estables y tienen cargos rentados en Carreras de Grado, Doctorado y Maestría, y Directores de Carreras de Especialización y 189 docentes están designados interinamente mientras duren sus becas, o su trabajo en los centros de formación de las Carreras de Especialización Médicas. Allí a veces tenemos 3 o 4 docentes por cada cursante. Hoy tenemos en las Carreras de Grado 1 docente por cada 2 o 3 estudiantes. Es lo aconsejable en universidades privadas de Ciencias de la Salud, donde se aprenden Competencias Profesionales en forma totalmente presencial y personalizada.

También tenemos egresados Licenciados en Enfermería, de varias especialidades médicas, Maestría en Educación Médica y el Doctorado en Ciencias Biomédicas. Las Carreras de Psicología y Odontología también ya iniciaron sus actividades y se consolidan y el año próximo tendrán sus primeros egresados. Ya son más de 300 los egresados de Grado y Postgrado.

La inserción laboral o el ingreso a las especializaciones de nuestros egresados supera el 95%, dentro del primer año de haber finalizado sus estudios de Grado.

Más allá de las Carreras mencionadas, tenemos una intensa actividad de Investigación, de Extensión Universitaria y numerosos Cursos de Postgrado.

Ejemplo de los gratificantes resultados, es el ranking que lleva adelante Punto Biz todos los años: nuestros graduados se ubican entre los 10 primeros promedios de la Provincia de Santa Fe. Esto constituye un orgullo para el IUNIR y su comunidad educativa, ya que habla a las claras de que en nuestro Instituto, se fomenta la «pasión por aprender».

Sus logros más evidentes son el alto rendimiento académico, la pronta inserción laboral y la rápida accesibilidad al sistema de especializaciones médicas.

Página web:www.iunir.edu.ar

6. Universidad Libre de Colombia

Con la intención de fundar una institución de cátedra practicada por los Claustros durante el radicalismo, se creó por Robles la Universidad Republicana, en Santa Fe de Bogotá, hacia finales del siglo XIX. En 1910, la Universidad Republicana pasa por graves tropiezos económicos y un grupo de aventajados profesionales, empecinados en salvarla, fundaron una «Compañía Anónima de Capital Limitado» que tendría como aporte principal la Universidad Republicana.

La nueva compañía prosperó en la forma pactada empezando porque el público mismo no la denominó con la razón social convenida, sino con otra distinta: «Universidad Libre». Después de muchos sin sabores económicos, que incluso llevaron a cerrar la Universidad por algún tiempo, el día 13 de febrero de 1923 se iniciaron labores con el profesorado de la Escuela de Derecho y Ciencias. Hoy después de 90 años de labores, la Universidad Libre sigue liderando la libertad de cátedra democrática, pluralista y tolerante.

Así pues, la Universidad Libre es una institución privada fundada el 13 de febrero de 1923 por el General Benjamín Herrera, con domicilio principal en la ciudad de Bogotá y con presencia en otras seis ciudades colombianas: Barranquilla, Cali, Cartagena de Indias, Cúcuta, Pereira y Socorro.

Visión

La Universidad Libre es una corporación de educación privada, que propende por la construcción permanente de un mejor país y de una sociedad democrática, pluralista y tolerante, e impulsa el desarrollo sostenible, iluminada por los principios filosóficos y éticos de su fundador con liderazgo en los procesos de investigación, ciencia, tecnología y solución pacifica de los conflictos.

Misión

La Universidad Libre, como conciencia crítica del país y de la época, recreadora de los conocimientos científicos y tecnológicos, proyectados hacia la formación integral de un egresado acorde con las necesidades fundamentales de la sociedad, hace suyo el compromiso de:

– Formar dirigentes para la sociedad.

– Propender por la identidad de la nacionalidad colombiana, respetando la diversidad cultural, regional y étnica del país.

– Procurar la preservación del medio ambiente y el equilibrio de los recursos naturales.

– Ser espacio para la formación de personas democráticas, pluralistas, tolerantes y cultores de la diferencia.

• Facultades

– Ingeniería.

– Ciencias de la Salud.

– Derecho y Ciencias Políticas.

– Económicas, Administrativas y Contables.

– Programas de Educación.

La universidad cuenta, en el conjunto de sus siete seccionales, con 59 programas de pregrado y 121 programas de posgrados; al mismo tiempo poseen 11 programas de pregrado con acreditación de alta calidad académica conferida por el Consejo Nacional de Acreditación (CNA). De manera precisa los programas de: Derecho, Contaduría Pública, Ingeniería Mecánica, Ingeniería Industrial e Ingeniería de Sistemas de la seccional Bogotá; los programas de Medicina, Derecho, Psicología, Administración de Empresas y Enfermería de la seccional Cali; los programas de Derecho, Ingeniería Industrial y Contaduría Pública, MBA y una serie postgrados en la rama del Derecho en la seccional Cúcuta; los programas de Derecho, Medicina, Fisioterapia, Instrumentación Quirúrgica, Bacteriología, Microbiología, Ingeniería Industrial, Ingeniería de sistemas, Contaduría de la seccional Barranquilla; y los programa de Derecho, Enfermería, Microbiología de la seccional Pereira. Del mismo modo, cuenta con varios grupos de investigación categorizado en el máximo escalafón académico colombiano, A1 o «a plus».

Página web: http://es.wikipedia.org/wiki/Consejo_Nacional_de_Acreditaci%C3%B3n

La Institución se define a sí misma como «conciencia crítica del país y de la época», haciendo suyo el compromiso de formar dirigentes para la sociedad; entre los objetivos, destaca que «propende por la construcción permanente de un mejor país y de una sociedad democrática, pluralista y tolerante, e impulsa el desarrollo sostenible, iluminada por los principios filosóficos y éticos de su fundador, con liderazgo en los procesos de investigación, ciencia, tecnología y solución pacífica de los conflictos». Por todo ello, la Institución define en un Decálogo a su estudiante modelo: una persona humanista, honesta, tolerante, justa, discreta, solidaria, creativa, líder, crítica y ética.

Merece la pena destacar que la institución es considerada «cuna de abogados» en la medida que gradúa al 20% de los estudiantes de Derecho del país. En la actualidad, funciona bajo la figura de corporación de educación privada.

Por todo lo anterior, las necesidades de formación, que dan razón y sentido al proyecto educativo de sus programas, son de orden social, tecnológico, ético, científico e investigativo, imprimiéndole un nuevo carácter a todo el proceso enseñanza-aprendizaje y a la práctica formativa. La modernización curricular de los programas de la Universidad Libre define claramente la pertinencia, la flexibilidad, la interdisciplinariedad y la subjetividad del aprendizaje, para orientar el proceso de formación integral de los profesionales Unilibristas.

En este mismo sentido, la formación integral de los egresados Unilibristas, implica que se realice como un ser singular, autónomo, trascendente, social y culturalmente coherente. Para lograr esta formación se desarrollan las siguientes dimensiones: formativa, socio-interactiva, cognitiva y académica profesional. Como forma de conseguir lo anterior, el plan de estudios se fundamenta en tres grandes campos de formación: científico específico, social comunitario e investigativo.

Los cambios metodológicos necesarios para hacer realidad la nueva enseñanza de las ciencias, se implementaron desde el año 2001 con el proyecto de reforma curricular, mediante la formación centrada en el estudiante, orientada entonces a crear en él una participación activa a partir del modelo pedagógico constructivista, desde la perspectiva del aprendizaje significativo.

Buscando la calidad en la Educación Superior y bajo la coordinación de la Rectoría Nacional, desde 1996 se ha organizado la «Escuela de Formación Pedagógica para Docentes Universitarios» en todas las siete seccionales de la Universidad Libre. Esta Escuela propende por la construcción de un mejor país, a partir del mejoramiento continuo de los procesos de enseñanza-aprendizaje, capacitando y d*esarrollando procesos de formación permanente para docentes de educación superior con el fin de cualificar su desempeño en áreas de la pedagogía, la didáctica y la investigación que se reviertan en una gestión docente de calidad.*

La escuela de formación para docentes como institución pedagógica, tiene por misión la reflexión en la complejidad de los procesos y enfoques de aprendizaje, analizando y conceptualizando, con estrategias didácticas y nuevas concepciones epistemológicas, valorando sus propias experiencias y admitiendo que el conocimiento es una obra permanente de construcción e investigación, con base en los datos sensoriales que nos brindan los diferentes entornos.

También procura coadyuvar a la integralidad del docente, fundamentando la ética, la pedagogía, el humanismo, los derechos humanos, la didáctica, en tal forma que pueda despertar en los estudiantes un espíritu reflexivo, orientado al logro de la autonomía personal en un marco de libertad de pensamiento y pluralismo ideológico, que tenga en cuenta la universalidad de los saberes y la particularidad de las formas culturales existentes en el país y, propender por mejorar la calidad en los procesos académicos, adecuándolos a la nueva visión del mundo global, y acordes con la legislación actual.

Además de ello, plantea como objetivos estratégicos: la capacitación, formación y actualización de los docentes de la misma universidad y de otras instituciones de Educación Superior. Cualificar el proceso pedagógico y que se cambie cada vez más, el autoritarismo, la enseñanza memorística y repetitiva por los procesos de auto gestión e interacción formativa y por el aprendizaje autónomo, creativo e innovador. Todo esto se plantea mediante el desarrollo de tres núcleos de formación: Pedagogía, Didáctica e Investigación y Comunicación; desarrollados en 45 módulos. Dentro del núcleo de Pedagogía se desarrollan de manera tangencial las competencias docentes. Al final de cada módulo se les entrega a los participantes un certificado de asistencia y aprobación del curso. El profesor que cumpla y apruebe todos los módulos se le otorga el título de Especialista en Docencia Universitaria.

Al mismo tiempo, ofrece a sus profesores un Programa de Capacitación Docente enmarcado en su plan de desarrollo institucional diseñado hasta el año 2014, que consiste en otorgar becas para Maestrías y Doctorados a cualquier docente de la Universidad Libre que lleve vinculado a la institución más de tres años y hayan obtenido en las dos últimas evaluaciones docentes una calificación de Bueno. A todo este plan de capacitación pueden aspirar todos los profesores y una vez comprobado que cumplen los requisitos se les otorga una beca que cubre el 100% de los costos académicos.

En otro orden de ideas, corría el año de 1955, es decir, hacia más de veinticinco años que la Universidad Libre estaba funcionando en Bogotá; cuando un distinguido y entusiasta grupo de sus egresados, residentes en Barranquilla, consideró necesario y trascendental fundar una seccional de la Institución en esa ciudad para el servicio y beneficio de los habitantes de la región Caribe. En el año citado, un grupo de destacados egresados, en compañía de otros miembros del partido liberal, comenzaron a darle fuerza a la idea de abrir una facultad de Derecho dependiente de la sede de Bogotá. La Universidad Libre Seccional Barranquilla inició labores el mes de mayo de 1956. En 1957 fue creado el Colegio de Bachillerato Carlos M. Palacios para ampliar la presencia académica en la educación media.

En 1975 inició actividades académicas la Facultad de Medicina, pilar fundamental de la Costa Atlántica en servicios a la salud de sus habitantes y en ayuda humanitarias. En agosto de 1993 se creó el programa de postgrado en Salud Ocupacional, y se impulsó la creación de la facultad de Contaduría. El 20 de diciembre de 1993 se creó el programa de Instrumentación Quirúrgica. En junio de 1994, se crearon los programas de Fisioterapia y Microbiología. Así las cosas, en 1996 las condiciones estaba dadas para que se fusionaran los nuevos programas del campo de la salud con el viejo programa de Medicina y así nació la Facultad de Ciencias de la Salud. Bajo esos lineamientos generales, la seccional creció y se diversificó con el nacimiento de los programas de Licenciaturas y los programas de Ingeniería Industrial y Bacteriología como derivación del programa de Microbiología. Surgieron los programas de postgrado en Ciencias Clínicas y se multiplicaron los programas de especialización en Derecho, finalmente, se organizó el curso de pre-médico.

Página web: www.unilibre.edu.co

CAPÍTULO 3

Metodología de indagación sobre las competencias docentes y su valoración

1. La necesidad de formación del profesorado universitario en el ámbito iberoamericano

En el ámbito universitario iberoamericano se constata actualmente la necesidad de llevar a cabo una profunda revisión de la dedicación de los docentes a la investigación e innovación educativas, junto con la constante mejora de los modelos de enseñanza aprendizaje, aportando formas creativas y consolidadas que permitan a las instituciones educativas asumir el liderazgo en formación para el desarrollo de la sociedad a la que sirven y para el acrecentamiento de la cohesión social.

La acción integrada que constituye el propósito principal del trabajo desarrollado tiene como objetivo final realizar una intervención educativa para tratar de establecer entre el profesorado universitario una cultura de constante perfeccionamiento y colaboración que incida en el avance de los modelos formativos, el desarrollo sostenible y la transformación de la sociedad. Para ello es necesario sentar las bases para reflexionar sobre los procesos y modelos de enseñanza-aprendizaje que han de ponerse en práctica a fin de obtener de manera substancial un conjunto de competencias docentes, identificadas por diversos modelos teóricos e integradas por una serie de dimensiones de conocimientos, capacidades, prácticas, valores y actitudes que consigan un mejor ejercicio profesional docente.

La red que ha conformado el proyecto, integrada, como ya se ha indicado, por la UNED de España, la Universidad de Sonora de México, el Instituto Universitario Italiano de Rosario, la Universidad Libre de Colombia y la Escuela Politécnica del Ejército de Ecuador, ha permitido intercambiar las experiencias en materia de innovación docente y formación del profesorado, singularmente por haber co-participado intensamente en los últimos años en proyectos como MOEES (Modelos de evaluación y desarrollo de competencia docentes), 2006, DIPLAES (Las bases de la universidad del siglo XXI), 2008, INNOVADOC, 2009, Metodología y evaluación de la docencia universitaria, 2011, entre otros.

De las anteriores colaboraciones han nacido estrechos lazos de intercambio de experiencias y conocimiento científico que repercuten de manera importante en la mejora de los procesos y métodos docentes de las universidades de la red. Con la acción se pretende potenciar dichas mejoras, actuando sobre la formación del profesorado de la Escuela Politécnica del Ejército de Ecuador para construir modelos didácticos innovadores que consigan un elevado desarrollo de las competencias docentes.

1.1. Adecuación del proyecto a las políticas de desarrollo institucional en las instituciones participantes

La Escuela Politécnica del Ejército (ESPE) está desarrollando un programa de formación del profesorado para la actualización de las competencias docentes y la inclusión de las TIC en la mejora del proceso de enseñanza-aprendizaje presencial y a distancia. Este programa se ha iniciado recientemente con la colaboración de un grupo de profesores de la Universidad Nacional de Educación a Distancia (UNED-España) que constituye el equipo de investigación que propone la presente acción integrada.

El programa pretende contribuir de forma intensa a la consolidación del mencionado y se confía en que suponga una mejora cualitativa de la función docente del profesorado de la ESPE, el cual será apoyado por la amplia experiencia que presentan en este campo la Universidad de Sonora (México), el Instituto Universitario Italiano de Rosario (IUNIR-Argentina) y la Universidad Libre (Colombia). Dicha experiencia está fuertemente avalada por los programas previos desarrollados entre las citadas universidades y la UNED para la formación en competencias de sus docentes y la adaptación de las tecnologías a las mejoras del proceso de enseñanza-aprendizaje.

La historia común de los equipos que se integran en la presente acción se remonta a finales de la década de los noventa y cobra especial protagonismo con los inicios del actual milenio en el que se materializan actuaciones que refuerzan y estrechan la colaboración entre ellos. Cabe destacar los programas de doctorado conjuntos que se imparten en las instituciones integradas en el proyecto, así como otras investigaciones desarrolladas anteriormente. Entre otras destacadas colaboraciones, podemos señalar la llevada a cabo durante los años 2006-2008 por la UNED de España y la Universidad de Sonora (México) y las actividades de desarrollo de profesorado en la Universidad Libre de Colombia. Merece especial mención las colaboraciones que se vienen manteniendo desde diciembre de 2010 entre la UNED y la Escuela Politécnica del Ejército de Ecuador, singularmente los seminarios de capacitación del profesorado de la Unidad de Educación a Distancia de dicha Universidad. Fruto de esta reciprocidad entre ambas instituciones se ha llevado a cabo la participación en el Congreso Internacional de Innovación de la docencia Universitaria» (en la UNED-Madrid) y el Congreso Internacional «Innovación y evaluación de la docencia universitaria» (Faro-Portugal, 2011), organizado por la Red RIAICES. Estos antecedentes suponen una sólida fundamentación del presente proyecto.

La UNED, como universidad que ha liderado el proyecto, asumirá el reto de puesta en práctica de la propuesta del modelo de formación de docentes con base a tres principios, colaboración, interculturalidad y corresponsabilidad, aportando una dilatada experiencia en la concepción y aplicación práctica de programas de innovación docente.

La Universidad de Sonora ha llevado a cabo en el último trienio un ambicioso programa de actualización y desarrollo profesional del profesorado universitario en el dominio de competencias docentes, elaboración de materiales didácticos y actualización del diseño curricular de las titulaciones que se imparten en la universidad. Su experiencia en innovación fundamenta el hecho de que esta universidad figure como coordinadora del proyecto en Iberoamérica. En esta misma línea, la experiencia en actividades de innovación docente de la Universidad Libre de Colombia y del IUNIR de Argentina acredita a estas instituciones como colaboradores de gran nivel para llevar a cabo el proyecto y conseguir óptimos resultados.

Por su parte, la ESPE, Escuela Politécnica del Ejército, de Ecuador ha demostrado gran interés en la actualización del profesorado y en el desarrollo profesional de sus docentes y se ha convertido en la universidad pública de mayor relevancia en la zona andina, habiendo sido reconocido por la Presidencia de Ecuador como la responsable de la formación de expertos en seguridad pública y desarrollo de estudios avanzados de ingeniería y biotecnología. La formación de su profesorado es actualmente la mayor preocupación de sus autoridades, como demuestra el programa que ha motivado este proyecto.

2. Objetivos de la investigación

La idea básica que motiva la investigación consiste en *diseñar y aplicar un modelo de mejora de la docencia en la universidad destinataria de la acción* que permita avanzar a sus profesores en la cultura de la innovación.

De un modo específico, se trata de investigar sobre los modelos didácticos y metodológicos y el diseño de actividades de enseñanza-aprendizaje que permitan un mejor desarrollo de las competencias docentes y que sean pertinentes para asentar el conocimiento y la práctica profesional, logrando que las instituciones de educación superior encaminen sus enseñanzas hacia el logro de oportunidades conducentes a mejorar profesionalmente a los ciudadanos que acudan a sus aulas, a fin de asentar de manera sólida las bases para la transformación integral del sistema educativo y, en general, de la sociedad.

2.1. Objetivo general de la investigación

El objetivo general del proyecto es: *Diseñar y aplicar un modelo metodológico innovador que permita desarrollar las competencias docentes mediante la mejora del conocimiento y su transmisión, junto con su aplicación práctica orientada por los valores permanentes de la universidad, de forma que el profesorado adquiera una cultura de constante perfeccionamiento y colaboración que incida en el avance de los modelos formativos, el desarrollo sostenible y la transformación de la sociedad.*

La consecución del objetivo general de la acción se ha apoyado en los fundamentos teóricos elaborados de los trabajos de Medina y Domínguez, (2008), Medina, Domínguez y Cacheiro (2010), Barnett (2001), Beneitone y otros (2007), Cajide y Porto (2002), Villar (2004 y 2008) y Zabalza (2006), entre otros, en los cuales se ha profundizado acerca de la estrecha interacción existente entre la formación en las instituciones universitarias y las organizaciones, la sociedad y los creadores de empresas del futuro. La plena interrelación entre universitarios y líderes sociales es un aspecto esencial de la acción que se verá concretado en la mejora de los diversos elementos de la formación superior proporcionada por la institución destinataria de la acción integrada. En particular se pueden identificar los siguientes aspectos cuyo logro conforman los objetivos específicos de la acción.

2.2. Objetivos específicos de la investigación

La investigación planteada pretende los siguientes objetivos:

– Transformar y mejorar los modelos didácticos y el sistema metodológico utilizados en la docencia universitaria.

– Afianzar el grupo de investigación docente creado, consolidar las líneas de investigación en didáctica ya iniciadas y asentar la cultura de innovación en la institución.

– Diseñar actividades de enseñanza-aprendizaje innovadoras que mejoren la docencia universitaria y desarrollen las competencias docentes, al tiempo que propicien la convergencia de los diferentes niveles educativos y permitan la proyección y colaboración de la universidad con su entorno social, atentos a los retos de la sociedad del conocimiento y de la innovación tecnológica.

– Diseñar métodos didácticos para la mejora de la enseñanza presencial y a distancia, junto con el desarrollo de acciones y actividades formativas pertinentes para la adquisición de las competencias docentes y su proyección a la formación del estudiante.

– Aplicar los desarrollos obtenidos en diferentes escenarios y modalidades de enseñanza-aprendizaje, tanto de manera presencial como a distancia.

– Generalizar la incorporación de las TIC y su conexión con la vida cotidiana, laboral y profesional.

3. Diseño metodológico

3.1. Descripción de la población y muestra

La población a la que se dirige la investigación son los docentes de las universidades que han participado en el proyecto: UNED, ESPE, UNISON, IUNIR y LIBRE. Sus perfiles institucionales, ámbito de actuación, estudios que ofertan y colectivo de estudiantes a los que se dirigen han sido descritas en las página precedentes.

En cada una de las instituciones participantes se encuestó a una muestra de profesores, atendiendo a criterios de representatividad y relevancia de las distintas categorías que se tomaron sobre las variables de identificación.

El número de encuestados en cada institución viene reflejado en la siguiente tabla:

Distribución del número de profesores encuestados por universidad

		FRECUENCIA	PORCENTAJE
Válidos	UNED	90	15,2%
	ESPE	208	35,2%
	UNISON	125	21,2%
	IUNIR	112	19%
	LIBRE	56	9,5%
	Total	**591**	**100%**

3.2. Diseño de los instrumentos y validación de los mismos

La pertinencia y la validez del diseño del cuestionario se desarrollaron a través de una reunión de expertos, de los docentes participantes, en la primera reunión presencial, en Madrid (Seminario de trabajo 1-6 de marzo de 2012).

Entre otras acciones como la consolidación del grupo y presentación de las competencias por cada país, se desarrolló la siguiente agenda de trabajo que permitió:

– Valorar cada una de las competencias expuestas y asociación de las mismas por similitud de concepciones.

– Diseñar un mapa de competencias representativa de la literatura científica y apoyadas en los programas formativos desarrollados en las universidades participante (ver tabla).

– Definir y estructurar con un análisis semántico la pertinencia de cada uno de los términos que configuraban cada una de las preguntas que definían cada competencia:

- Unificando conceptos.

- Identificando situaciones de manifestación de la competencia.

- Desarrollando tareas o actividades para cada competencia.

El proceso de validación ha tomado en consideración la importancia de las competencias en los procesos formativos de las Universidades y diseñado un mapa de competencias (ver tabla).

Elaboración del mapa de competencias y valoración de tareas para las mismas

COLOMBIA		ARGENTINA		ESPAÑA		ECUADOR		MEXICO	
Planificación del proceso enseñanza y el de aprendizaje	1	Facilitar el aprendizaje de competencias de los estudiantes	2	Planificación de la docencia. Actualización los Saberes	1	Diseñador de escenarios procesos y aprendizajes significativos	1 y 3	Planificación	1
Selección y presentación los contenidos disciplina	1	Resolución de problemas (Tutorias) en el aula y escenarios reales	4	Integración (Teoría-Práctica)		Experto en su disciplina académica		Manejo de la TIC	5
Información y explicació comprensibles	2	Manejo de las TIC y mediación pedagógica	5	Comunicativa (Interacci didáctica)	2	Facilitar y guía de un proceso de aprendizaje centrado en el desarrollo integral del alumno	2	Acción tutorial	6
Manejo Didáctico de las nuevas tecnologías de la Información y la comunicación (TIC)	5	Motivar el auto-aprendiz para obtener logros académicos significativo	3	Identidad Profesional	8	Evaluador del proceso de aprendizaje del alumno responsable de la mejora continuo de su curso	9	Identidad institucional	8
Didáctica y Aprendizaje	4	Identificación institución con el plan de estudio o una visión constructivist moderna	8	Investigación	7			Atención a la diversidad de aprendizaje	11
Relación profesor-alumno	2	Enseñar desde la diversidad cultural del alumnado	11	Innovación	10			Evaluación	9
Tutorías y acompañamiento a los estudiantes	6	Reconocer el contexto social donde se aplicará las competencias	11	Sociedad del Conocimiento				Métodos didácticos	4
Evaluación	9	Planificar debidamente e integralmente todo el proceso de aprendizaje	1	Evaluación	9			Reconocimiento del contexto social	11
Reflexión e investigación sobre la enseñanza	7			Metodología (tareas)	4			Trabajo en equipo o colaborativo	8
Sentido de pertinencia institucional y trabajo en equipo	8			Diseño de medios	5				
				Tutorial	6				

Se constituyeron dos grupos focales para analizar y valorar las aportaciones de los participantes y para contrastar el diseño del cuestionario con las anteriores técnicas de recogida de datos y de aplicación a la evaluación de competencias en ámbitos similares tales como los trabajos de Medina y Cols. (2007) Zabalza (2006), De la Hoz (2009), Mas (2012).

Los grupos focales se caracterizaron por:

– Internacionalización.

– Interdisciplinariedad.

– Modalidad formativa (presencial, semi-presencial y a distancia).

Estas características nos ha permitido configurar un equipo de trabajo interdisciplinar cuyo objetivo común fue crear un instrumento válido y pertinente para consolidar el objetivo del proyecto: «*mejorar la calidad de la docencia en la educación superior*».

3.2.1. *Descripción de la elaboración del cuestionario*

El cuestionario construido para el desarrollo de la investigación se dirige a una amplia población interdisciplinar, por las características de las diferentes universidades.

Tanto por la modalidad de enseñanza (presencial, semi-presencial y/o a distancia), como por las diferentes titulaciones y áreas de conocimiento que se imparten en las universidades participantes, la búsqueda y consolidación de la interdisciplinariedad en el diseño del cuestionario ha quedado plasmada desde el primer seminario de consolidación del equipo.

El cuestionario se planteó desde la escala de valores (1 al 6) de tipo Likert, siendo el valor mínimo 1 y 6 el valor máximo (1. nunca-ninguno; 2. excepcionalmente; 3. poco; 4. frecuentemente; 5. casi siempre; 6. siempre). Al final de cada dimensión se planteó una pregunta abierta y una pregunta al final de carácter integradora respecto a las preguntas anteriores.

Podemos distinguir tres partes que integran el cuestionario:

– Primera, en la que se incluyen una serie de preguntas que recogen los datos personales, profesionales e institucionales de los docentes participantes.

– Segunda, que recoge la siguiente información:

  • Valoración, en la escala indicada anteriormente, de cada una de las componentes o dimensiones que caracterizan la competencia.

  • Valoración, en la escala indicada anteriormente, de la influencia de la competencia en la mejora de la práctica profesional.

- Narrativa acerca de las tareas que facilitan el dominio de la competencia.

– Tercera, referida a la ordenación y clasificación según estime la importancia docente de las competencias presentadas, desde su experiencia profesional.

La formulación de las preguntas correspondientes a los cuestionarios nos permite analizar su coherencia interna. Se ha mantenido la pertinencia de los ítems formulados en las dimensiones facilitadas y hemos valorado la adecuación de los mismos a la investigación planteada.

A continuación se incluye el cuestionario que materializó la investigación.

3.2.1.1. Variables de identificación

1. Universidad en la que trabaja: UNED, ESPE, UNISON, IUNIR, LIBRE.

2. Género: mujer, hombre.

3. Edad: 25-35, 36-45, 46-55, más de 55.

4. Años de experiencia docente universitaria: menos de 5, 5-9, 10-14, 15-19, 20 y más.

5. Tipo de dedicación: tiempo completo, tiempo parcial.

6. Titulación académica máxima alcanzada: Especialista, Licenciado/Ingeniero, Diplomado, Máster, Doctor.

7. Área de Conocimiento: Artes y Humanidades, Ciencias, Ciencias Sociales, Ciencias de la Salud, Arquitectura e Ingeniería

8. Modalidad: presencial, distancia, bimodal.

3.2.1.2. Componentes, valoración y narrativas de las competencias docentes

3.2.1.2.1. *Planificación*

1. Al planificar su asignatura tiene en cuenta el plan de estudios y el título profesional correspondiente.

2. Basa su planificación en evidencias científicas y didácticas.

3. Selecciona y actualiza en cada curso las fuentes pertinentes para su asignatura.

4. La planificación de su asignatura la realiza tomando en cuenta las competencias profesionales del egresado.

5. En el conjunto de su responsabilidad docente incluye la planificación de la asignatura.

6. El diseño de tareas relevantes para los estudiantes es un aspecto esencial de la planificación de su docencia.

– Valore del 1 al 6 esta competencia para la mejora de su práctica profesional.

– Formule algunas tareas que le faciliten el dominio de esta competencia.

3.2.1.2.2. *Comunicación*

1. El discurso empleado en su proceso de enseñanza-aprendizaje es claro y preciso.

2. El proceso comunicativo realizado con sus estudiantes incorpora estos códigos: verbal, no verbal, para verbal, icónico y escrito.

3. El grado de interacción entre el docente y el estudiante se realiza con empatía.

4. Los estudiantes presentan repetidas preguntas acerca de un tema explicado.

5. La comunicación en el proceso de enseñanza-aprendizaje se ha facilitado por la incorporación de las TIC.

– Valore del 1 al 6 esta competencia para la mejora de su práctica profesional.

– Formule algunas tareas que faciliten el dominio de esta competencia.

3.2.1.2.3. *Motivación*

1. Trabaja en clase las motivaciones de los estudiantes.

2. Considera que el ser humano aprendiz se moviliza por valores que motivan su inteligencia y su voluntad de aprender.

3. El aprendizaje basado en problemas refuerza las motivaciones internas y externas del estudiante.

4. El aprendizaje orientado a la formación por competencias le motiva en el desarrollo de su docencia.

5. Aplica reconocimientos y recursos motivacionales externos para lograr mayor rendimiento académico.

– Valore del 1 al 6 esta competencia para la mejora de su práctica profesional.

– Formule algunas tareas que le faciliten el dominio de esta competencia como docente.

3.2.1.2.4. *Metodología*

1. Considera usted que los métodos utilizados facilitan el aprendizaje de sus estudiantes.

2. Aplica diferentes estrategias metodológicas para el aprendizaje de los estudiantes.

3. Emplea diversas actividades didácticas coherentes con los métodos didácticos elegidos para el logro de los objetivos propuestos.

4. Presenta casos prácticos pertinentes y relacionados con el contexto para comprender los temas.

5. Construye un sistema metodológico integrado que responde a la diversidad de expectativas y cultura de los estudiantes.

6. Las tareas relacionadas con la solución de problemas, proyectos y estudios de casos son esenciales para la formación de las competencias profesionales.

– Valore del 1 al 6 esta competencia para la mejora de su práctica profesional.

– Formule algunas tareas que le faciliten el dominio de esta competencia como docente.

3.2.1.2.5. *Integración de medios*

1. Con qué frecuencia incorpora las TIC en el proceso de aprendizaje.

2. Se actualiza en el manejo de la integración de los medios para mejorar el proceso de aprendizaje.

3. El conjunto de materiales didácticos que usted elabora es esencial para el proceso de enseñanza-aprendizaje.

4. Con qué frecuencia diseña material didáctico para la innovación de su docencia.

5. Considera necesaria su especialización en el diseño e integración de medios didácticos para la mejora de la enseñanza.

6. La organización de las tareas la realiza en coherencia con los métodos y medios didácticos.

– Valore del 1 al 6 esta competencia para la mejora de su práctica profesional.

– Formule algunas tareas que le faciliten el dominio de esta competencia como docente.

3.2.1.2.6. *Tutoría*

1. Asesora a los estudiantes en su proceso de aprendizaje.

2. La modalidad tutorial enriquece la práctica docente y beneficia el aprendizaje del estudiante.

3. El proceso tutorial queda mejorado con el uso de las TIC.

4. La tarea tutorial se orienta a atender las preguntas y dificultades que presentan los estudiantes en su proceso de aprendizaje.

5. El tiempo dedicado a la función tutorial de su asignatura es suficiente.

– Valore del 1 al 6 esta competencia para la mejora de su práctica profesional.

– Formule algunas tareas que le faciliten el dominio de esta competencia como docente.

3.2.1.2.7. Evaluación

1. Aplica de manera formativa y equitativa las evaluaciones.

2. Utiliza instrumentos de evaluación coherentes con la modalidad evaluativa elegida.

3. Ofrece alternativas de evaluación a los estudiantes con dificultades.

4. Analiza con sus estudiantes los resultados de las evaluaciones.

5. Toma decisiones para la mejora a partir de los resultados de la evaluación.

6. La selección y secuenciación de las tareas evaluativas demanda del profesorado un conocimiento profundo de las expectativas y exigencias de los estudiantes y de la asignatura.

– Valore del 1 al 6 esta competencia para la mejora de su práctica profesional.

– Formule algunas tareas que le faciliten el dominio de esta competencia como docente.

3.2.1.2.8. Investigación

1. Participa en grupos de investigación educativa.

2. La investigación de su propia práctica educativa mejora la calidad de su docencia.

3. Promueve la investigación de los estudiantes en su área respectiva.

4. Comparte los resultados de la investigación con sus colegas y estudiantes.

5. La investigación en su actividad docente ha beneficiado la cultura de innovación del profesorado y de la institución.

– Valore del 1 al 6 esta competencia para la mejora de su práctica profesional.

– Formule algunas tareas que le faciliten el dominio de esta competencia como docente.

3.2.1.2.9. *Pertenencia institucional*

1. El proyecto educativo institucional de su universidad es valorado por usted.

2. En qué grado participa y fomenta el trabajo en equipo.

3. Aporta ideas e iniciativas a la mejora de la cultura de su institución para consolidar la imagen institucional.

4. Considera que sus aportaciones contribuyen al desarrollo institucional.

5. Su práctica docente propicia el clima colaborativo en la institución.

– Valore del 1 al 6 esta competencia para la mejora de su práctica profesional.

– Formule algunas tareas que le faciliten el dominio de esta competencia como docente.

3.2.1.2.10. *Innovación*

1. Considera la innovación de la docencia una línea necesaria para la formación docente.

2. La innovación es coherente con las transformaciones necesarias en el proceso de enseñanza-aprendizaje.

3. El proceso de enseñanza-aprendizaje ha de fundamentarse en un modelo de innovación didáctica.

4. La innovación de la docencia ha adquirido como un proceso de indagación y reflexión de su práctica universitaria.

5. La investigación es la fuente principal para la innovación educativa.

– Valore del 1 al 6 esta competencia para la mejora de su práctica profesional.

– Formule algunas tareas que le faciliten el dominio de esta competencia como docente.

3.2.1.2.11. *Interculturalidad*

1. Las tareas propuestas a los estudiantes integran la atención a sus necesidades y a los desafíos de la sociedad del conocimiento.

2. La atención a la diversidad cultural de los estudiantes la tengo presente en los momentos fundamentales del proceso de la enseñanza-aprendizaje.

3. Las diferencias socio-culturales constituyen en un mundo globalizado, la base para comprender el verdadero perfil del estudiante del siglo XXI.

4. Las identidades culturales amplían las concepciones y transforman las prácticas del docente.

5. Adoptar una actitud favorable a la diversidad socio-cultural favorece la formación del profesional que cada país necesita.

– Valore del 1 al 6 esta competencia para la mejora de su práctica profesional.

– Formule algunas tareas que le faciliten el dominio de esta competencia como docente.

3.2.1.2.12. *Identidad profesional*

1. Considera que la actividad profesional de la docencia es relevante para usted.

2. El desempeño del proceso de enseñanza aprendizaje le produce satisfacción.

3. Se encuentra en una situación de armonía al realizar la docencia.

4. La identidad profesional la asume un desafío permanente.

5. La práctica de su enseñanza depende del proceso de su desarrollo profesional.

– Valore del 1 al 6 esta competencia para la mejora de su práctica profesional.

– Formule algunas tareas que le faciliten el dominio de esta competencia como docente.

3.2.1.3. Ordenación de las competencias docentes

En el cuadro siguiente indique el orden de las competencias docentes de acuerdo con su criterio para la mejor práctica docente:

ORDEN	COMPETENCIA
1	
2	
3	
4	
5	
6	
7	
8	
9	
10	
11	
12	

3.2.2. *Estudio de caso, aplicación de* «focus group» *al análisis de las prácticas formativas*

El proyecto ha aplicado la modalidad metodológica de «estudio de caso», en la línea de Hamilton y Corbett-Whittier (2013:15) para quienes el estudio de caso es un método que constituye una forma destacada de análisis empleada preferentemente por los investigadores prácticos, quienes los seleccionan con el propósito e interés de acotar un aspecto de una realidad que desean capturar en su totalidad.

Destacan los siguientes modelos que proporcionan alguna diferencia en esta modalidad de investigación:

– *Reflective case study.*

- *Longitudinal case study.*
- *Cumulative case study.*
- *Collective case study.*
- *Collaborative case study.*

Nuestra línea de investigación se encuentra en el último ejemplo que consiste en la colaboración entre los participantes como colegas comprometidos con el dominio de las competencias.

En la línea de los autores, los aspectos del modelo colaborativo permiten la conjunción de aproximaciones de datos de diferentes personas que pertenecen a diferentes contextos (Hamilton y Corbett-Whittier, 2013:19).

El compromiso de los participantes para que en este entorno común encuentren una solución a situaciones docentes donde se comparten estrategias metodológicas similares.

Sin embargo, es importante analizar su propio proceso reflexivo-crítico de su actuación docente en planificación, motivación, pertenencia institucional, entre otras, que le permita el intercambio vivencias educativas para la mejora de los procesos formativos.

La utilización de diferentes herramientas para el análisis de su docencia a través de un cuaderno de campo y/o diario profesional, describe la necesidad de planificar y llevar a cabo su propio proceso de evaluación (autoevaluación).

La interacción didáctica en los grupos les ha permitido concienciar su propia experiencia desde la narrativa, autoevaluación, visionado de experiencias, compartir videoconferencias, explicando el área de conocimiento y destacando el tema de profesionalización docente.

Por ejemplo, respecto a la integración metodológica y recursos los docentes participantes manifestaban la necesidad de ampliar el conocimiento en estrategias didácticas, metodológicas y de evaluación como ejes axiológicos de su quehacer educativo.

Los grupos focales se han convertido en una experiencia empírica autoformativa.

La reflexión crítica en la línea de pensamiento de autores como Woods (2012) se considera clave para la práctica educativa.

En función de la experiencia y la autoformación didáctica han desempeñado el papel del docente en estos cursos académicos. De esta forma, destacan las competencias planificación, investigación y evaluación como competencias nucleares del perfil profesional docente.

Este escenario metodológico se convierte en un contexto de intercambio de experiencias, puesta en común de resultados y colaboración para las mejoras de las buenas prácticas.

3.2.2.1. Diseño de los grupos focales

Los grupos focales se diseñaron en común para el desarrollo de los mismos en cada realidad institucional.

La fundamentación, conceptualización y descripción de las competencias y las posibles tareas para su desarrollo institucional ha sido el primer paso a desarrollar en el encuentro internacional en Madrid (2012).

A partir del mismo, se diseñaron los grupos de discusión:

1. Se formaron tres grupos de discusión con un número mínimo de cuatro expertos y un número máximo de nueve. Estos expertos cumplirían el requisito de pertenecer a diferentes áreas de conocimiento.

2. Se llevaron a cabo los procesos reflexivos y de discusión para justificar la pertinencia y conocer ¿cuál es el grado de manejo de las competencias docentes en su desempeño profesional?

3. Se seleccionaron y ordenaron las más pertinentes para cada uno de los participantes.

4. Se debatieron en grupo y se tomaron decisiones sobre las tareas más adecuadas para el desarrollo de las competencias.

3.2.2.2. Planificación de los grupos de discusión en las distintas universidades

Las universidades implicadas en el proyecto, seleccionaron los docentes-expertos y noveles, que formarían parte de cada uno de los grupos de discusión para valorar la pertinencia del mapa de competencias y aportar sus percepciones y estimar la relevancia de cada una de las competencias presentadas. De forma que pudiesen ofrecer posibilidades para la construcción de un futuro mapa de competencias en el entorno de cada universidad.

Protocolo del grupo de discusión para las Instituciones

COMPOSICIÓN DE LOS GRUPOS DE DISCUSIÓN:

Descripción: Entre 4-9 docentes de la misma institución de diferentes titulaciones.

Preguntas:

1. Valorar del 1-6 cada competencia.

1.Planificación, 2.Comunicación, 3.Motivación, 4.Metodología, 5.Integración de Medios, 6.Tutoría, 7.Evaluación, 8.Investigación, 9.Pertenencia Institucional, 10.Innovación, 11.Intercultural, 12.Identidad profesional docente

2. Formular las tareas necesarias para poder mejorar su formación como docentes en cada competencia (al menos 3 tareas)

3. Ordenación de las competencias según el criterio del grupo.

Planificación
Comunicación
Motivación
Metodología
Integración de Medios
Tutoría
Evaluación
Investigación
Pertenencia Institucional
Innovación
Intercultural
Identidad profesional docente

4. Aportaciones singulares del grupo para el dominio y desarrollo de las competencias docentes.

---

4. Análisis de datos cuanti-cualitativos

4.1. Software

El software de análisis de datos utilizado es el SPSS en su versión 19. Este paquete estadístico ofrece la posibilidad de realizar un análisis descriptivo general del cuestionario y también un tratamiento estadístico amplio de la recolección de datos.

Para el análisis de la parte cualitativa del cuestionario, formada por las preguntas de respuesta abierta, se utilizó el software QDA Miner 4.0.4 y el software WordStat 6.1.7 ambos de Provalis Research.

4.2. Métodos estadísticos

Para el análisis descriptivo se utilizaron las técnicas estadísticas clásicas de presentación de tablas de frecuencias, diagramas de sectores y diagramas de barras.

Para el análisis de conjunto de las dimensiones de cada una de las competencias se utilizó una técnica de análisis estadístico multidimensional para la reducción de dimensiones, denominada escalamiento óptimo mediante componentes principales categóricos.

Para el análisis de conjunto de las doce competencias se utilizó la técnica del análisis factorial con rotación promax.

Para las comparaciones entre las distintas variables de identificación se utilizó la prueba de chi-cuadrado, considerando significativos los resultados cuando $p<0,05$.

4.3. Análisis de contenido

Se utilizaron técnicas de Análisis de contenido y Minería de textos para la identificación y selección de un diccionario de conceptos con los cuales se codificaron las respuestas de las preguntas abiertas, considerando que la unidad de codificación era el párrafo.

La codificación resultante se analizó con técnicas de estadística descriptiva clásica, como las tablas de frecuencias y los diagramas de barras. El análisis de coocurrencia de códigos se realizó mediante la aplicación del análisis de conglomerados y el escalamiento multidimensional, obtenido a partir de las distancias determinadas por el coeficiente de Jaccard.

4.4. Procedimientos de ordenación global

La jerarquía global de las competencias se determinó a partir de las respuestas individuales mediante la utilización de un criterio clásico de puntuaciones a partir de los rankings establecidos en cada observación. Este procedimiento es equivalente al establecimiento de un sistema de torneo entre pares de competencias, cuyo ganador se determina por el nivel de precedencia en la respuesta considerada.

Los cálculos se realizaron mediante una sintaxis con código SPSS 19.

CAPÍTULO 4

Las competencias docentes vistas por el profesorado universitario

1. Introducción

Este capítulo se dedica a perfilar una imagen, lo más representativa posible, de la visión que tiene el profesorado de las universidades participantes sobre las competencias docentes. Los trazos que plasman dicha imagen incluyen la definición e interpretación de las competencias docentes, la identificación de sus principales dimensiones y componentes, la valoración que le otorgan a cada una de ellas según su relevancia para con el quehacer profesional, la determinación de un determinado tipo de ordenación, o jerarquía, entre ellas, que permita fijar la atención proporcionada a cada una y, finalmente, las conclusiones que se pueden extraer de las exposiciones o narrativas que realizan acerca de las tareas más adecuadas para un mejor desarrollo de cada una, a fin de poder establecer un plan de formación de profesorado orientado a la adquisición y perfeccionamiento de todas las competencias docentes.

La organización del capítulo es como sigue:

– En primer lugar, se hace un estudio descriptivo de la muestra, tanto a nivel global como para cada una de las instituciones participantes, a fin de tener una visión de conjunto e individualizada de los perfiles personales y profesionales de los profesores que han participado en la encuesta.

– En segundo lugar, se desarrollan los análisis estadísticos que van a servir de base para llevar a cabo la discusión y establecer las conclusiones del estudio.

Las interrogantes que se van a plantear a la base de datos recogida en la encuesta se agrupan en torno cinco ideas generales que se describen en los apartados siguientes. La información que se logre extraer de las respuestas a dichas cuestiones servirá de soporte estadístico para sostener las conclusiones de la investigación y el alcance de las mismas.

Estudio individualizado de cada competencia

El punto de partida va a consistir en examinar cada una de las competencias docentes desde un punto de vista descriptivo y gráfico, analizando las distribuciones de frecuencias de las repuestas sobre el nivel de valoración acerca de cada uno de las subcomponentes que configuran la definición de la competencia, de acuerdo con el cuestionario planteado. Para ello, se recurrirá a la utilización de las siguientes herramientas estadísticas: tablas de frecuencias, diagramas de barras, estadísticos de posición, estadísticos de dispersión y diagramas de dispersión.

Un segundo nivel de análisis se basará en la aplicación de una técnica, característica del análisis estadístico multidimensional, para la reducción de dimensiones que se denomina escalamiento óptimo mediante componentes principales categóricos. Esta técnica permite descubrir el nivel de proximidad o similitud entre cada uno de los ítems que configuran la descripción que hace la encuesta de cada una de las competencias, de acuerdo con la información suministrada por las respuestas de los encuestados. Los resultados que proporciona el software se materializan en la determinación de los valores de dos componentes principales que resumen la información de conjunto que contienen los ítems planteados en cada competencia, y permiten representar dichos ítems en un plano bidimensional.

Consideración conjunta del mapa de competencias

El examen conjunto de las valoraciones de todas las competencias se efectuará mediante la aplicación de la técnica de análisis factorial. Como es conocido, esta técnica permite reducir un conjunto numeroso de variables a unas pocas dimensiones abstractas que sintetizan la información de todas las variables originales. Mediante este procedimiento es posible descubrir clúster de proximidad entre las competencias, de acuerdo con la valoración que de ellas hacen los encuestados. El significado de las dimensiones o factores que proporciona la técnica plantea una de las cuestiones de mayor interés en la discusión de resultados y será abordada en el capítulo correspondiente.

Elaboración de la jerarquía de competencias

En un apartado del cuestionario, se pidió a los profesores que ordenaran de mayor a menor las doce competencias docentes propuestas en la encuesta, de acuerdo con su importancia para la configuración de un profesor universitario competente, asignando para ello a cada una un número del 1 al 12.

Para la obtención de un rango general de las competencias a partir de las votaciones individuales, se utilizó el siguiente criterio: para cada respuesta, se adjudican once puntos a la competencia que ocupa el primer lugar, diez a la segunda y así sucesivamente hasta asignar cero puntos a la competencia duodécima; la puntuación total de cada competencia se obtiene como la suma de sus puntuaciones en todos los encuestados.

Este procedimiento para establecer el ránking de competencias responde a un modelo de torneo que consiste en enfrentar, por parejas, las doce competencias, según la prioridad establecida en cada respuesta individual, determinando como ganadora del enfrentamiento la competencia que ocupa un lugar más bajo en la ordenación realizada por el encuestado, en cuyo caso se le adjudica un punto. De esta forma, la competencia que ocupa el primer lugar de una determinada respuesta gana a las otras once competencias, por lo cual obtiene once puntos, la segunda obtiene diez victorias y así sucesivamente hasta la última competencia, que no obtiene victoria alguna en la respuesta dada. Entonces la puntuación total de una competencia no es otra que el número de victorias que ha obtenido en sus enfrentamientos individuales con el resto de competencias a lo largo del colectivo de encuestados. El análisis realizado consiste en establecer el ranking general de competencias.

Pruebas de contraste y comparaciones entre los diferentes perfiles personales y profesionales que pueden identificarse en el colectivo encuestado

Un apartado que no puede omitirse en los análisis estadísticos es el estudio comparativo de las respuestas según las distintas variables de clasificación que identifican a los docentes encuestados. En estas comparaciones se utilizará la técnica más adecuada según el tipo de variables involucradas en el análisis.

Análisis cualitativo de las respuestas de las preguntas abiertas

Las narrativas proporcionadas por los encuestados a las preguntas abiertas se examinaron a la luz de las ideas características del Análisis de contenido y la Minería de textos. Para ello, mediante un proceso interactivo entre los investigadores y el software, orientado por el conocimiento del dominio, se identificó un diccionario de conceptos clave que se pudieron encontrar en las exposiciones de los encuestados. Estos conceptos se corresponden con las diferentes ideas básicas o representaciones de las distintas tareas y propuestas que los docentes relatan acerca de las posibles actividades que permiten la formación y desarrollo de cada una de las competencias. Mediante dicho diccionario, y con ayuda del software, se codificaron las respuestas, utilizando como unidad de codificación cada una de las oraciones de las narrativas. La codificación efectuada permite dotar de una cierta estructura a la narrativa, es decir, posibilita asignar a las respuestas un conjunto de atributos de caracterización que pueden analizarse mediante las diferentes técnicas de análisis para datos estructurados.

Las herramientas que se han utilizado para el análisis de las respuestas estructuradas incluyen las clásicas tablas de frecuencias y las correspondientes representaciones gráficas, y las más actuales herramientas para el descubrimiento de relaciones y asociaciones entre los datos como el análisis de conglomerados y el escalamiento multidimensional.

2. Descripción de la muestra

Presentamos en este apartado las principales características descriptivas de la muestra.

2.1. Distribución general de la muestra

La muestra recogida incluye un total de 591 profesores que se distribuyen entre las instituciones participantes según la tabla 1 y figura 1. El número de encuestados es de 90 (15,2%) para el caso de la UNED, 208 (35,2%) para la ESPE, 125 (21,2%) para UNISON, 112 (19,0%) par el IUNIR y 56 (9,5%) para la Universidad LIBRE.

La composición global de la muestra, de acuerdo con las principales variables de identificación se expresan a continuación.

Tabla 1. Distribución del número de profesores encuestados por universidad.

		FRECUENCIA	PORCENTAJE
Válidos	UNED	90	15,2%
	ESPE	208	35,2%
	UNISON	125	21,2%
	IUNIR	112	19,0%
	LIBRE	56	9,5%
	Total	**591**	**100%**

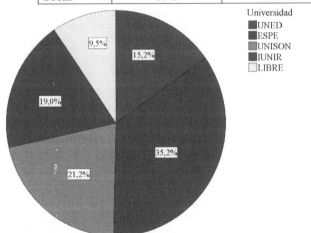

Figura 1. Gráfico de sectores de la distribución del número de profesores de la muestra por universidad.

2.1.1. Distribución conjunta de la muestra por género

La mayoría de la muestra está formada por hombres (56,3%) y en menor porcentaje por mujeres (36,9%). Hay un 6,8% de encuestados que no han identificado en su respuesta este carácter (tabla 2 y figura 2).

Tabla 2. Distribución del número de profesores encuestados por género.

GÉNERO	FRECUENCIA	PORCENTAJE
No consta	40	6,8%
Mujer	218	36,9%
Hombre	333	56,3%
Total	**591**	**100%**

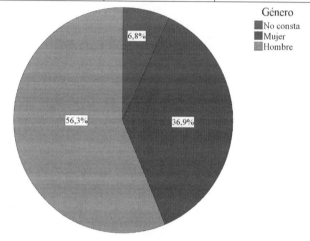

Figura 2. Gráfico de sectores de la distribución del número de profesores de la muestra por género.

2.1.2. *Distribución conjunta de la muestra por grupo de edad*

Como se muestra en la tabla 3 y figura 3, la muestra global está integrada por profesores cuya edad está en el nivel medio de la ejecutoria profesional, entre 36-45 y 46-55 años. Esto dos grupos intermedios contribuyen a formar más de la mitad de la muestra (59,2%). Los dos grupos extremos, hasta 35 años y más de 55 años, se reparten en proporciones prácticamente similares.

Tabla 3. Distribución del número de profesores encuestados por grupo de edad.

GRUPO DE EDAD	FRECUENCIA	PORCENTAJE
No consta	6	1,0%
25-35	117	19,8%
36-45	169	28,6%
46-55	181	30,6%
Más de 55	118	20,0%
Total	**591**	**100%**

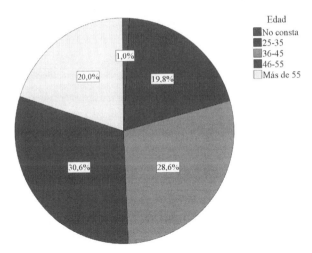

Figura 3. Gráfico de sectores de la distribución del número de profesores de la muestra por grupos de edad.

2.1.3. *Distribución conjunta de la muestra por años de docencia*

Dados los grupos establecidos, se observa que la mayor parte de los encuestados gozan de gran experiencia docente, 29,8% más de 20 años y un 12% adicional entre 15 y 19 años de docencia. El resto de los profesores se reparten en tres grupos, con una experiencia respectiva de 1, 2 y 3 quinquenios de docencia, siendo bastante similar el número de profesores de cada uno de estos tres grupos, 17,6%, 20% y 18,4% respectivamente (tabla 4 y figura 4).

Tabla 4. Distribución del número de profesores encuestados por años de docencia.

AÑOS DE DOCENCIA	FRECUENCIA	PORCENTAJE
No consta	13	2,2
Menos de 5	104	17,6
5-9	118	20,0
10-14	109	18,4
15-19	71	12,0
20 y más	176	29,8
Total	**591**	**100**

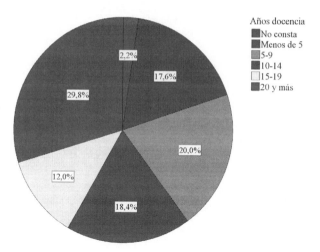

Figura 4. Gráfico de sectores de la distribución del número de profesores de la muestra por años de docencia.

2.1.4. *Distribución conjunta de la muestra por tipo de dedicación*

Con respecto a la dedicación, la muestra está compuesta mayoritariamente por docentes a tiempo completo, 57,4%, frente a un 36,4% que dicen tener dedicación parcial; un 6,3% no identifican esta característica en su respuesta (tabla 5 y figura 5).

Tabla 5. Distribución del número de profesores encuestados por tipo de dedicación.

TIPO DE DEDICACIÓN	FRECUENCIA	PORCENTAJE
No consta	37	6,3%
Tiempo completo	339	57,4%
Tiempo parcial	215	36,4%
Total	**591**	**100%**

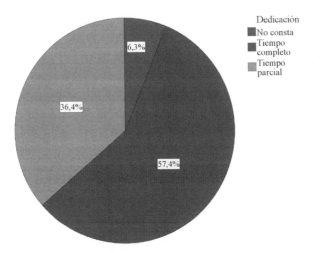

Dedicación
- No consta
- Tiempo completo
- Tiempo parcial

6,3%

36,4%

57,4%

Figura 5. Gráfico de sectores de la distribución del número de profesores de la muestra por dedicación.

2.1.5. *Distribución conjunta de la muestra por titulación*

Aunque en las titulaciones pueden observarse algunos matices diferenciadores entre las distintas instituciones participantes, de un modo general, pueden agruparse en cinco categorías que responden a unos determinados estándares: licenciado o ingeniero, 22,8%; diplomado, 7,4%; máster, 37,1%; doctor, 17,1%; especialista, 13,9% (tabla 6 y figura 6). La categoría especialista está integrada principalmente por profesores de la rama de Ciencias de la Salud. Se ha de señalar que sólo un 1,7% no identifican la titulación en la su respuesta.

Tabla 6. Distribución del número de profesores encuestados por titulación.

TITULACIÓN	FRECUENCIA	PORCENTAJE
No consta	10	1,7%
Especialista	82	13,9%
Licenciado / Ingeniero	135	22,8%
Diplomado	44	7,4%
Máster	219	37,1%
Doctor	101	17,1%
Total	**591**	**100%**

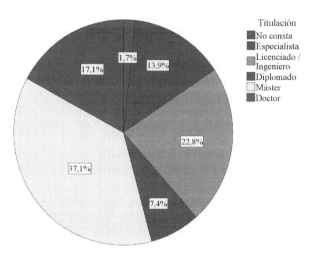

Figura 6. Gráfico de sectores de la distribución del número de profesores de la muestra por titulación.

2.1.6. *Distribución conjunta de la muestra por rama de conocimiento*

Con respecto de las ramas de conocimiento se observa cierta proporcionalidad entre el número de encuestados de cada una de ellas y el conjunto de carreras que se engloban dentro de cada rama. Así, se ha obtenido un 9,0% de Artes y Humanidades, un 11,3% de Ciencias, un 39,3% de Ciencias Sociales, un 25% de Ciencias de la Salud y un 12,9% de Arquitectura e Ingeniería. Sólo un 2,5% no identifican la rama de conocimiento a que pertenecen (tabla 7 y figura 7).

Tabla 7. Distribución del número de profesores encuestados por rama de conocimiento.

RAMA	FRECUENCIA	PORCENTAJE
No consta	15	2,5%
Artes y Humanidades	53	9,0%
Ciencias	67	11,3%
Ciencias Sociales	232	39,3%
Ciencias de la Salud	148	25,0%
Arquitectura e Ingeniería	76	12,9%
Total	**591**	**100%**

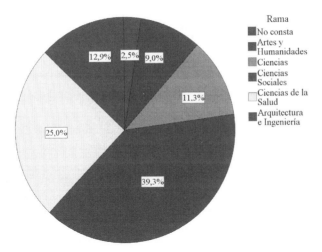

Figura 7. Gráfico de sectores de la distribución del número de profesores de la muestra por rama de conocimiento.

2.1.7. Distribución conjunta de la muestra por modalidad de enseñanza

La clasificación de los encuestados con respecto a la modalidad de enseñanza que practican presenta una importante mayoría que sigue el clásico sistema presencial, 76,1%, si bien la presencia de una institución como la UNED, que utiliza fundamentalmente un sistema a distancia, hace que el porcentaje de profesores que utilizan principalmente este sistema alcance el 11,8%. También es significativo el porcentaje relativo a un sistema bimodal que es del 10,2%. No identifican esta característica un 1,9% de los encuestados (tabla 8 y figura 8).

Tabla 8. Distribución del número de profesores encuestados por modalidad de enseñanza.

RAMA	FRECUENCIA	PORCENTAJE
No consta	11	1,9%
Presencial	450	76,1%
Distancia	70	11,8%
Bimodal	60	10,2%
Total	**591**	**100%**

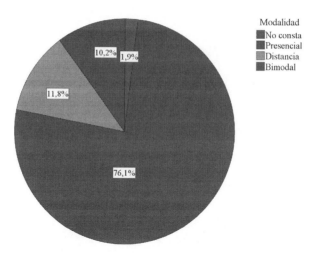

Figura 8. Gráfico de sectores de la distribución del número de profesores de la muestra por modalidad de enseñanza.

2.2. Composición de la muestra por universidades

La composición de la muestra para cada universidad, según las variables de identificación de los encuestados, se presenta a continuación.

2.2.1. *Distribución de la muestra por universidad y género*

En la UNED, ESPE y LIBRE el reparto de la muestra entre hombres y mujeres es similar al caso global, con mayoría de hombres, 61,1%, 60,6% y 60,7% respectivamente. Mención aparte son la UNISON y el IUNIR en las que el reparto del profesorado por género es muy similar, rondando en ambos casos el 50% (tabla 9 y figura 9).

Tabla 9. Distribución de la muestra por universidad y género.

UNIVERSIDAD											
	UNED		ESPE		UNISON		IUNIR		LIBRE		TOTAL	
Género	n	%	n	%	N	%	n	%	n	%	n	%
Mujer	25	27,8	55	26,4	62	49,6	54	48,2	22	39,3	218	36,9
Hombre	55	61,1	126	60,6	62	49,6	56	50,0	34	60,7	333	56,3
No consta	10	11,1	27	13,0	1	0,8	2	1,8	0	0,0	40	6,8
Total	**90**	**100**	**208**	**100**	**125**	**100**	**112**	**100**	**56**	**100**	**591**	**100**

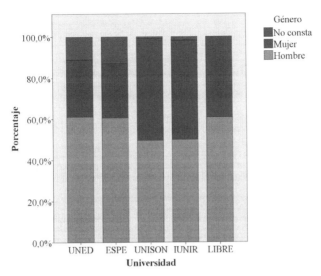

Figura 9. Diagrama de barras de la distribución de la muestra por universidad y género.

2.2.2. *Distribución de la muestra por universidad y edad*

Las universidades con un profesorado de mayor edad son la UNED y la LIBRE, con un porcentaje de profesores mayores de 46 años que alcanza el 61,1% y 62,5%, respectivamente. En otro sentido, la ESPE y el IUNIR presentan un perfil más joven con un 26% y un 25%, respectivamente, de profesores menores de 35 años. Por su parte, la UNISON tiene un importante grupo de profesores, 45,6% en el tramo de edad correspondiente a los 46-55 años (tabla 10 y figura 10).

Tabla 10. Distribución de la muestra por universidad y edad.

	UNIVERSIDAD											
	UNED		**ESPE**		**UNISON**		**IUNIR**		**LIBRE**		**TOTAL**	
Edad	**n**	**%**	**n**	**%**	**N**	**%**	**n**	**%**	**n**	**%**	**n**	**%**
25-35	12	13,3	54	26,0	15	12,0	28	25,0	8	14,3	117	19,8
36-45	21	23,3	66	31,7	34	27,2	35	31,3	13	23,2	169	28,6
46-55	28	31,1	53	25,5	57	45,6	25	22,3	18	32,1	181	30,6
Más de 55	27	30,0	32	15,4	19	15,2	23	20,5	17	30,4	118	20,0
No consta	2	2,2	3	1,4	0	0,0	1	0,9	0	0,0	6	1,0
Total	**90**	**100**	**208**	**100**	**125**	**100**	**112**	**100**	**56**	**100**	**591**	**100**

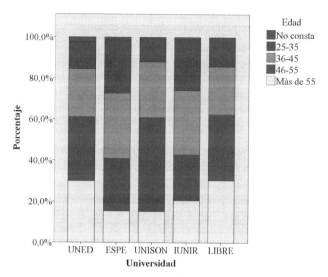

Figura 10. Diagrama de barras de la distribución de la muestra por universidad y edad.

2.2.3. Distribución de la muestra por universidad y años de docencia

Si atendemos a la experiencia docente, podemos afirmar que la UNI-SON, la UNED y la LIBRE gozan de un profesorado veterano con porcentaje respectivo del 52%, 43,3% y 41,1% de profesores que tienen más de 20 años de docencia. En el otro sentido, el profesorado del IUNIR está integrado por profesores que tienen menos experiencia: un 33% con menos de 5 años y un 24,1% entre 5 y 9 años. En esta característica, el reparto más equilibrado corresponde a la ESPE, para la cual los tres primeros quinquenios de experiencia docente contienen aproximadamente el mismo número de profesores, y lo mismo ocurre para los dos últimos quinquenios (tabla 11 y figura 11).

Tabla 11. Distribución de la muestra por universidad y años de docencia.

	UNIVERSIDAD											
	UNED		ESPE		UNISON		IUNIR		LIBRE		TOTAL	
Años docencia	**n**	**%**	**n**	**%**	**N**	**%**	**n**	**%**	**n**	**%**	**n**	**%**
Menos de 5	8	8,9	50	24,0	5	4,0	37	33,0	4	7,1	104	17,6
5-9	18	20,0	50	24,0	18	14,4	27	24,1	5	8,9	118	20,0
10-14	6	6,7	54	26,0	16	12,8	20	17,9	13	23,2	109	18,4
15-19	7	7,8	28	13,5	21	16,8	4	3,6	11	19,6	71	12,0
20 y más	39	43,3	25	12,0	65	52,0	24	21,4	23	41,1	176	29,8
No consta	12	13,3	1	0,5	0	0,0	0	0,0	0	0,0	13	2,2
Total	**90**	**100**	**208**	**100**	**125**	**100**	**112**	**100**	**56**	**100**	**591**	**100**

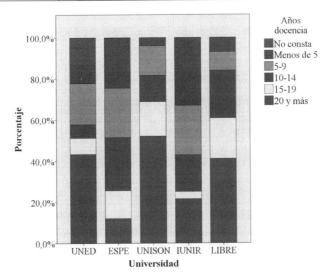

Figura 11. Diagrama de barras de la distribución de la muestra por universidad y años de docencia.

2.2.4. *Distribución de la muestra por universidad y tipo de dedicación*

Con respecto al tipo de dedicación los resultados por universidades son similares a los obtenidos en el caso conjunto, con mayoría de profesorado con dedicación a tiempo completo que oscila desde el 50% de la ESPE hasta el 69,6% de la LIBRE. Es de señalar el número de encuestados de la UNED que no identifican esta característica, 15,6% (tabla 12 y figura 12).

Tabla 12. Distribución de la muestra por universidad y tipo de dedicación.

	UNIVERSIDAD											
	UNED		ESPE		UNISON		IUNIR		LIBRE		TOTAL	
Dedicación	n	%	n	%	N	%	n	%	n	%	n	%
Tiempo completo	48	53,3	104	50,0	76	60,8	72	64,3	39	69,6	339	57,4
Tiempo parcial	28	31,1	86	41,3	49	39,2	35	31,3	17	30,4	215	36,4
No consta	14	15,6	18	8,7	0	0,0	5	4,5	0	0,0	37	6,3
Total	**90**	**100**	**208**	**100**	**125**	**100**	**112**	**100**	**56**	**100**	**591**	**100**

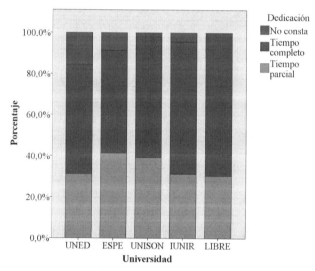

Figura 12. Diagrama de barras de la distribución de la muestra por universidad y tipo de dedicación.

2.2.5. *Distribución de la muestra por universidad y titulación*

Sin dejar de tener presente los distintos matices que se pueden apreciar entre las instituciones con respecto a la identificación de las titulaciones, podemos afirmar que la distribución de éstas entre las universidades que integran la encuesta es bastante dispar. En la UNED las repuestas se reparten, prácticamente, entre licenciado/ingeniero, 41,1%, y doctor, 47,8%. En la ESPE la mayoría son máster, 61,5%, con una presencia de diplomados del 17,3% y de doctores del 2,4%. En la UNISON se aprecia una mayoría de máster, 39,2%, una presencia significativa de doctores, 31,2%, y licenciados/ingenieros, 28,8%. En IUNIR, la mayoría son especialistas, 43,8%; los licenciado/ingenieros alcanzan el 28,6% y los doctores un 11,6%. El profesorado de la LIBRE se reparte principalmente entre master, 53,6% y especialistas, 44,6%, con un 1,8% de doctores (tabla 13 y figura 13).

Tabla 13. Distribución de la muestra por universidad y titulación.

	UNIVERSIDAD											
	UNED		ESPE		UNISON		IUNIR		LIBRE		TOTAL	
Titulación	**n**	**%**	**n**	**%**	**N**	**%**	**n**	**%**	**n**	**%**	**n**	**%**
Especialista	0	0,0	8	3,8	0	0,0	49	43,8	25	44,6	82	13,9
Licenciado/Ingeniero	37	41,1	30	14,4	36	28,8	32	28,6	0	0,0	135	22,8
Diplomado	2	2,2	36	17,3	1	0,8	5	4,5	0	0,0	44	7,4
Máster	2	2,2	128	61,5	49	39,2	10	8,9	30	53,6	219	37,1
Doctor	43	47,8	5	2,4	39	31,2	13	11,6	1	1,8	101	17,1
No consta	6	6,7	1	0,5	0	0,0	3	2,7	0	0,0	10	1,7
Total	**90**	**100**	**208**	**100**	**125**	**100**	**112**	**100**	**56**	**100**	**591**	**100**

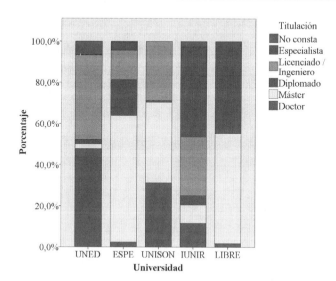

Figura 13. Diagrama de barras de la distribución de la muestra por universidad y titulación.

2.2.6. *Distribución de la muestra por universidad y rama de conocimiento*

En la distribución por rama de conocimiento se aprecian importantes diferencias entre las universidades. Se destaca el IUNIR pues todos sus encuestados pertenecen a la rama de Ciencias de la Salud, como corresponde con la vocación docente del Instituto. En la LIBRE no aparece reflejada ninguna respuesta de Artes y Humanidades ni Ciencias, resultando un 50% de Ciencias sociales, un 32,1% de Ciencias de la Salud y un 17,9% de Arquitectura e Ingeniería. En cambio, en la UNISON no se obtiene ninguna respuesta de Ciencias de la Salud ni de Arquitectura e Ingeniería, conformando la muestra mayoritariamente la rama de Ciencias Sociales con un 77,6%. Tanto en las respuestas de la ESPE como en las de la UNED figuran todas las ramas de conocimiento y muestran un perfil bastante similar (tabla 14 y figura 14).

Tabla 14. Distribución de la muestra por universidad y rama de conocimiento.

UNIVERSIDAD											
	UNED		ESPE		UNISON		IUNIR		LIBRE		TOTAL	
Rama	n	%	n	%	N	%	n	%	n	%	n	%
Artes y Humanidades	12	13,3	23	11,1	18	14,4	0	0,0	0	0,0	53	9,0
Ciencias	13	14,4	44	21,2	10	8,0	0	0,0	0	0,0	67	11,3
Ciencias Sociales	29	32,2	78	37,5	97	77,6	0	0,0	28	50,0	232	39,3
Ciencias de la Salud	7	7,8	11	5,3	0	0,0	112	100,0	18	32,1	148	25,0
Arquitectura e Ingeniería	15	16,7	51	24,5	0	0,0	0	0,0	10	17,9	76	12,9
No consta	14	15,6	1	0,5	0	0,0	0	0,0	0	0,0	15	2,5
Total	**90**	**100**	**208**	**100**	**125**	**100**	**112**	**100**	**56**	**100**	**591**	**100**

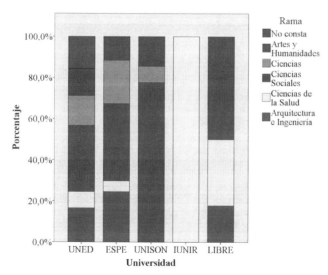

Figura 14. Diagrama de barras de la distribución de la muestra por universidad y rama de conocimiento.

2.2.7. Distribución de la muestra por universidad y modalidad de enseñanza

La distribución con respecto de la modalidad de enseñanza exhibe una práctica uniformidad en el carácter presencial en todas las universidades, excepto en la UNED, quien por su singular característica, incluye profesores con dedicación principal a la enseñanza a distancia, 60%, si bien la inclusión en la encuesta de profesores tutores de esta universidad hace que haya un porcentaje del 15,6% que utilizan un sistema presencial y un 12,2% que utilizan un sistema bimodal. Por otra parte, esta última característica solo se encuentra de manera apreciable en el caso de la ESPE con un relevante 20,7% de encuestados que usan un sistema bimodal (tabla 15 y figura 15).

Tabla 15. Distribución de la muestra por universidad y modalidad de enseñanza.

	UNIVERSIDAD										
	UNED		ESPE		UNISON		IUNIR		LIBRE		TOTAL
Modalidad	n	%	n	%	N	%	n	%	n	%	n	%
Presencial	14	15,6	151	72,6	124	99,2	105	93,8	56	100,0	450	76,1
Distancia	54	60,0	14	6,7	0	0,0	2	1,8	0	0,0	70	11,8
Bimodal	11	12,2	43	20,7	1	0,8	5	4,5	0	0,0	60	10,2
No consta	11	12,2	0	0,0	0	0,0	0	0,0	0	0,0	11	1,9
Total	**90**	**100**	**208**	**100**	**125**	**100**	**112**	**100**	**56**	**100**	**591**	**100**

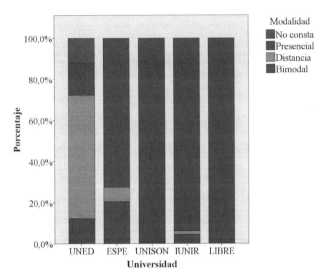

Figura 15. Diagrama de barras de la distribución de la muestra por universidad y modalidad de enseñanza.

3. Análisis de las competencias docentes

Presentamos en este apartado los resultados que se deducen de la parte del cuestionario destinada a indagar sobre la composición de cada competencia docente y su valoración, de acuerdo con los siguientes criterios:

1. En primer lugar, abordamos el análisis individual de cada una de las competencias docentes consideradas, destacando los aspectos más significativos que se deducen del examen de las respuestas a los ítems que configuran las subcomponentes de la competencia.

2. En segundo lugar, examinamos las valoraciones de cada competencia, tanto de manera individual como conjunta.

3. En tercer lugar, discutimos detenidamente las consideraciones que se deducen del ránking entre competencias que se ha solicitado en la encuesta.

3.1. Análisis individual de las competencias docentes

La presentación de los resúmenes estadísticos de las respuestas de cada uno de los ítems de las competencias incluye, para cada una de ellas, los aspectos siguientes:

1. Una medida de la coherencia interna de la parte de la encuesta relativa a la competencia, indicada por el coeficiente *alfa* de Cronbach.

2. Los diagramas de barras de las respuestas relativas a cada subcomponente de la competencia.

3. Los principales estadísticos que resumen la distribución: media, mediana, moda y desviación típica de cada subcomponente de la competencia.

4. El gráfico de representación de los intervalos de confianza del 95% para la media de las respuestas de cada subcomponente de la competencia, que dan una idea aproximada de la distribución de las mismas, obviando el hecho de que no se puede admitir la exigencia teórica de la normalidad de dichas distribuciones.

5. El análisis de reducción de dimensiones derivado de la técnica de componentes principales, que permite resumir en dos dimensiones abstractas la información contenida en las respuestas de las subcomponentes de las competencias.

Con carácter general, podemos adelantar que para las doce competencias incluidas en el estudio, en cada una de las subcomponentes hay una amplia mayoría de respuestas que toman los valores 5 y 6, es decir, caen el segmento más elevado del intervalo de la escala. Apenas se observan respuestas en que la valoración otorgada sea 1 ó 2, pudiendo calificarse la presencia de estas valoraciones como inapreciable.

Podemos afirmar, por lo tanto, que la opinión de los encuestados sobre la importancia de cada competencia y sus subcomponentes es muy alta. Entendemos que este resultado pone claramente de manifiesto que la selección que se ha realizado de las competencias y su descripción interna ha sido acertada, proporcionando un importante respaldo experimental al planteamiento del estudio. Por otra parte, como oportunamente se señalará al presentar los indicadores de fiabilidad de la encuesta, se obtiene en todos los casos un coeficiente de fiabilidad alto, confirmando la coherencia interna de los ítems incluidos en la encuesta.

3.1.1. *Planificación*

Los resultados que se refieren a la competencia de planificación son los siguientes:

1. El coeficiente de fiabilidad *alfa* de Cronbach vale 0,825, que puede considerarse satisfactorio.

2. La figura 16 muestra el diagrama de barras de las respuestas. La mayoría de ellas corresponden a los valores 5 y 6, con un carácter más acusado en los subcomponentes 1 y 5.

Tabla 16. Estadísticos de las subcomponentes de la competencia planificación.

COMUNICACIÓN	Media	Mediana	Moda	Desviación típica
1. Al planificar su asignatura tiene en cuenta el plan de estudios y el título profesional correspondiente.	5,62	6	6	0,75
2. Basa su planificación en evidencias científicas y didácticas	5,47	6	6	0,73
3. Selecciona y actualiza en cada curso las fuentes pertinentes para su asignatura.	5,44	6	6	0,76
4. La planificación de su asignatura la realiza tomando en cuenta las competencias profesionales del egresado	5,41	6	6	0,87
5. En el conjunto de su responsabilidad docente incluye la planificación de la asignatura.	5,54	6	6	0,89
6. El diseño de tareas relevantes para los estudiantes es un aspecto esencial de la planificación de su docencia.	5,42	6	6	0,84

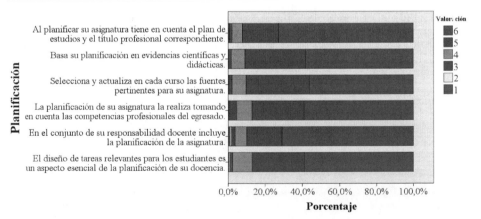

Figura 16. Diagrama de barras de las subcomponentes de la competencia planificación.

3. Los estadísticos más representativos se encuentran en la tabla 16. Podemos señalar que la moda y la mediana son siempre el valor máximo 6, mientras que la media oscila entre 5,41 y 5,62, con desviaciones típicas entre 0,73 y 0,89.

4. Los intervalos de confianza para la media se muestran en la figura 17. Se observa que la cuestión con una valoración más alta es el ítem 1 referido a cómo el docente tiene en cuenta el plan de estudios y el título profesional a la hora de planificara su docencia. Otro ítem con un nivel de valoración alto, dentro de esta competencia, es el ítem 5 que hace referencia a la responsabilidad del docente a la hora de planificar la asignatura. Puede considerarse que los cuatro subcomponentes restantes de esta competencia comparten un nivel similar de valoración.

5. Los resultados de la aplicación del modelo de componentes principales se presentan en la tabla 17, la tabla 18 y la figura 18. El modelo aumenta el *alfa* de Cronbach a 0,937 y sus dos componentes explican el 75,91% de la varianza de los datos. Como se observa en la tabla de saturaciones y se refleja en la Figura 18, los ítems 2, 3, 4 y 6 están principalmente cargados en la primera componente. Estos ítems recogen la información sobre los aspectos necesarios para dar

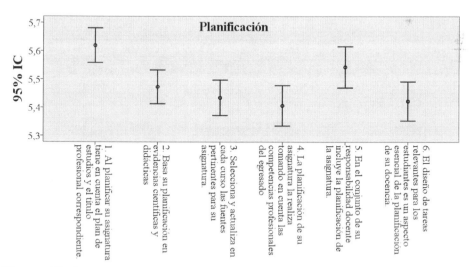

Figura 17. Intervalos de confianza del 95% de la puntuación media de las subcomponentes de la competencia planificación.

forma material a la planificación, como son las evidencias científicas, la selección de fuentes, las competencias de los estudiantes y las tareas que han de desarrollar. Por su parte, la segunda componente, cargada de los ítems 1 y 5, tiene que ver con la responsabilidad de planificación, es decir, incluye la información acerca de si el encuestado tiene a su cargo el cometido de planificar la asignatura, dentro de un determinado contexto configurado por el plan de estudios de una carrera concreta. Es de señalar que a algunos de los profesores encuestados, como los profesores ayudantes o los profesores tutores, no les incumben estas tareas, por lo que es muy posible que el modelo de componentes esté dando cuenta de este hecho.

Tabla 17. Modelo de componentes principales bidimensional para la competencia planificación.

DIMENSIÓN	ALFA DE CRONBACH	VARIANZA EXPLICADA	
		TOTAL (AUTOVALORES)	% DE LA VARIANZA
1	0,817	3,129	52,149
2	0,358	1,426	23,761
Total	**0,937[a]**	**4,555**	**75,910**

[a] El Alfa de Cronbach Total está basado en los autovalores totales.

Tabla 18. Saturaciones en las componentes principales del modelo de los ítems de planificación.

SATURACIONES EN COMPONENTES	DIMENSIÓN	
	1	2
1. Al planificar su asignatura tiene en cuenta el plan de estudios y el título profesional correspondiente.	0,233	0,830
2. Basa su planificación en evidencias científicas y didácticas	0,848	–0,036
3. Selecciona y actualiza en cada curso las fuentes pertinentes para su asignatura.	0,861	–0,070
4. La planificación de su asignatura la realiza tomando en cuenta las competencias profesionales del egresado	0,847	–0,192
5. En el conjunto de su responsabilidad docente incluye la planificación de la asignatura.	0,278	0,812
6. El diseño de tareas relevantes para los estudiantes es un aspecto esencial de la planificación de su docencia.	0,905	–0,186

Normalización principal por variable.

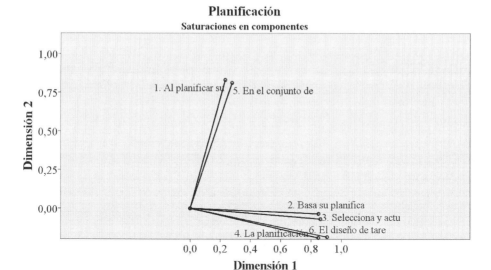

Figura 18. Representación gráfica de la saturación en componentes principales de los ítems de planificación.

3.1.2. *Comunicación*

Los resultados que se refieren a la competencia de comunicación son los siguientes:

1. El coeficiente de fiabilidad *alfa* de Cronbach vale 0,674, muy cerca del umbral que se acepta como satisfactorio para la coherencia interna de la encuesta.

2. La figura 19 muestra el diagrama de barras de las respuestas. La mayoría de ellas corresponden a los valores 5 y 6. Sin embargo, la pregunta 4, referida a la reiteración de preguntas por parte de los estudiantes acerca de temas explicados, muestra una distribución peculiar, con una mayor proporción de valores en el rango inferior y medio de la escala. Ello parece indicar que los docentes valoran su propia competencia comunicativa como suficiente para no alimentar la repetición por parte de los alumnos de cuestiones referidas a los mismos temas.

Tabla 19. Estadísticos de las subcomponentes de la competencia de comunicación.

COMUNICACIÓN	Media	Mediana	Moda	Desviación típica
1. El discurso empleado en su proceso de enseñanza-aprendizaje es claro y preciso.	5,43	6	6	0,70
2. El proceso comunicativo realizado con sus estudiantes incorpora estos códigos: verbal, no verbal, para verbal, icónico y escrito.	5,23	5	6	0,91
3. El grado de interacción entre el docente y el estudiante se realiza con empatía.	5,38	6	6	0,78
4. Los estudiantes presentan repetidas preguntas acerca de un tema explicado.	4,15	4	5	1,33
5. La comunicación en el proceso de enseñanza-aprendizaje se ha facilitado por la incorporación de las TIC.	5,06	5	6	1,05

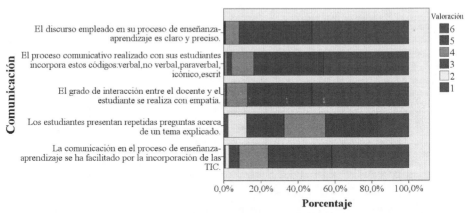

Figura 19. Diagrama de barras de las subcomponentes de la competencia de comunicación.

3. Los estadísticos más representativos se encuentran en la tabla 20. La pregunta 4, mencionada anteriormente, presenta valores inferiores que el resto: la media vale 4,15, la mediana 4 y la moda 5. El resto

de ítems se valora de manera similar, con modas y medianas de 5 y 6, y medias que oscilan entre 5,06 y 5,43.

4. Los intervalos de confianza para la media se muestran en la figura 20. Se observa la dispar puntuación media del ítem 4, conforme a lo indicado anteriormente. El ítem 5, referido a la opinión acerca de la posible influencia positiva que puede suponer la incorporación de las TIC en la comunicación con los alumnos, merece una puntuación media inferior al resto y en clara discrepancia con la valoración que alcanza el ítem 1 referido al discurso utilizado. Podemos entender que este dato proporciona indicios de que los docentes, sin renunciar al apoyo de las TIC, conceden más importancia a su propia capacidad de comunicación para transmitir las enseñanzas a sus alumnos.

5. Los resultados de la aplicación del modelo de componentes principales se presentan en la tabla 20, la tabla 21 y la figura 21. El modelo eleva el *alfa* de Cronbach a 0,919 y explica el 75,50% de la varianza. Podemos interpretar que la primera componente recoge la información contenida en la muestra acerca de la opinión que tienen los docentes sobre la claridad de su discurso y el nivel de empatía con los estudiantes, pues los ítems 1 y 3 están cargados en esta componente. En otro sentido, la componente vertical parece dar cuenta de las dificultades que puede experimentar el docente en la comunicación con los estudiantes, pues en ella está cargado el ítem 4, relativo a la posibilidad de que los estudiantes hagan preguntas repetidas y el 5, sobre el papel de las TIC en la comunicación. Por lo que respecta al ítem 2, parece recoger información relativamente independiente de las anteriores.

Tabla 20. Modelo de componentes principales bidimensional para la competencia comunicación.

DIMENSIÓN	ALFA DE CRONBACH	VARIANZA EXPLICADA	
		TOTAL (AUTOVALORES)	% DE LA VARIANZA
1	0,705	2,292	45,840
2	0,407	1,483	29,661
Total	**0,919**[a]	**3,775**	**75,502**

[a] El Alfa de Cronbach Total está basado en los autovalores totales.

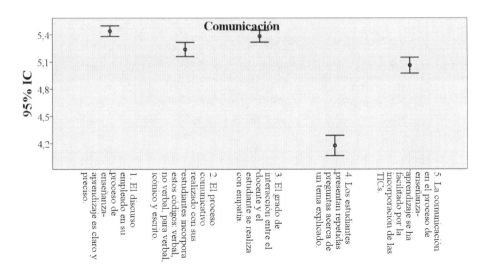

Figura 20. Intervalos de confianza del 95% de la puntuación media de las sub-componentes de la competencia comunicación.

Tabla 21. Saturaciones en las componentes principales del modelo de los ítems de comunicación.

SATURACIONES EN COMPONENTES	DIMENSIÓN	
	1	2
1. El discurso empleado en su proceso de enseñanza-aprendizaje es claro y preciso.	0,923	–0,344
2. El proceso comunicativo realizado con sus estudiantes incorpora estos códigos: verbal, no verbal, para verbal, icónico y escrito.	0,664	0,377
3. El grado de interacción entre el docente y el estudiante se realiza con empatía.	0,925	–0,340
4. Los estudiantes presentan repetidas preguntas acerca de un tema explicado.	0,321	0,691
5. La comunicación en el proceso de enseñanza-aprendizaje se ha facilitado por la incorporación de las TIC.	0,203	0,794

Normalización principal por variable.

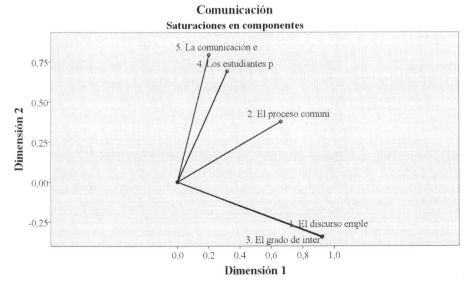

Figura 21. Representación gráfica de la saturación en componentes principales de los ítems de comunicación.

3.1.3. *Motivación*

Los resultados que se refieren a la competencia de motivación son los siguientes:

1. El coeficiente de fiabilidad *alfa* de Cronbach vale 0,794, que puede considerarse satisfactorio.

2. La figura 22 muestra el diagrama de barras de las respuestas. Las respuestas más frecuentes son 5 y 6, aunque se observan algunas subcomponentes en que el valor 4 tiene una cierta presencia.

3. Los estadísticos más representativos se encuentran en la tabla 22. La mediana es 5 en todos los casos y la moda es 6. En cuanto a la media, oscila entre 4,97 y 5,28. Sin duda, podemos admitir que los docentes de preocupan de trabajar las motivaciones de los estudiantes, ítem 1. También es de señalar la mayor valoración con que se contempla el hecho de que la motivación por valores es causa de que los humanos movilicen su voluntad de aprender, ítem 2. Sobre

Tabla 22. Estadísticos de las subcomponentes de la competencia de motivación.

COMUNICACIÓN	Media	Mediana	Moda	Desviación típica
1. Trabaja en clase las motivaciones de los estudiantes.	5,19	5	6	1,00
2. Considera que el ser humano aprendiz se moviliza por valores que motivan su inteligencia y su voluntad de aprender.	5,28	5	6	0,90
3. El aprendizaje basado en problemas refuerza las motivaciones internas y externas del estudiante.	5,22	5	6	0,84
4. El aprendizaje orientado a la formación por competencias le motiva en el desarrollo de su docencia.	5,13	5	6	0,97
5. Aplica reconocimientos y recursos motivacionales externos para lograr mayor rendimiento académico.	4,97	5	6	1,14

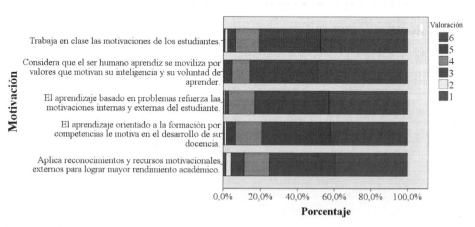

Figura 22. Diagrama de barras de las subcomponentes de la competencia de motivación.

el aprendizaje basado en problemas como técnica de motivación para el estudiante, observamos una valoración media relevante, 5,22; por su parte la menor desviación típica, 0,84, nos indica que las respuestas de concentran más que el resto, alrededor de este valor medio, es decir, hay más homogeneidad en las respuestas a este ítem.

4. Los intervalos de confianza para la media se muestran en la figura 23. Se observa que la aplicación de recursos motivacionales externos para lograr un mayor rendimiento académico se aplica con menor frecuencia, en comparación con la valoración que se observa sobre la mayor influencia de los valores del ser humano aprendiz para motivar su voluntad de aprender.

5. Los resultados de la aplicación del modelo de componentes principales se presentan en la tabla 23, la tabla 24 y la figura 24. El modelo aumenta el *alfa* de Crombach a 0,920 y explica un 75,68% de la varianza de los datos. La primera componente parece recoger la opinión de los encuestados cuando piensan en sí mismos como agentes motivadores en el aula, pues éste parece ser el contenido común de

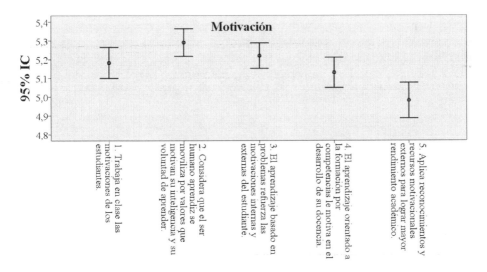

Figura 23. Intervalos de confianza del 95% de la puntuación media de las subcomponentes de la competencia de motivación.

las cuestiones planteadas en los ítems 1, 4 y 5. A su vez, la segunda componente parece recoger la opinión de los docentes cuando consideran al alumno como un sujeto susceptible de ser motivado, ítems 2 y 3, es decir, como un sujeto receptor de la competencia de motivación.

Tabla 23. Modelo de componentes principales bidimensional para la competencia motivación.

DIMENSIÓN	ALFA DE CRONBACH	VARIANZA EXPLICADA	
		TOTAL (AUTOVALORES)	% DE LA VARIANZA
1	0,705	2,293	45,862
2	0,411	1,491	29,820
Total	0,920[a]	3,784	75,682

[a] El Alfa de Cronbach Total está basado en los autovalores totales.

Tabla 24. Saturaciones en las componentes principales del modelo de los ítems de motivación.

SATURACIONES EN COMPONENTES	DIMENSIÓN	
	1	2
1. Trabaja en clase las motivaciones de los estudiantes.	0,761	–0,361
2. Considera que el ser humano aprendiz se moviliza por valores que motivan su inteligencia y su voluntad de aprender.	0,613	0,712
3. El aprendizaje basado en problemas refuerza las motivaciones internas y externas del estudiante.	0,655	0,670
4. El aprendizaje orientado a la formación por competencias le motiva en el desarrollo de su docencia.	0,672	–0,381
5. Aplica reconocimientos y recursos motivacionales externos para lograr mayor rendimiento académico.	0,677	–0,510

Normalización principal por variable.

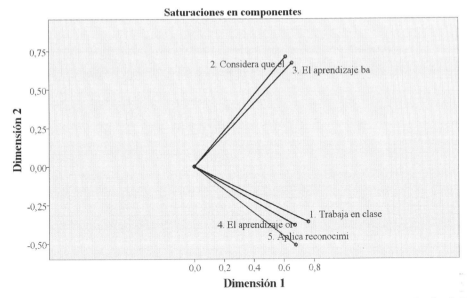

Figura 24. Representación gráfica de la saturación en componentes principales de los ítems de motivación.

3.1.4. *Metodología*

Los resultados que se refieren a la competencia de metodología son los siguientes:

1. El coeficiente de fiabilidad *alfa* de Cronbach vale 0,871 que puede considerarse satisfactorio.

2. La figura 25 muestra el diagrama de barras de las respuestas. Las respuestas más frecuentes son, como de costumbre, 5 y 6. En esta competencia destaca la mayor frecuencia observada de los niveles bajos de la escala en el ítem 4, que indaga sobre la posible construcción de un sistema metodológico integrado que atienda a la diversidad y cultura de los estudiantes. Este hecho puede indicar que se echa en falta una actitud más consciente acerca de las exigencias de las nuevas situaciones que paulatinamente se van observando en las aulas de una sociedad globalizada.

3. Los estadísticos más representativos se encuentran en la tabla 25. La moda es 6 excepto precisamente en el caso del ítem 5 mencionado

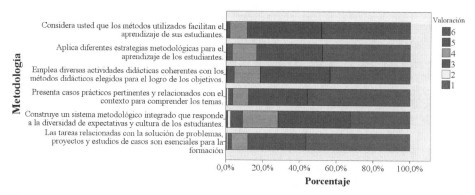

Figura 25. Diagrama de barras de las subcomponentes de la competencia de metodología.

Tabla 25. Estadísticos de las subcomponentes de la competencia de metodología.

COMUNICACIÓN	Media	Mediana	Moda	Desviación típica
1. Considera usted que los métodos utilizados facilitan el aprendizaje de sus estudiantes.	5,34	5	6	0,76
2. Aplica diferentes estrategias metodológicas para el aprendizaje de los estudiantes.	5,27	5	6	0,84
3. Emplea diversas actividades didácticas coherentes con los métodos didácticos elegidos para el logro de los objetivos propuestos.	5,20	5	6	0,88
4. Presenta casos prácticos pertinentes y relacionados con el contexto para comprender los temas.	5,38	6	6	0,86
5. Construye un sistema metodológico integrado que responde a la diversidad de expectativas y cultura de los estudiantes.	4,91	5	5	1,03
6. Las tareas relacionadas con la solución de problemas, proyectos y estudios de casos son esenciales para la formación de las competencias profesionales.	5,40	6	6	0,85

anteriormente. En cuanto a la mediana, se obtiene un valor igual a 5 en todas las respuestas, excepto en los ítems 4 y 6 que comparten la parte práctica de la metodología, es decir, el recurso a casos prácticos, problemas, proyectos o estudios que se consideran esenciales para la formación de las competencias de los estudiantes. Por lo que se refiere a la media, destaca de nuevo el ítem 5, con un valor de 4,91.

4. Los intervalos de confianza para la media se muestran en la figura 26. En el gráfico se observa muy claramente, la menor valoración del ítem 5, sensiblemente diferente al de los demás ítems del grupo. Por su parte, vemos de nuevo que los ítems 4 y 6 comparte una valoración similar. Los tres ítems restantes que configuran la competencia metodológica, relativos a los métodos, estrategias y actividades, comparten también una valoración muy cercana.

5. Los resultados de la aplicación del modelo de componentes principales se presentan en la tabla 26, la tabla 27 y la figura 27. El *alfa* de Cronbach derivado del modelo alcanza el 0,990, mientras que el modelo explica un 95,42% de la varianza; ello quiere decir que el modelo ajusta de manera muy satisfactoria los datos correspondientes a esta competencia. La interpretación de las dos dimensiones del modelo parecen estar muy nítidas. La primera engloba toda la información relativa a la puesta en práctica de la competencia metodoló-

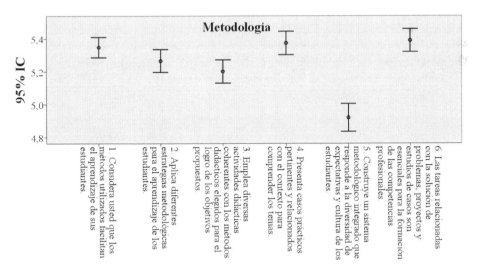

Figura 26. Intervalos de confianza del 95% de la puntuación media de las subcomponentes de la competencia de metodología.

Tabla 26. Modelo de componentes principales bidimensional para la competencia metodología.

DIMENSIÓN	ALFA DE CRONBACH	VARIANZA EXPLICADA	
		TOTAL (AUTOVALORES)	% DE LA VARIANZA
1	0,947	4,736	78,933
2	-0,014	0,989	16,485
Total	**0,990**[a]	**5,725**	**95,419**

[a] El Alfa de Cronbach Total está basado en los autovalores totales.

gica: métodos (ítem 1), estrategias (ítem 2), actividades (ítem 3), casos prácticos (ítem 4) y tareas (ítem 6). El modelo confirma que la distribución de las respuestas a todos estos ítems es muy similar. Por su parte la componente 2 configura la perspectiva teórica de la metodología, como corresponde al significado el ítem 5 que indaga sobre

Tabla 27. Saturaciones en las componentes principales del modelo de los ítems de metodología.

SATURACIONES EN COMPONENTES	DIMENSIÓN	
	1	2
1. Considera usted que los métodos utilizados facilitan el aprendizaje de sus estudiantes.	0,994	–0,051
2. Aplica diferentes estrategias metodológicas para el aprendizaje de los estudiantes.	0,993	–0,046
3. Emplea diversas actividades didácticas coherentes con los métodos didácticos elegidos para el logro de los objetivos propuestos.	0,993	–0,044
4. Presenta casos prácticos pertinentes y relacionados con el contexto para comprender los temas.	0,992	–0,052
5. Construye un sistema metodológico integrado que responde a la diversidad de expectativas y cultura de los estudiantes.	0,145	0,988
6. Las tareas relacionadas con la solución de problemas, proyectos y estudios de casos son esenciales para la formación de las competencias profesionales.	0,878	0,054

Normalización principal por variable.

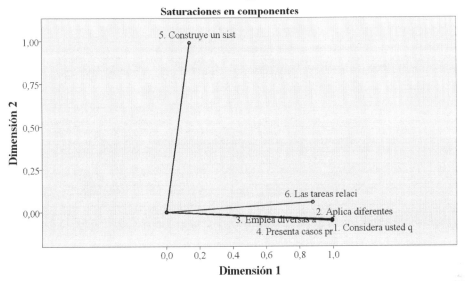

Figura 27. Representación gráfica de la saturación en componentes principales de los ítems de metodología.

la construcción de un sistema metodológico, resultando que este ítem es quien carga la componente.

3.1.5. *Integración de medios y TIC*

Los resultados que se refieren a la competencia de integración de medios son los siguientes:

1. El coeficiente de fiabilidad *alfa* de Cronbach vale 0,861, que puede considerarse satisfactorio.

2. La figura 28 muestra el diagrama de barras de las respuestas. Las valoraciones más frecuentes son, como es habitual 5 y 6. Se observa, sin embargo, valores apreciables de niveles medios en el ítem 1, relativo a la frecuencia de incorporación de las TIC al proceso de aprendizaje, y en el ítem 4, relativo a la frecuencia de diseño del material

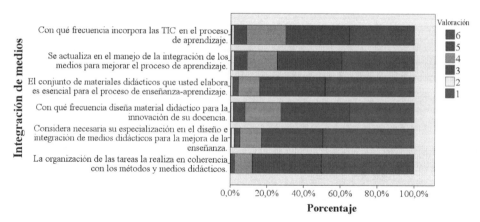

Figura 28. Diagrama de barras de las subcomponentes de la competencia de integración de medios y TIC.

didáctico. Entendemos que ello puede ser debido o bien, simplemente, a que dichas actualización se producen con menor frecuencia o bien a que no todos los profesores se ocupan directamente de la competencia relativa a la integración de medios, por estar condicionada por exigencias externas, institucionales u otras.

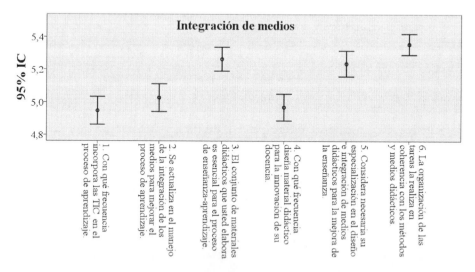

Figura 29. Intervalos de confianza del 95% de la puntuación media de las subcomponentes de la competencia de integración de medios y TIC.

Tabla 28. Estadísticos de las subcomponentes de la competencia de integración de medios y TIC.

INTEGRACIÓN DE MEDIOS Y TIC	Media	Mediana	Moda	Desviación típica
1. Con qué frecuencia incorpora las TIC en el proceso de aprendizaje.	4,94	5	6	1,0
2. Se actualiza en el manejo de la integración de los medios para mejorar el proceso de aprendizaje.	5,03	5	6	1,0
3. El conjunto de materiales didácticos que usted elabora es esencial para el proceso de enseñanza-aprendizaje.	5,27	5	6	0,9
4. Con qué frecuencia diseña material didáctico para la innovación de su docencia.	4,97	5	5	1,0
5. Considera necesaria su especialización en el diseño e integración de medios didácticos para la mejora de la enseñanza.	5,25	5	6	1,0
6. La organización de las tareas la realiza en coherencia con los métodos y medios didácticos.	5.35	6	6	0,8

3. Los estadísticos más representativos se encuentran en la tabla 28. La moda vale 6 en todos los casos y la mediana vale 5. Las puntuaciones media van desde 4,97 a 5,35.

4. Los intervalos de confianza para la media se muestran en la figura 29. Se observa que los ítems que indagan sobre la frecuencia de incorporación de las TIC, la actualización en la integración de medios o la frecuencia de diseño del material didáctico tienen un nivel medio sensiblemente inferior a los otros aspectos de la competencia, como el carácter esencial del material, las necesidad de especialización en el diseño de materiales o la coherencia entre la organización de las tareas y los métodos y medios didácticos.

5. Los resultados de la aplicación del modelo de componentes principales se presentan en la tabla 29, la tabla 30 y la figura 30. El coefi-

Tabla 29. Modelo de componentes principales bidimensional para la competencia integración de medios y TIC.

DIMENSIÓN	ALFA DE CRONBACH	VARIANZA EXPLICADA	
		TOTAL (AUTOVALORES)	% DE LA VARIANZA
1	0,854	3,472	57,861
2	0,352	1,415	23,588
Total	**0,954ª**	**4,887**	**81,449**

ª El Alfa de Cronbach Total está basado en los autovalores totales.

ciente de fiabilidad *alfa* de Cronbach aumenta al 0,954 y la varianza explicada por el modelo es del orden del 81,45%. Podemos entender que la primera dimensión del modelo hace referencia a la información contenida en la encuesta sobre la opinión de los docentes acerca de la preparación y renovación de los medios, incluidas las TIC,

Tabla 30. Saturaciones en las componentes principales del modelo de los ítems de integración de medios y TIC.

SATURACIONES EN COMPONENTES	DIMENSIÓN	
	1	2
1. Con qué frecuencia incorpora las TIC en el proceso de aprendizaje.	0,633	-0,510
2. Se actualiza en el manejo de la integración de los medios para mejorar el proceso de aprendizaje.	0,746	-0,404
3. El conjunto de materiales didácticos que usted elabora es esencial para el proceso de enseñanza-aprendizaje.	0,834	-0,377
4. Con qué frecuencia diseña material didáctico para la innovación de su docencia.	0,931	0,293
5. Considera necesaria su especialización en el diseño e integración de medios didácticos para la mejora de la enseñanza.	0,841	0,313
6. La organización de las tareas la realiza en coherencia con los métodos y medios didácticos.	0,493	0,816

Normalización principal por variable.

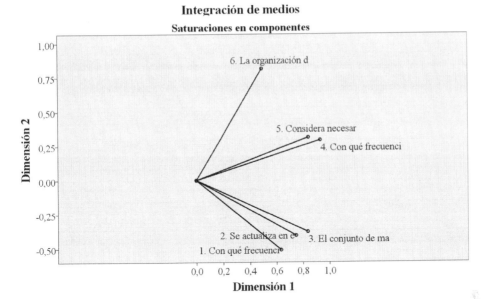

Figura 30. Representación gráfica de la saturación en componentes principales de los ítems de integración de medios y TIC.

mientras que en la segunda dimensión se encajaría la información sobre cómo dichos medios son apropiados para llevar a cabo su misión en el proceso de enseñanza-aprendizaje.

3.1.6. *Tutoría*

Los resultados que se refieren a la competencia de tutoría son los siguientes:

1. El coeficiente de fiabilidad *alfa* de Cronbach vale 0,813 que puede considerarse satisfactorio.

2. La figura 31 muestra el diagrama de barras de las respuestas. Esta competencia también comparte con el resto la mayor frecuencia de las valoraciones 5 y 6 en todos los ítems. Sin embargo, se destaca el ítem 5 que indaga acerca del tiempo dedicado a la función tutorial para el cual las respuestas de los niveles medios y bajos son aprecia-

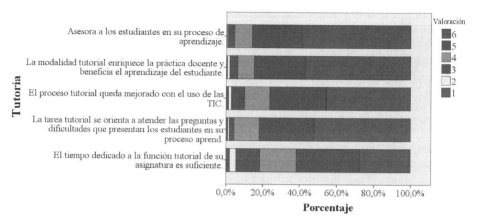

Figura 31. Diagrama de barras de las subcomponentes de la competencia de tutoría.

bles. Sin duda, para un número relevante de docentes, el tiempo dedicado a la asistencia tutorial de los estudiantes es menor de lo que les gustaría.

3. Los estadísticos más representativos se encuentran en la tabla 31. En este caso la moda de la valoración que merece el tiempo dedicado a la función tutorial es 5, mientras que en los demás ítems de la competencia vale 6. La mediana toma valores iguales a 6, excepto de nuevo en el ítem 5 y en ítem 3 que indaga sobre si el uso de las TIC mejora el proceso tutorial. Estos dos ítems tienen también menor valoración media. En el caso del ítem 5, la media baja al nivel 4,64, mientras que la valoración media que supone a los encuestados la incorporación de las TIC al proceso tutorial es de 5,08, valor que entendemos podemos calificar de bajo, en comparación con el resto de resultados de la encuesta.

4. Los intervalos de confianza para la media se muestran en la figura 32. Las impresiones que se deducen de la lectura de los parámetros estadísticos, se confirman al examinar la figura 32. En efecto, la valoración media del tiempo de tutoría es sensiblemente inferior al resto, calificativo que puede extenderse a la valoración media sobre la incorporación de las TIC.

5. Los resultados de la aplicación del modelo de componentes principales se presentan en la tabla 32, la tabla 33 y la figura 33. El mode-

Tabla 31. Estadísticos de las subcomponentes de la competencia de tutoría.

TUTORÍA	Media	Mediana	Moda	Desviación típica
1. Asesora a los estudiantes en su proceso de aprendizaje.	5,39	6	6	0,9
2. La modalidad tutorial enriquece la práctica docente y beneficia el aprendizaje del estudiante.	5,33	6	6	1,0
3. El proceso tutorial queda mejorado con el uso de las TIC.	5,08	5	6	1,1
4. La tarea tutorial se orienta a atender las preguntas y dificultades que presentan los estudiantes en su proceso de aprendizaje.	5,27	6	6	1,0
5. El tiempo dedicado a la función tutorial de su asignatura es suficiente.	4,64	5	5	1,2

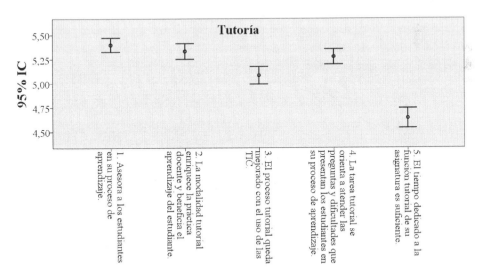

Figura 32. Intervalos de confianza del 95% de la puntuación media de las sub-componentes de la competencia de tutoría.

Tabla 32. Modelo de componentes principales bidimensional para la competencia tutoría.

DIMENSIÓN	ALFA DE CRONBACH	VARIANZA EXPLICADA	
		TOTAL (AUTOVALORES)	% DE LA VARIANZA
1	0,711	2,317	46,340
2	0,404	1,480	29,596
Total	**0,921[a]**	**3,797**	**75,937**

[a] El Alfa de Cronbach Total está basado en los autovalores totales.

lo aumenta el coeficiente de fiabilidad *alfa* de Cronbach a 0,921 y explica un 75,94% de la varianza de los datos. Por medio de su segunda componente, la dimensión vertical, el modelo parece dar cuenta del dilema con que se enfrentan los profesores a la hora de contemplar su función tutorial. Desde el punto de vista de lo deseable, está convencido del papel que desempeña la tutoría para facilitar el aprendizaje del estudiante y enriquecer la práctica docente, como refleja el intervalo positivo del eje vertical, en el que están cargados los ítems 1 y 2. No obstante, este deseo se enfrenta con la escasez de tiempo dedicado a la función tutorial y al mismo tiempo dicha fun-

Tabla 33. Saturaciones en las componentes principales del modelo de los ítems de tutoría.

SATURACIONES EN COMPONENTES	DIMENSIÓN	
	1	2
1. Asesora a los estudiantes en su proceso de aprendizaje.	0,761	0,567
2. La modalidad tutorial enriquece la práctica docente y beneficia el aprendizaje del estudiante.	0,728	0,595
3. El proceso tutorial queda mejorado con el uso de las TIC.	0,783	−0,260
4. La tarea tutorial se orienta a atender las preguntas y dificultades que presentan los estudiantes en su proceso de aprendizaje.	0,587	−0,614
5. El tiempo dedicado a la función tutorial de su asignatura es suficiente.	0,501	−0,601

Normalización principal por variable.

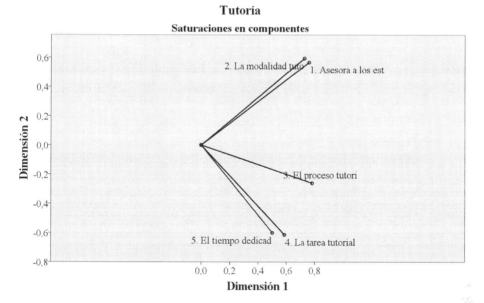

Figura 33. Representación gráfica de la saturación en componentes principales de los ítems de tutoría.

ción se limita a atender preguntas y dificultades, ítems 4 y 5, como si se ambicionase poder aprovechar mejor el distinto escenario docente que representan las sesiones de tutoría. En esta interpretación, es de destacar que el uso de las TIC en el proceso tutorial, ítem 3, está cargado de dimensión negativa. Esta idea puede ponerse en relación con la relativamente baja valoración que obtiene este ítem en la encuesta, como se ha visto en los párrafos anteriores. Por otra parte la dimensión horizontal del modelo no admite una clara interpretación pues todos los ítems tienen carga apreciable en ella.

3.1.7. *Evaluación*

Los resultados que se refieren a la competencia de evaluación son los siguientes:

1. El coeficiente de fiabilidad *alfa* de Cronbach vale 0,843 que puede considerarse satisfactorio.

2. La figura 34 muestra el diagrama de barras de las respuestas. Las respuestas sobre los ítems de esta competencia son por amplia mayoría 5 y 6, lo que significa la importancia que conceden los encuestados a todos los aspectos relativos a la evaluación de los estudiantes, principalmente, los instrumentos, secuenciación de tareas, y decisiones de mejora a partir de los resultados. No obstante, puede señalarse que son apreciables las respuestas medias y bajas en la cuestión relativa a la posibilidad de una oferta alternativa de evaluación a los estudiantes, ítem 3, y, en menor medida, en el caso del análisis de los resultados en conjunción con los estudiantes, ítem 4.

3. Los estadísticos más representativos se encuentran en la tabla 34. La moda vale 6 en todos los casos, lo mismo que la mediana, salvo que ésta última se queda en el 5 precisamente en la cuestión referente a las alternativas de evaluación, ítem 3. La puntuaciones medias van desde un mínimo de 4,90 para el mencionado ítem 3 hasta un 5,50, valoración que alcanza la cuestión sobre el carácter equitativo y formativo de la evaluación que realizan los profesores.

4. Los intervalos de confianza para la media se muestran en la figura 35. En este gráfico se confirma el hecho, ya señalado, de las menores oportunidades de que los estudiantes puedan acceder a una evaluación alternativa, así como la posibilidad de que los resultados de la evaluación sean analizados de manera conjunta con el profesor.

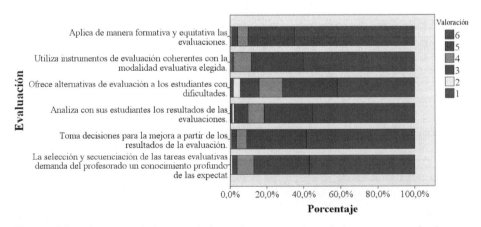

Figura 34. Diagrama de barras de las subcomponentes de la competencia de evaluación.

Tabla 34. Estadísticos de las subcomponentes de la competencia de evaluación.

EVALUACIÓN	Media	Mediana	Moda	Desviación típica
1. Aplica de manera formativa y equitativa las evaluaciones.	5,50	6	6	0,82
2. Utiliza instrumentos de evaluación coherentes con la modalidad evaluativa elegida.	5,46	6	6	0,78
3. Ofrece alternativas de evaluación a los estudiantes con dificultades.	4,90	5	6	1,25
4. Analiza con sus estudiantes los resultados de las evaluaciones.	5,24	6	6	1,08
5. Toma decisiones para la mejora a partir de los resultados de la evaluación.	5,45	6	6	0,78
6. La selección y secuenciación de las tareas evaluativas demanda del profesorado un conocimiento profundo de las expectativas y exigencias de los estudiantes y de la asignatura.	5,39	6	6	0,86

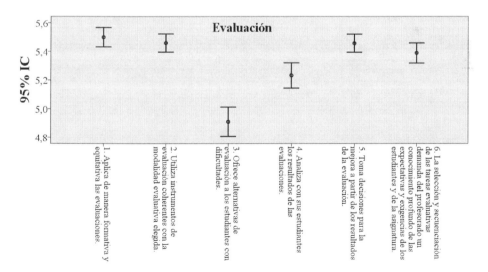

Figura 35. Intervalos de confianza del 95% de la puntuación media de las subcomponentes de la competencia de evaluación.

5. Los resultados de la aplicación del modelo de componentes principales se presentan en la tabla 35, la tabla 36 y la figura 36. El *alfa* de Cronbach proporcionado por el modelo es de 0,962, mientras que la varianza explicada alcanza el 83,90%. La interpretación que puede darse de las dos componentes del modelo indica que la información contenida en los datos relativos a esta competencia docente es de dos

Tabla 35. Modelo de componentes principales bidimensional para la competencia evaluación.

DIMENSIÓN	ALFA DE CRONBACH	VARIANZA EXPLICADA	
		TOTAL (AUTOVALORES)	% DE LA VARIANZA
1	0,809	3,068	51,127
2	0,590	1,966	32,774
Total	**0,962**[a]	**5,034**	**83,902**

[a] El Alfa de Cronbach Total está basado en los autovalores totales.

Tabla 36. Saturaciones en las componentes principales del modelo de los ítems de evaluación.

SATURACIONES EN COMPONENTES	DIMENSIÓN	
	1	2
1. Aplica de manera formativa y equitativa las evaluaciones.	0,986	−0,165
2. Utiliza instrumentos de evaluación coherentes con la modalidad evaluativa elegida.	0,986	−0,165
3. Ofrece alternativas de evaluación a los estudiantes con dificultades.	0,249	0,743
4. Analiza con sus estudiantes los resultados de las evaluaciones.	0,289	0,791
5. Toma decisiones para la mejora a partir de los resultados de la evaluación.	0,091	0,841
6. La selección y secuenciación de las tareas evaluativas demanda del profesorado un conocimiento profundo de las expectativas y exigencias de los estudiantes y de la asignatura.	0,986	−0,165

Normalización principal por variable.

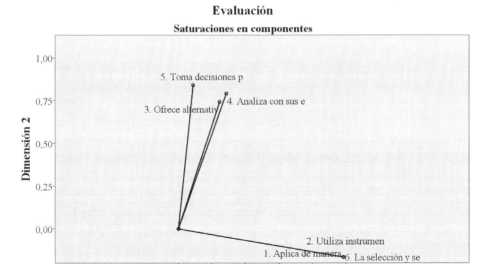

Figura 36. Representación gráfica de la saturación en componentes principales de los ítems de evaluación.

clases. Por un parte, tienen una opinión coherente sobre los aspectos que dependen de sí mismo a la hora de evaluar a los estudiantes, materializada en las respuestas del ítem 6, tareas, el ítem 2, instrumentos y modalidades y el ítem 1, tipo de evaluación; la componente primera del modelo recoge esta información. Por otra parte, aquellos aspectos de la evaluación en los cuales los estudiantes tienen un papel más activo, configuran la otra componente del modelo: el ítem 2, sobre evaluación de estudiantes con dificultades, el ítem 3, sobre el análisis con los estudiantes de los resultados e incluso el ítem 4, sobre la toma de decisiones a tenor de los resultados obtenidos en la evaluación.

3.1.8. *Investigación*

Los resultados que se refieren a la competencia de investigación son los siguientes:

1. El coeficiente de fiabilidad *alfa* de Cronbach, vale 0,856 que puede considerarse satisfactorio.

2. La figura 37 muestra el diagrama de barras de las respuestas. Del examen de la figura se deducen particulares diferencias con las demás competencias. Sin dejar de ser mayoritarias las respuestas 5 y 6, podemos señalar algunos aspectos novedosos. En el ítem 1, en que se indaga sobre la posible participación del encuestado en un grupo de investigación educativa, se observan numerosas respuestas en el rango medio y bajo de la tabla, mostrando claramente, que parte del profesorado no desarrolla actividad investigadora alguna en el ámbito educativo. Otra peculiaridad se observa en el ítem 5, acerca de si el desarrollo de la actividad investigadora ha supuesto algún beneficio para la cultura de innovación del profesorado e incluso la institución. De nuevo encontramos numerosas respuestas en los tramos medio y bajo de respuestas, indicador de que la opinión del profesorado sobre dicha influencia es más bien negativa.

3. Los estadísticos más representativos se encuentran en la tabla 37. Los parámetros alcanzan el valor 6 para la moda y el valor 5 para la mediana en todos los casos, salvo en el mencionado ítem 1 sobre la participación en grupos de investigación educativa, para el cual la moda es 5 y la mediana 4. Las medias de los ítems de esa competencia son relativamente bajos al compararlos con las demás competencias de la encuesta. El valor mínimo se obtiene, precisamente, para el ítem 1, 4,12, mientras que el valor mayor corresponde al ítem 2, sobre la influencia positiva en la propia práctica educativa de la actividad investigadora, que alcanza el valor 5,07.

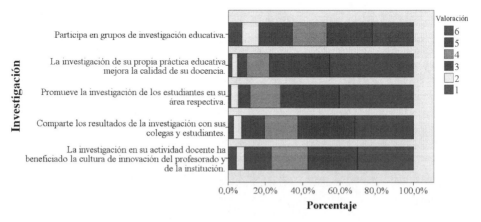

Figura 37. Diagrama de barras de las subcomponentes de la competencia de investigación.

Tabla 37. Estadísticos de las subcomponentes de la competencia de investigación.

INVESTIGACIÓN	Media	Mediana	Moda	Desviación típica
1. Participa en grupos de investigación educativa.	4,12	4	5	1,53
2. La investigación de su propia práctica educativa mejora la calidad de su docencia.	5,07	5	6	1,16
3. Promueve la investigación de los estudiantes en su área respectiva.	4,94	5	6	1,18
4. Comparte los resultados de la investigación con sus colegas y estudiantes.	4,65	5	6	1,31
5. La investigación en su actividad docente ha beneficiado la cultura de innovación del profesorado y de la institución.	4,51	5	6	1,39

4. Los intervalos de confianza para la media se muestran en la figura 38. Se observan apreciables diferencias entre las subcomponentes de la competencia, siendo más marcadas para el ítem 1, en el extremo inferior del rango y para el ítem 2 en el extremo superior. También es de destacar, como se ha señalado anteriormente, el bajo nivel que alcanza el ítem 5.

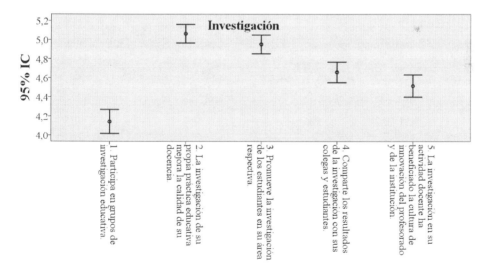

Figura 38. Intervalos de confianza del 95% de la puntuación media de las subcomponentes de la competencia de investigación.

Tabla 38. Modelo de componentes principales bidimensional para la competencia investigación.

DIMENSIÓN	ALFA DE CRONBACH	VARIANZA EXPLICADA	
		TOTAL (AUTOVALORES)	% DE LA VARIANZA
1	0,850	3,127	62,544
2	-0,460	0,732	14,630
Total	**0,926**[a]	**3,859**	**77,174**

[a] El Alfa de Cronbach Total está basado en los autovalores totales.

5. Los resultados de la aplicación del modelo de componentes principales se presentan en la tabla 38, la tabla 39 y la figura 39. Al *alfa* de Cronbach debido al modelo es de 0,926 y la varianza que explica el modelo es del 77,17%. La componente vertical del modelo parece indicar que la información contenida en esta competencia tiene dos sentidos. En la parte superior, encontramos los ítems de la competencia que hacen referencia al propio docente y a sus alumnos, ítems 2 y 3, mientras que en la parte inferior se encuentran aquellos ítems que hacen referencia a la actividad investigadora en relación con

Tabla 39. Saturaciones en las componentes principales del modelo de los ítems de investigación.

SATURACIONES EN COMPONENTES	DIMENSIÓN	
	1	2
1. Participa en grupos de investigación educativa.	0,786	–0,321
2. La investigación de su propia práctica educativa mejora la calidad de su docencia.	0,801	0,274
3. Promueve la investigación de los estudiantes en su área respectiva.	0,717	0,607
4. Comparte los resultados de la investigación con sus colegas y estudiantes.	0,858	–0,082
5. La investigación en su actividad docente ha beneficiado la cultura de innovación del profesorado y de la institución.	0,785	–0,423

Normalización principal por variable.

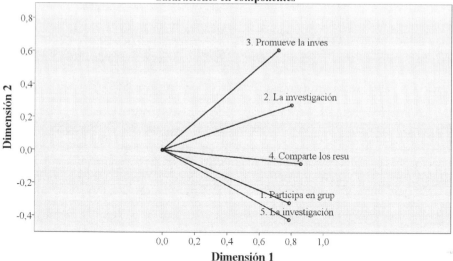

Investigación

Figura 39. Representación gráfica de la saturación en componentes principales de los ítems de investigación.

otros compañeros, ítems 1, 4 y 5. Parece desprenderse que las respuestas de estas tres cuestiones tienen una distribución diferente a las citadas anteriormente.

3.1.9. *Pertenencia institucional*

Los resultados que se refieren a la competencia pertenencia institucional de son los siguientes:

1. El coeficiente de fiabilidad *alfa* de Cronbach vale 0,857 que puede considerarse satisfactorio.

2. La figura 40 muestra el diagrama de barras de las respuestas. Las respuestas mayoritarias con, como de costumbre, el 5 y el 6. Si se quiere destacar alguna subcomponente por su menor valoración, cabe señalar los ítems 3 y 4, con un número apreciable de respuestas en el nivel medio del rango. Ambas cuestiones hacen referencia a la aportación de los docentes a la mejora de la imagen o desarrollo institucional; la cuestión 3 indaga acerca del nivel de aportación de iniciativas e ideas para la consolidación de la imagen institucional,

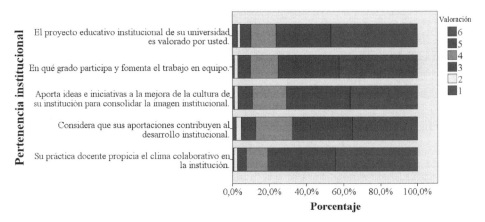

Figura 40. Diagrama de barras de las subcomponentes de la competencia de pertenencia institucional.

mientras que la 4 se refiera a la impresión sobre el nivel de acogida que ofrece la institución sobre las eventuales aportaciones. Las respuestas ponen de manifiesto que un número apreciable de docentes tienen una opinión pobre sobre este tema.

3. Los estadísticos más representativos se encuentran en la tabla 40. La moda es 6 en todos los casos, mientras que la mediana es 5. Los valores medios oscilan desde el 4,84, para el ítem 4 hasta el 5,15 para

Tabla 40. Estadísticos de las subcomponentes de la competencia de pertenencia institucional.

PERTENENCIA INSTITUCIONAL	Media	Mediana	Moda	Desviación típica
1. El proyecto educativo institucional de su universidad es valorado por usted.	5,06	5	6	1,19
2. En qué grado participa y fomenta el trabajo en equipo.	5,04	5	6	1,09
3. Aporta ideas e iniciativas a la mejora de la cultura de su institución para consolidar la imagen institucional.	4,92	5	6	1,10
4. Considera que sus aportaciones contribuyen al desarrollo institucional.	4,84	5	6	1,19
5. Su práctica docente propicia el clima colaborativo en la institución.	5,15	5	6	1,01

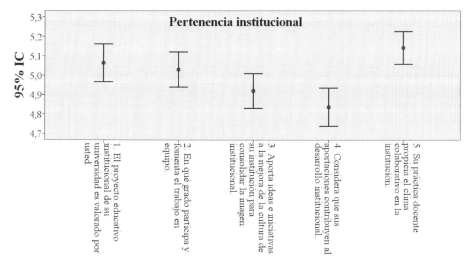

Figura 41. Intervalos de confianza del 95% de la puntuación media de las sub-componentes de la competencia de pertenencia institucional.

el ítem 5, valorando especialmente la contribución de los docentes a la creación de un clima colaborativo en la institución.

4. Los intervalos de confianza para la media se muestran en la figura 41. Se observa cierta semejanza en dichos intervalos, presentando un mayor nivel de dispersión que el mostrado en otras competencias de la encuesta. Como ya se ha indicado, en el extremo inferior se destacan el ítem 5 y en el superior el ítem 6.

5. Los resultados de la aplicación del modelo de componentes principales se presentan en la tabla 41, la tabla 42 y la figura 42. El *alfa* de

Tabla 41. Modelo de componentes principales bidimensional para la competencia pertenencia institucional.

DIMENSIÓN	ALFA DE CRONBACH	VARIANZA EXPLICADA	
		TOTAL (AUTOVALORES)	% DE LA VARIANZA
1	0,858	3,188	63,755
2	-0,382	0,766	15,329
Total	**0,934**[a]	**3,954**	**79,084**

[a] El Alfa de Cronbach Total está basado en los autovalores totales.

Tabla 42. Saturaciones en las componentes principales del modelo de los ítems de pertenencia institucional.

SATURACIONES EN COMPONENTES	DIMENSIÓN	
	1	2
1. El proyecto educativo institucional de su universidad es valorado por usted.	0,673	–0,631
2. En qué grado participa y fomenta el trabajo en equipo.	0,807	–0,241
3. Aporta ideas e iniciativas a la mejora de la cultura de su institución para consolidar la imagen institucional.	0,827	0,307
4. Considera que sus aportaciones contribuyen al desarrollo institucional.	0,790	0,465
5. Su práctica docente propicia el clima colaborativo en la institución.	0,880	–0,002

Normalización principal por variable.

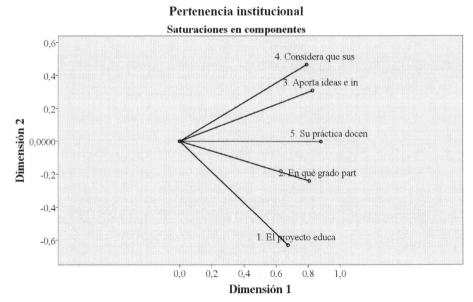

Figura 42. Representación gráfica de la saturación en componentes principales de los ítems de pertenencia institucional.

Cronbach proporcionado por el modelo ha aumentado hasta 0,934, mientras que la varianza explicada es del 79,08%. La componente horizontal del modelo no parece tener una interpretación sencilla, pues todos los ítems tienen carga significativa en dicha componente. Por su parte, la segunda componente parece significar una escala en la cual los encuestados plasman su opinión acerca de cómo se ubican dentro de la institución a la cual pertenecen. En un lado del eje se encuentran los ítems 3 y 4 que dan cuenta de las aportaciones del docente al proyecto institucional; en el otro lado del eje, ítems 1, 2 y 5, se refleja la visión del docente sobre el proyecto institucional y su implicación con el mismo.

3.1.10. *Innovación*

Los resultados que se refieren a la competencia de innovación son los siguientes:

1. El coeficiente de fiabilidad *alfa* de Cronbach vale 0,894, puede considerarse satisfactorio.

2. La figura 43 muestra el diagrama de barras de las respuestas. La distribución de es muy similar a la de las demás competencias. Quizás, cabe llamar la atención por la importante valoración que se hace de la innovación para la formación docente, como apunta el ítem 1.

3. Los estadísticos más representativos se encuentran en la tabla 43. Lo moda es 6 en todos los casos, mientras que la mediana alcanza este mismo valor 6 en los ítems 1 y 5, siendo igual a 5 en el resto. Las medias son todas superiores a 5, alcanzando el nivel máximo para el ítem 1, que como se ha señalado anteriormente se refiere al papel de la competencia de innovación en la formación docente.

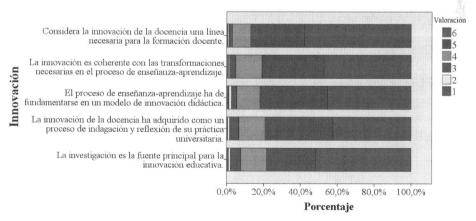

Figura 43. Diagrama de barras de las subcomponentes de la competencia de innovación.

Tabla 43. Estadísticos de las subcomponentes de la competencia de innovación.

INNOVACIÓN	Media	Mediana	Moda	Desviación típica
1. Considera la innovación de la docencia una línea necesaria para la formación docente.	5,40	6	6	0,87
2. La innovación es coherente con las transformaciones necesarias en el proceso de enseñanza-aprendizaje.	5,21	5	6	0,95
3. El proceso de enseñanza-aprendizaje ha de fundamentarse en un modelo de innovación didáctica.	5,18	5	6	0,99
4. La innovación de la docencia ha adquirido como un proceso de indagación y reflexión de su práctica universitaria.	5,13	5	6	0,97
5. La investigación es la fuente principal para la innovación educativa.	5,19	6	6	1,05

4. Los intervalos de confianza para la media se muestran en la figura 44. Se aprecia una gran similitud en todos los subcomponentes de la encuesta, exceptuando de nuevo el caso del ítem 1, con la confirmación del importante papel que desempeña la innovación en la docencia.

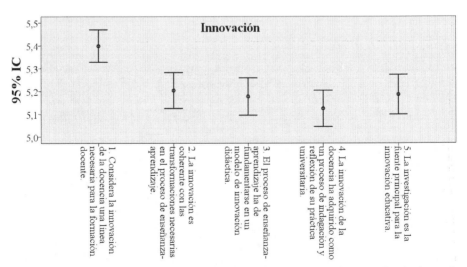

Figura 44. Intervalos de confianza del 95% de la puntuación media de las subcomponentes de la competencia de innovación.

5. Los resultados de la aplicación del modelo de componentes principales se presentan en la tabla 44, la tabla 45 y la figura 45. El modelo proporciona un aumento del *alfa* de Cronbach que alcanza el valor 0,969. A su vez, el modelo explica un 88,88% de la varianza de los datos. Entendemos que la interpretación de las componentes del modelo no es otra que la siguiente: la primera dimensión recoge la opinión que gira alrededor de la idea acerca del importante papel que tiene la competencia de innovación en la actividad docente. Los ítems 1 al 5, describen diversos matices de esta idea y tienen todos

Tabla 44. Modelo de componentes principales bidimensional para la competencia innovación.

DIMENSIÓN	ALFA DE CRONBACH	VARIANZA EXPLICADA	
		TOTAL (AUTOVALORES)	% DE LA VARIANZA
1	0,894	3,506	70,120
2	-0,083	0,938	18,758
Total	**0,969**[a]	**4,444**	**88,878**

[a] El Alfa de Cronbach Total está basado en los autovalores totales.

Tabla 45. Saturaciones en las componentes principales del modelo de los ítems de innovación.

SATURACIONES EN COMPONENTES	DIMENSIÓN	
	1	2
1. Considera la innovación de la docencia una línea necesaria para la formación docente.	0,953	–0,087
2. La innovación es coherente con las transformaciones necesarias en el proceso de enseñanza-aprendizaje.	0,946	–0,125
3. El proceso de enseñanza-aprendizaje ha de fundamentarse en un modelo de innovación didáctica.	0,883	–0,076
4. La innovación de la docencia ha adquirido como un proceso de indagación y reflexión de su práctica universitaria.	0,912	–0,022
5. La investigación es la fuente principal para la innovación educativa.	0,301	0,953

Normalización principal por variable.

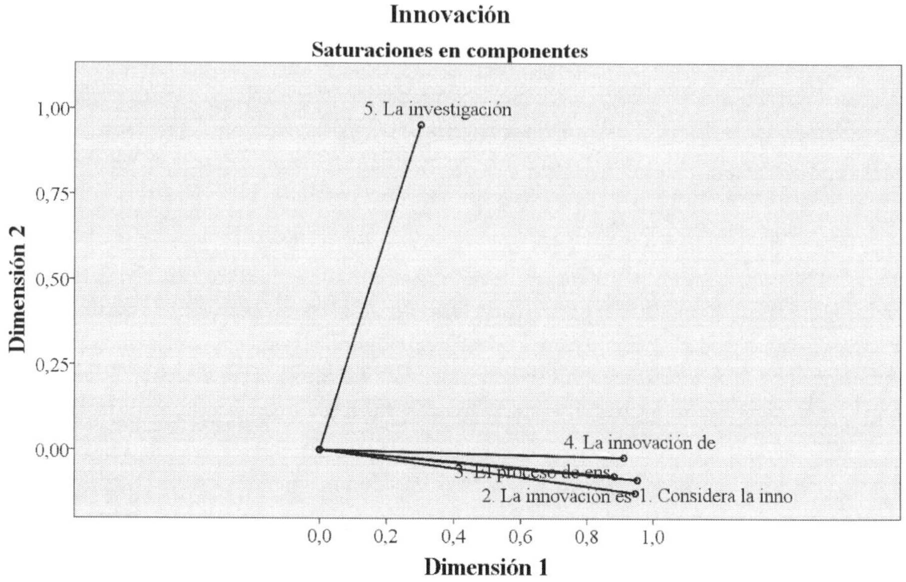

Figura 45. Representación gráfica de la saturación en componentes principales de los ítems de innovación.

ellos una fuerte incidencia positiva en esta componente. Por su parte, la segunda componente pone manifiesto la forzosa interrelación que existe entre la innovación y la investigación, como se desprende de la fuerte carga que tiene en esta dimensión el ítem 5.

3.1.11. *Intercultural*

Los resultados que se refieren a la competencia de interculturalidad son los siguientes:

1. El coeficiente de fiabilidad *alfa* de Cronbach vale 0,915 que puede considerarse satisfactorio.

2. La figura 46 muestra el diagrama de barras de las respuestas. La competencia intercultural también merece a los encuestados un amplio respaldo de respuestas de la parte superior del rango, 5 y 6. El perfil de respuestas de esta competencia es bastante similar en todos sus subcomponentes.

3. Los estadísticos más representativos se encuentran en la tabla 46. La moda es siempre 6 y la mediana alcanza también este valor para el

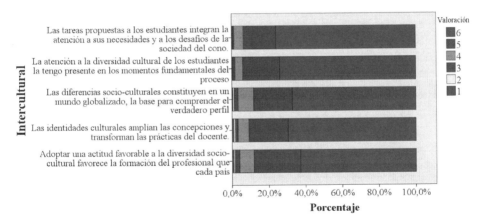

Figura 46. Diagrama de barras de las subcomponentes de la competencia de intercultural.

Tabla 46. Estadísticos de las subcomponentes de la competencia de intercultural.

INTERCULTURAL	Media	Mediana	Moda	Desviación típica
1. Las tareas propuestas a los estudiantes integran la atención a sus necesidades y a los desafíos de la sociedad del conocimiento.	5,05	5	5	1,00
2. La atención a la diversidad cultural de los estudiantes la tengo presente en los momentos fundamentales del proceso de la enseñanza -aprendizaje.	4,90	5	6	1,22
3. Las diferencias socio-culturales constituyen en un mundo globalizado, la base para comprender el verdadero perfil del estudiante del siglo XXI.	4,94	5	6	1,20
4. Las identidades culturales amplían las concepciones y transforman las prácticas del docente.	4,96	5	6	1,16
5. Adoptar una actitud favorable a la diversidad socio-cultural favorece la formación del profesional que cada país necesita.	5,25	6	6	1,01

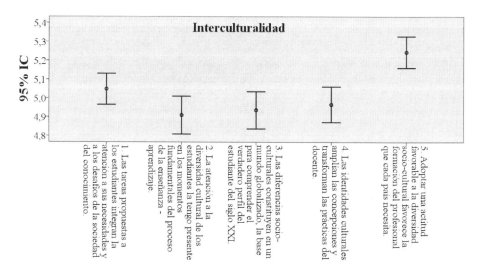

Figura 47. Intervalos de confianza del 95% de la puntuación media de las sub-componentes de la competencia de interculturalidad.

ítem 5. En el resto de los casos, la mediana vale 5. Los valores medios son todos bastantes similares, oscilando entre un 4,90 y un 5,25.

4. Los intervalos de confianza para la media se muestran en la figura 47. En el gráfico se destaca el nivel de valoración del ítem 5 que hace referencia a la importancia de adoptar una actitud favorable hacia la diversidad para favorecer la formación del profesional docente. El resto de los ítems tienen una valoración similar.

5. Los resultados de la aplicación del modelo de componentes principales se presentan en la tabla 47, tabla 48 y figura 48. El *alfa* de

Tabla 47. Modelo de componentes principales bidimensional para la competencia intercultural.

DIMENSIÓN	ALFA DE CRONBACH	VARIANZA EXPLICADA	
		TOTAL (AUTOVALORES)	% DE LA VARIANZA
1	0,910	3,677	73,531
2	−0,850	0,595	11,908
Total	**0,957**[a]	**4,272**	**85,439**

[a] El Alfa de Cronbach Total está basado en los autovalores totales.

Tabla 48. Saturaciones en las componentes principales del modelo de los ítems de intercultural.

SATURACIONES EN COMPONENTES	DIMENSIÓN	
	1	2
1. Las tareas propuestas a los estudiantes integran la atención a sus necesidades y a los desafíos de la sociedad del conocimiento.	0,735	0,637
2. La atención a la diversidad cultural de los estudiantes la tengo presente en los momentos fundamentales del proceso de la enseñanza-aprendizaje.	0,894	0,127
3. Las diferencias socio-culturales constituyen en un mundo globalizado, la base para comprender el verdadero perfil del estudiante del siglo XXI.	0,914	–0,156
4. Las identidades culturales amplían las concepciones y transforman las prácticas del docente.	0,916	–0,171
5. Adoptar una actitud favorable a la diversidad socio-cultural favorece la formación del profesional que cada país necesita.	0,814	–0,346

Normalización principal por variable.

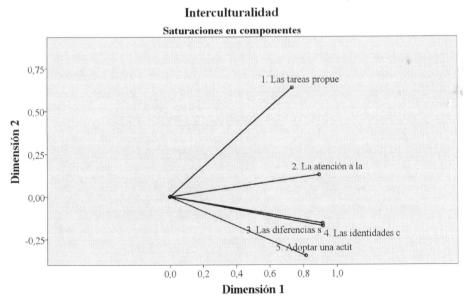

Figura 48. Representación gráfica de la saturación en componentes principales de los ítems de intercultural.

Cronbach proporcionado por el modelo es de 0,957, mientras que la varianza que explica alcanza el 85,44%. La interpretación de las componentes del modelo no resulta sencilla. Por una parte, todos los ítems tienen carga en la primera dimensión, por lo que no es útil para hacer distinción entre los ítems. En la segunda componente tienen carga positiva el ítem 1 y 2, que parecen recoger algunas opiniones generales sobre la presencia de factores interculturales en el aula. Por su parte, los ítems 3, 4 y 5, con carga negativa en la segunda componente, se refieren a cuestiones relativas a la multiculturalidad que van más allá del recinto docente.

3.1.12. *Identidad profesional*

Los resultados que se refieren a la competencia de identidad profesional son los siguientes:

1. El coeficiente de fiabilidad *alfa* de Cronbach vale 0,858 que puede considerarse satisfactorio.

2. La figura 49 muestra el diagrama de barras de las respuestas. La competencia de identidad profesional muestra un perfil que puede calificarse de mayor valoración y consenso sobre el elevado nivel de valoración que alcanzan todas sus subcomponentes. En este caso, no

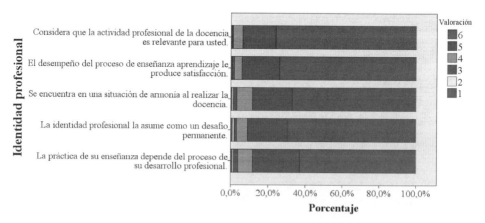

Figura 49. Diagrama de barras de las subcomponentes de la competencia de identidad profesional.

sólo se aprecia la presencia mayoritaria de las respuestas 5 y 6, sino que son prácticamente irrelevantes, las respuestas obtenidas en el extremo inferior del rango, valores 1 y 2.

3. Los estadísticos más representativos se encuentran en la tabla 49. Hay que destacar en este caso los elevados niveles que se alcanzan en todos los promedios. La moda y la mediana son 6 en todos los casos, mientras que la media oscila desde el valor 5,45 al valor 5,67, sin duda los valores más elevados de toda la encuesta. En particular, cabe señalar al alta consideración que tienen los encuestados de su actividad profesional, como se deduce de la valoración del ítem 1. No puede dejar de observarse también, la menor dispersión que muestran las respuestas, con un rango para la desviación típica de 0,69 para el ítem 1 hasta el 0,90 para el ítem 5.

4. Los intervalos de confianza para la media se muestran en la figura 50. Las consideraciones anteriores se pueden también deducir del examen de esta figura, presentando todos los intervalos un aspecto similar.

Tabla 49. Estadísticos de las subcomponentes de la competencia de identidad profesional.

IDENTIDAD PROFESIONAL	Media	Mediana	Moda	Desviación típica
1. Considera que la actividad profesional de la docencia es relevante para usted.	5,67	6	6	0,69
2. El desempeño del proceso de enseñanza aprendizaje le produce satisfacción.	5,65	6	6	0,71
3. Se encuentra en una situación de armonía al realizar la docencia.	5,51	6	6	0,85
4. La identidad profesional la asume como un desafío permanente.	5,55	6	6	0,85
5. La práctica de su enseñanza depende del proceso de su desarrollo profesional.	5,45	6	6	0,90

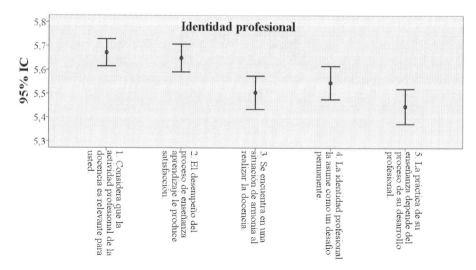

Figura 50. Intervalos de confianza del 95% de la puntuación media de las sub-componentes de la competencia de identidad profesional.

5. Los resultados de la aplicación del modelo de componentes principales se presentan en la tabla 50, la tabla 51 y la figura 51. El modelo aumenta el *alfa* de Cronbach a 0,938 y explica un 80,15% de la varianza. De nuevo la componente horizontal del modelo no parece tener una clara interpretación, derivado de la carga que presentan todos los ítems. En cambio, entendemos que la dimensión vertical, por un lado materializa las opiniones relativas a lo que podemos

Tabla 50. Modelo de componentes principales bidimensional para la competencia identidad profesional.

DIMENSIÓN	ALFA DE CRONBACH	VARIANZA EXPLICADA	
		TOTAL (AUTOVALORES)	% DE LA VARIANZA
1	0,871	3,299	65,988
2	-0,515	0,708	14,157
Total	**0,938**[a]	**4,007**	**80,145**

[a] El Alfa de Cronbach Total está basado en los autovalores totales.

Tabla 51. Saturaciones en las componentes principales del modelo de los ítems de identidad profesional.

SATURACIONES EN COMPONENTES	DIMENSIÓN	
	1	2
1. Considera que la actividad profesional de la docencia es relevante para usted.	0,810	–0,411
2. El desempeño del proceso de enseñanza aprendizaje le produce satisfacción.	0,856	–0,335
3. Se encuentra en una situación de armonía al realizar la docencia.	0,858	–0,064
4. La identidad profesional la asume como un desafío permanente.	0,803	0,337
5. La práctica de su enseñanza depende del proceso de su desarrollo profesional.	0,728	0,556

Normalización principal por variable.

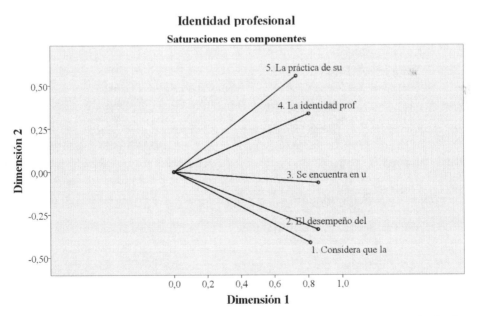

Figura 51. Representación gráfica de la saturación en componentes principales de los ítems de identidad profesional.

llamar parte estática de la identidad profesional, ítems 1, 2 y 3, es decir, cómo se siente el yo docente aquí y ahora, y por otra parte, pone de manifiesto la parte dinámica, o de futuro, del yo profesional, ítems 4 y 5, es decir cómo se siente el yo docente inmerso en una carrera profesional que le exige un desafío permanente.

3.1.13. *Valoración de las competencias docentes*

Presentamos en este apartado los resultados obtenidos en la encuesta en la sección destinada a conocer la valoración que hace el profesorado acerca de la importancia de cada competencia para conformar unas buenas prácticas docentes, que faciliten que los estudiantes adquieran y desarrollen las competencias previstas por sus estudios de grado y posgrado.

La presentación de los resultados incluye dos partes:

1. Descripción de la valoración individual de cada competencia.

2. Análisis de la valoración conjunta de todas las competencias incluidas en el estudio.

3.1.14. *Valoración individual de las competencias docentes*

El diagrama de barras que representa las respuestas obtenidas en la valoración de cada una de las competencias docentes se encuentra en la figura 52. Como puede apreciarse la mayoría de las respuestas se agrupan en el tramo alto de la tabla, es decir, los valores 5 y 6. De nuevo constatamos la evidencia de que todas las competencias propuestas en el cuestionario se hacen acreedoras de una alta valoración por los docentes.

Si queremos destacar algunos matices que se observan en el gráfico, podemos señalar que hay algunas competencias que aun sin alcanzar un gran número de respuestas en el rango bajo de la escala, sí se destacan por presentar algunas diferencias con respecto del resto. Nos referimos a las competencias de investigación, pertenencia institucional, innovación e intercultural. Como tendremos ocasión de comprobar en los párrafos siguientes, estas cuatro competencias ofrecen un perfil diferente a las demás.

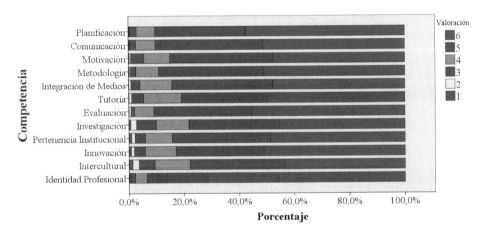

Figura 52. Diagrama de barras de las repuestas de valoración de las competencias.

Los estadísticos de la distribución de las valoraciones de las competencias se encuentran en la tabla 52. Es muy significativo destacar que la respuesta más frecuente, es decir, la moda de todas ellas es la puntuación máxima, el 6. Cabe decir que mayoritariamente, el profesorado concede máxima importancia a todas y cada una de las competencias de la lista para la configuración de una buena práctica docente.

Tabla 52. Estadísticos de la distribución de las valoraciones de las competencias docentes.

	Media	Mediana	Moda	Desviación típica
Planificación	5,44	6	6	0,79
Comunicación	5,38	6	6	0,77
Motivación	5,26	5	6	0,89
Metodología	5,36	6	6	0,79
Integración de Medios	5,27	5	6	0,87
Tutoría	5,24	5	6	0,93
Evaluación	5,43	6	6	0,76
Investigación	5,10	5	6	1,08
Pertenencia Institucional	5,24	5	6	0,8
Innovación	5,25	6	6	0,98
Intercultural	5,07	5	6	1,11
Identidad Profesional	5,61	6	6	0,74

Por lo que respecta a la mediana, observamos que los valores alcanzados son 5 y 6. Alcanzan la máxima puntuación las competencias de planificación, comunicación, metodología, evaluación, innovación e identidad profesional. Ello significa que la mitad de los encuestados otorgan la máxima valoración a estas competencias, es decir, se obtiene una mayoría cualificada al valorar las seis competencias anteriores.

El resto de las competencias muestran un valor mediano igual a 5, abundando en la notable valoración que merecen a los docentes.

Como es conocido, los valores medios vienen afectados por la existencia de valores extremos. No obstante, todos ellos son superiores a los cinco puntos, reforzando, una vez más, la idea de alta valoración de todas las competencias. En la parte superior destaca la valoración que alcanza la identidad profesional, 5,61. Competencias con un valor medio elevado son la planificación, 5,44, evaluación, 5,43, comunicación, 5,38, y metodología, 5,36.

Puede considerarse un nivel intermedio formado por las competencias integración de medios, 5,27, motivación, 5,26, innovación, 5,25, tutoría, 5,24 y pertenencia institucional, 5,24. En el tramo con inferior valoración media se encuentran, finalmente, las competencias de investigación, 5,10 e intercultural, 5,07.

Por lo que se refiere a la dispersión, podemos hacer notar que la identidad profesional no sólo es la competencia más valorada, sino que las opiniones tienen menos desviación típica, 0,74, es decir, podemos deducir que existe una mayor concentración de las opiniones alrededor de dicho valor medio. No es de menor interés la observación de las competencias que muestran una mayor dispersión son, precisamente, las competencias con menores valores medios, es decir, la investigación, 1,08, y la intercultural, 1,11. Esto resultados parece indicar que las opiniones acerca de estas dos competencias están menos perfiladas en el colectivo encuestado.

En la figura 53, que muestra los intervalos de confianza del 95% para las valoraciones medias de todas las competencias, se plasman de manera gráfica todas las consideraciones que acabamos de realizar. Observamos que la competencia de identidad profesional presenta la mayor valoración media y menor dispersión, mientras que las competencias de investigación e intercultural tienen menor media y mayor dispersión.

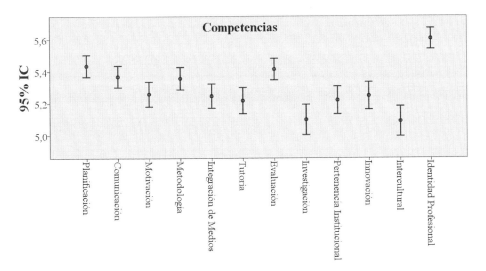

Figura 53. Intervalos de confianza del 95% de la valoración media de cada competencia docente.

3.2. Valoración conjunta de las competencias docentes

La valoración conjunta de las competencias docentes se ha realizado mediante el procedimiento de análisis factorial. Se ha utilizado el método de componentes principales, con rotación promax y kappa = 4, para la extracción de tres factores.

La tabla 53 muestra que el porcentaje de varianza explicada por los tres factores considerados, alcanza el 67,91%, lo cual puede considerarse satis-

Tabla 53. Varianza explicada por las tres componentes del análisis factorial, método de componentes principales con rotación promax, de la valoración de las competencias docentes.

Componente	Sumas de las saturaciones al cuadrado de la extracción			Suma de las saturaciones al cuadrado de la rotación
	Total	% de la varianza	% acumulado	Total
1	6,662	55,516	55,516	5,980
2	0,778	6,481	61,997	5,425
3	0,709	5,910	67,906	4,202

factorio. Es decir, podemos considerar que más de los dos tercios de la información suministrada por la muestra sobre la valoración de las competencias docentes viene proporcionada por las tres dimensiones que vamos a discutir a continuación.

La tabla 54 muestra la matriz de correlaciones de componentes. Se aprecia que las tres componentes están positivamente correlacionadas con un nivel correlación que oscila entre 0,581 y 0,722, que puede considerarse satisfactorio.

La tabla 55 incluye las cargas en cada componente del análisis factorial de cada una de las competencias. Pueden establecerse las siguientes consideraciones:

- La componente 1 está cargada principalmente de las competencias de comunicación, motivación, integración de medios, tutoría, e identidad profesional.

- La componente 2 está cargada principalmente de las competencias de investigación, pertenencia institucional, innovación e interculturalidad.

- La componente 3 está cargada de manera casi exclusiva en la competencia de planificación.

- Las competencias de metodología y evaluación forman un grupo peculiar, con cargas apreciables al menos, en las componentes 1 y 3, si bien con una mayor intensidad en la componente 1.

La figura 54 recoge de manera plástica las consideraciones que acabamos de realizar.

En primer lugar podemos observar que la competencia de planificación desempeña un papel singular en la configuración del perfil docente. Ello

Tabla 54. Matriz de correlaciones de componentes del análisis factorial para las valoraciones de las competencias docentes.

COMPONENTE	1	2	3
1	1,000	0,722	0,634
2	0,722	1,000	0,581
3	0,634	0,581	1,000

Método de extracción: Análisis de componentes principales.
Método de rotación: Normalización Promax con Kaiser.

Tabla 55. Matriz de configuración de las competencias docentes en el espacio factorial rotado.

	COMPONENTE		
	1	**2**	**3**
Planificación	–0,125	–0,014	1,016
Comunicación	0,700	–0,208	0,310
Motivación	0,648	0,046	0,178
Metodología	0,400	0,174	0,339
Integración medios	0,812	0,097	–0,113
Tutoría	0,908	0,143	–0,301
Evaluación	0,442	0,203	0,260
Investigación	0,006	0,886	–0,159
Pertenencia institucional	0,066	0,643	0,173
Innovación	0,051	0,722	0,174
Intercultural	–0,048	0,840	–0,012
Identidad profesional	0,832	–0,076	0,008

Método de extracción: Análisis de componentes principales.
Método de rotación: Normalización Promax con Kaiser.

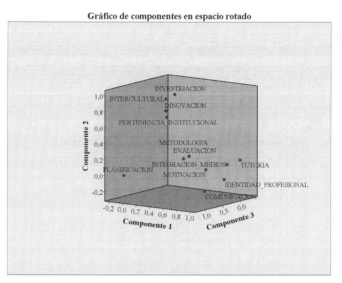

Figura 54. Gráfico de componentes en espacio rotado para las competencias docentes.

puede explicarse por ser la base de toda la actividad docente. Es claro que el punto de partida de la acción docente pasa por una correcta planificación del curso y la materia. Esta competencia llena por sí misma una de las dimensiones identificadas por el análisis factorial, que podemos denominar en este contexto *factor de planificación*.

En segundo lugar vemos como se agrupan en una misma dimensión aquellas competencias que configuran lo que podemos denominar aspectos prácticos de la vida profesional del docente, es decir, aquellas que se requieren en el día a día de la vida en el aula docente: la comunicación, motivación, medios y tutoría; todo ello, presidido por la identidad profesional. Entendemos que esta dimensión configura lo que podemos denominar *factor práctico*.

En un tercer lugar, recogemos el agrupamiento de las competencias de investigación, pertenencia institucional, innovación e interculturalidad. Puede pensarse que todas ellas son consideradas en las respuestas de la encuesta como más alejadas de la actividad cotidiana, y forman parte, por así decirlo, de la actividad de consideración constante de la tarea profesional docente, incluyendo la mejora personal, sentido del estatus que ocupa tanto dentro del microcosmos institucional como en el propio mundo globalizado. Podemos calificar a esta dimensión identificada por el análisis factorial de *componente de reflexión*.

Como se ha indicado anteriormente, quizás pueda otorgarse a las competencias de metodología y evaluación un estatus singular, a tenor de lo recogido en la encuesta. Sin duda, ambas necesitan para su desarrollo la combinación de elementos de los tres factores que hemos identificado, aunque si hubiera que decantarse por incorporarlas a un único grupo, entendemos que están más próximas al factor práctico.

3.3. Jerarquía de las competencias docentes

Como se ha indicado previamente, en el cuestionario se solicitó a los encuestados que estableciesen un orden o jerarquía entre las doce competencias propuestas, de acuerdo la importancia que tienen, según su criterio, al objeto de contribuir a la formación de buen profesional docente. Presentamos en este apartado los resultados obtenidos al respecto.

En primer lugar, tenemos que señalar que algunos encuestados no cumplimentaron esta parte del cuestionario. Asimismo, en algunas respuestas se han podido detectar errores de codificación irrecuperables. Por los motivos anteriores y a fin de no introducir ningún tipo de sesgo en los resultados sobre la jerarquía de las competencias, éstos se refieren únicamente a subconjunto de la muestra integrado por 404 docentes que han cumplimentado con precisión este apartado de la encuesta.

El criterio para la ordenación global de las competencias, a partir de las preferencias individuales manifestadas por los encuestados, se basa en la siguiente estrategia: cada par de competencias se enfrentan entre sí, resultando ganadora aquella competencia que ocupa un lugar con un índice más bajo en la lista de preferencias expresada en una respuesta dada, con lo cual la competencia ganadora recibe un punto. Por ejemplo, si la lista de preferencias de encuestado es de la forma:

$$A > B > C > D > E > F > G > H > I > J > K > L$$

entonces la competencia A gana a todas las demás, por lo que recibe once puntos, la B gana a todas menos a la A, por lo que recibe diez puntos, y así sucesivamente hasta la L que no recibe ningún punto.

Mediante este sistema de combates individuales, al recorrer las 404 respuestas indicadas anteriormente, cada competencia reúne un determinado número de puntos que se muestra en la tabla 56.

A partir de la tabla de puntuaciones, el ranking de competencias queda establecido de la manera siguiente:

COMPETENCIA	RANKING
Planificación	1ª
Metodología	2ª
Integración de medios	3ª
Investigación	4ª
Motivación	5ª
Innovación	6ª
Identidad profesional	7ª
Evaluación	8ª
Comunicación	9ª
Tutoría	10ª
Pertenencia Institucional	11ª
Intercultural	12ª

Tabla 56. Puntos obtenidos por cada competencia docente en los enfrentamientos a pares con las demás competencias en todos los encuestados.

COMPETENCIA	PUNTOS OBTENIDOS EN LAS COMPARACIONES A PARES
Planificación	4.238
Comunicación	2.155
Motivación	3.193
Metodología	3.288
Integración de medios	3.216
Tutoría	2.096
Evaluación	2.242
Investigación	3.194
Pertenencia Institucional	1.986
Innovación	2.362
Intercultural	1.220
Identidad profesional	2.322

En la jerarquía de competencias ocupa el primer lugar la competencia de planificación. Un vez más nos encontramos con que esta competencia ocupa un lugar prevalente en la configuración de un buen profesional docente.

Las dos competencias siguientes del escalafón, metodología e integración de medios, tienen que ver con la parte práctica de la docencia.

El cuarto puesto está ocupado por la investigación, acompañada un par de lugares más debajo de la competencia de innovación con la cual ya ha aparecido asociada en los resultados.

Entre medias, en el quinto lugar figura otra de las competencias prácticas, la motivación. En el séptimo lugar, o sea por la parte media de la tabla, encontramos la competencia que define la identidad profesional.

Las tres competencias siguientes, evaluación, comunicación y tutoría, respectivamente en el octavo, noveno y décimo puesto, completan el bloque de competencias prácticas. Podemos pensar que estos aspectos de la actividad docente en el aula son considerados de menor jerarquía entre todas las actividades directamente relacionadas con la práctica docente.

Los últimos lugares de la tabla, en los puestos undécimo y duodécimo, figuran, respectivamente, la pertenencia institucional y la interculturalidad. El ranking de competencias pone de manifiesto, una vez más en la encuesta, que estas competencias gozan de un estatus singular dentro del mapa de competencias docentes.

3.4. Comparaciones en la valoración de las competencias docentes

Abordamos en este apartado el análisis de las comparaciones en las valoraciones de las competencias docentes entre los distintos grupos de profesores que configuran la muestra de encuestados.

Como es conocido, para realizar las comparaciones de las distribuciones entre los diferentes grupos de sujetos que integran la muestra, en función de los distintos valores que toman las variables establecidas para la identificación de los encuestados, pueden utilizarse diversas pruebas estadísticas, según la consideración que se haga acerca de las escalas de medida y la distribución de la variable de respuesta.

Dado el carácter sesgado que se observa en las distribuciones de las variables de valoración, es claro que no puede admitirse la hipótesis de normalidad, conclusión a la que conduce de manera inequívoca el correspondiente test de normalidad de Kolmogorov-Smirnov (tabla 57). Por ello, para contrastar la igualdad de la distribución entre las categorías de las variables de identificación utilizadas deberíamos utilizar una prueba no paramétrica. Sin embargo, como hemos visto en los apartados anteriores, los valores de las variables del rango bajo y medio de la escala presentan en la totalidad de los casos una frecuencia muy baja, lo cual puede dar lugar a una difícil interpretación de los resultados de las pruebas de hipótesis, como así ha ocurrido en las experiencias realizadas.

Por estas razones, entendemos que para llevar cabo las comparaciones es más conveniente recurrir a la clásica prueba de chi-cuadrado, la cual además de ser ampliamente utilizada en el ámbito de las ciencias sociales, conduce a interpretaciones simples y directas de los resultados.

Como es sabido, la prueba chi-cuadrado exige que los datos estén expresados en forma categórica, interpretando que las variables toman valores cualitativos. Para convertir la escala original en que viene expresadas las

Tabla 57. Resultados de la prueba de Kolmogorv-Smirnof para la normalidad de las distribuciones de las variables de valoración de las competencias docentes.

Resumen de prueba de hipótesis

	Hipótesis nula	Test	Sig.	Decisión
1	La distribución de Planificación es normal con la media 5.44 y la desviación típica 0.79.	Prueba Kolmogorov-Smirnov de una muestra	,000	Rechazar la hipótesis nula.
2	La distribución de Comunicación es normal con la media 5.38 y la desviación típica 0.77.	Prueba Kolmogorov-Smirnov de una muestra	,000	Rechazar la hipótesis nula.
3	La distribución de Motivación es normal con la media 5.26 y la desviación típica 0.89.	Prueba Kolmogorov-Smirnov de una muestra	,000	Rechazar la hipótesis nula.
4	La distribución de Metodología es normal con la media 5.36 y la desviación típica 0.79.	Prueba Kolmogorov-Smirnov de una muestra	,000	Rechazar la hipótesis nula.
5	La distribución de Integración de Medios es normal con la media 5.27 y la desviación típica 0.87.	Prueba Kolmogorov-Smirnov de una muestra	,000	Rechazar la hipótesis nula.
6	La distribución de Tutoría es normal con la media 5.24 y la desviación típica 0.93.	Prueba Kolmogorov-Smirnov de una muestra	,000	Rechazar la hipótesis nula.
7	La distribución de Evaluación es normal con la media 5.43 y la desviación típica 0.76.	Prueba Kolmogorov-Smirnov de una muestra	,000	Rechazar la hipótesis nula.
8	La distribución de Investigación es normal con la media 5.10 y la desviación típica 1.08.	Prueba Kolmogorov-Smirnov de una muestra	,000	Rechazar la hipótesis nula.
9	La distribución de Pertenencia Institucional es normal con la media 5.24 y la desviación típica 0.98.	Prueba Kolmogorov-Smirnov de una muestra	,000	Rechazar la hipótesis nula.
10	La distribución de Innovación es normal con la media 5.25 y la desviación típica 0.98.	Prueba Kolmogorov-Smirnov de una muestra	,000	Rechazar la hipótesis nula.
11	La distribución de Intercultural es normal con la media 5.07 y la desviación típica 1.11.	Prueba Kolmogorov-Smirnov de una muestra	,000	Rechazar la hipótesis nula.
12	La distribución de Identidad Profesional es normal con la media 5.61 y la desviación típica 0.74.	Prueba Kolmogorov-Smirnov de una muestra	,000	Rechazar la hipótesis nula.

Se muestran las significancias asintóticas. El nivel de significancia es .05.

variables, en un rango del 1 al 6, pueden tomarse diversas opciones. Por ejemplo, pueden considerarse tres categorías de valoración, (alto, medio, bajo), o bien, simplemente, dos categorías (superior, inferior).

Para tomar la mejor decisión al respecto, se ha tenido en cuenta los valores de los datos y las exigencias de la prueba chi-cuadrado, puesto que, como es sabido, la validez de esta prueba depende de que haya un número mínimo de respuestas en cada celda del diseño realizado.

Como se ha puesto de manifiesto en el análisis estadístico descriptivo realizado en los apartados precedentes, la moda de la distribución de la valoración de las competencias alcanza, en todos los casos, el valor 6 (tabla 52), que es el mayor valor de la escala propuesta. Ello quiere decir que la mayoría de los encuestados han otorgado la máxima puntuación posible a todas y cada una de las competencias. Podemos, entonces, interpretar que aquellos docentes que no han acompañado a la mayoría, concediendo dicho valor máximo a alguna competencia, manifiestan, de manera más o menos implícita, ciertas dudas sobre el lugar necesario que debe ocupar dicha competencia en el conjunto de características que han de poseer los buenos profesionales docentes.

El razonamiento anterior nos ha llevado a plantearnos la manera de materializar el análisis chi-cuadrado. Después de realizar diversas comprobaciones experimentales, hemos podido llegar a la evidencia de que las comparaciones de interpretación más sencilla se obtienen cuando se recodifican los valores de valoración de las competencias docentes en dos niveles: el *inferior* en el que se incluyen las respuestas del 1 al 5, y el *superior,* integrado únicamente por la respuesta 6, valor modal para todas las competencias. Por ello, éstos son los resultados que vamos a presentar a continuación, no sin antes advertir que se puede llegar a conclusiones similares cuando se definen otros esquemas de recodificación. Por ejemplo, la recodificación que utiliza también dos niveles, pero definidos de manera distinta a la anterior (i.e: nivel 1: valores 1-4; nivel 2: valores 5-6), o la recodificación en tres niveles (i.e.: nivel 1: valores 1-2; nivel 2: valores: 3-4; nivel 3: valores 5-6), conducen prácticamente a los mismos resultados.

Así pues, en los apartados siguientes, la variable relativa a la valoración de cada una de las competencias docentes se redefine como una variable de tipo cualitativo, cuyos valores posibles son: *máximo,* que contiene al valor 6 y *otro* que engloba a las respuestas codificadas con los números 1 al 5.

3.4.1. *Comparación por universidades*

Los resultados de las valoraciones de las competencias de dos niveles, resumidos por universidades, se muestran en la tabla 58. En la tabla 59 se incluyen las pruebas chi-cuadrado para la hipótesis de igualdad de las proporciones de columna. En la tabla 60 se presentan las comparaciones por parejas entre las diferentes categorías de valores de la valoración de la competencia y universidades.

Como se puede observar, no se puede aceptar la hipótesis de igualdad de las valoraciones de las competencias por universidades. La prueba chi-cuadrado muestra un nivel de significación 0.000 en todos los casos. Si nos fijamos en la tabla 60, la principal razón para el rechazo de dicha hipótesis obedece a los resultados que se observan para la UNED. Esta universidad difiere significativamente de la demás en la valoración de las competencias. Es de señalar que ésta es la única universidad que imparte su docencia exclusivamente a distancia y, además, es la única de la muestra que no pertenece al continente americano.

Como se indica en la tabla 60, el porcentaje de profesores de la UNED que dan la valoración máxima a las competencias de planificación, comunicación, motivación, evaluación, pertenencia institucional, intercultural e identidad profesional es significativamente inferior al que se observa en el resto de las universidades; por lo que se refiere a la innovación se mantienen las diferencias, excepto en el caso del IUNIR; para la metodología, integración de medios e investigación se siguen manteniendo las mismas diferencias con respecto a la ESPE y la LIBRE, pero no con la UNISON y el IUNIR; finalmente, las diferencias desaparecen en el caso de la tutoría, salvo para el caso de la LIBRE.

Si excluimos a la UNED de los análisis, el resto de las universidades, todas ellas esencialmente presenciales, presentan un perfil bastante homogéneo en la valoración de las competencias, aunque con algunas particularidades, como se recoge en la tabla 61.

En concreto, podemos señalar las siguientes:

– La comparación entre la ESPE y la UNISON sólo es significativa en la identidad profesional.

– La comparación entre la ESPE y el IUNIR es significativa en integración de medios e innovación.

Tabla 58. Comparación de la valoración de las competencias docentes por universidad.

		UNIVERSIDAD					
		UNED	ESPE	UNISON	IUNIR	LIBRE	TOTAL
Planificación	Máx. (= 6)	29	118	70	65	45	327
	Otro (≤ 5)	60	76	54	40	11	241
	Total	89	194	124	105	56	568
Comunicación	Máx. (= 6)	23	104	62	62	40	291
	Otro (≤ 5)	65	87	62	45	16	275
	Total	88	191	124	107	56	566
Motivación	Máx. (= 6)	22	100	55	55	39	271
	Otro (≤ 5)	66	94	69	52	17	298
	Total	88	194	124	107	56	569
Metodología	Máx. (= 6)	26	116	59	51	37	289
	Otro (≤ 5)	61	77	65	55	19	277
	Total	87	193	124	106	56	566
Integración de medios	Máx. (= 6)	24	110	58	38	38	268
	Otro (≤ 5)	61	83	65	67	18	294
	Total	85	193	123	105	56	562
Tutoría	Máx. (= 6)	32	95	57	55	41	280
	Otro (≤ 5)	53	99	66	49	15	282
	Total	85	194	123	104	56	562
Evaluación	Máx. (= 6)	27	124	69	55	38	313
	Otro (≤ 5)	62	69	55	52	17	255
	Total	89	193	124	107	55	568
Investigación	Máx. (= 6)	24	102	55	41	31	253
	Otro (≤ 5)	63	89	69	57	25	303
	Total	87	191	124	98	56	556
Pertenencia institucional	Máx. (= 6)	23	97	57	58	38	273
	Otro (≤ 5)	64	92	66	48	18	288
	Total	87	189	123	106	56	561
Innovación	Máx. (= 6)	20	121	65	42	39	287
	Otro (≤ 5)	68	67	58	65	17	275
	Total	88	188	123	107	56	562
Intercultural	Máx. (= 6)	17	91	56	43	37	244
	Otro (≤ 5)	72	94	68	64	19	317
	Total	89	185	124	107	56	561
Identidad profesional	Máx. (= 6)	36	158	82	77	50	403
	Otro (≤ 5)	52	33	42	29	6	162
	Total	88	191	124	106	56	565

Tabla 59. Pruebas de chi-cuadrado de Pearson para la comparación de la valoración de las competencias docentes por universidad.

PRUEBAS DE CHI-CUADRADO DE PEARSON		UNIVERSIDAD
Planificación	Chi cuadrado	36,363
	gl	4
	Sig.	0,000*
Comunicación	Chi cuadrado	34,120
	gl	4
	Sig.	0,000*
Motivación	Chi cuadrado	31,282
	gl	4
	Sig.	0,000*
Metodología	Chi cuadrado	27,946
	gl	4
	Sig.	0,000*
Integración de medios	Chi cuadrado	34,304
	gl	4
	Sig.	0,000*
Tutoría	Chi cuadrado	18,340
	gl	4
	Sig.	0,001*
Evaluación	Chi cuadrado	33,548
	gl	4
	Sig.	0,000*
Investigación	Chi cuadrado	18,859
	gl	4
	Sig.	0,001*
Pertenencia institucional	Chi cuadrado	27,818
	gl	4
	Sig.	0,000*
Innovación	Chi cuadrado	55,447
	gl	4
	Sig.	0,000*
Intercultural	Chi cuadrado	36,220
	gl	4
	Sig.	0,000*
Identidad profesional	Chi cuadrado	62,499
	gl	4
	Sig.	0,000*

Los resultados se basan en filas y columnas no vacías de cada subtabla más al interior.
* El estadístico de chi-cuadrado es significativo en el nivel 0,05.

Tabla 60. Comparaciones de las proporciones por pares, correspondientes a las universidades, de las valoraciones de las competencias docentes.

COMPARACIONES DE PROPORCIONES DE COLUMNAS[a]

		UNIVERSIDAD				
		UNED	ESPE	UNISON	IUNIR	LIBRE
		(A)	(B)	(C)	(D)	(E)
Planificación	Máx. (= 6)		A	A	A	A C
	Otro (≤ 5)	B C D E		E		
Comunicación	Máx. (= 6)		A	A	A	A
	Otro (≤ 5)	B C D E				
Motivación	Máx. (= 6)		A	A	A	A C
	Otro (≤ 5)	B C D E		E		
Metodología	Máx. (= 6)		A			A
	Otro (≤ 5)	B E				
Integración de medios	Máx. (= 6)		A D			A D
	Otro (≤ 5)	B E			B E	
Tutoría	Máx. (= 6)					A B C
	Otro (≤ 5)	E	E	E		
Evaluación	Máx. (= 6)		A	A	A	A
	Otro (≤ 5)	B C D E				
Investigación	Máx. (= 6)		A			A
	Otro (≤ 5)	B E				
Pertenencia institucional	Máx. (= 6)		A	A	A	A
	Otro (≤ 5)	B C D E				
Innovación	Máx. (= 6)		A D	A		A D
	Otro (≤ 5)	B C E			B E	
Intercultural	Máx. (= 6)		A	A	A	A D
	Otro (≤ 5)	B C D E			E	
Identidad profesional	Máx. (= 6)		A C	A	A	A C
	Otro (≤ 5)	B C D E		B E		

Los resultados se basan en pruebas bilaterales con un nivel de significación 0,05. Para cada par significativo, la clave de la categoría con la proporción de columna menor aparece debajo de la categoría con mayor proporción de columna.

[a] Utilizando la corrección de Bonferroni, se han ajustado las pruebas para todas las comparaciones por pares dentro de una fila para cada subtabla situada más al interior.

Tabla 61. Comparaciones de las proporciones por pares, correspondientes a las universidades, excluida la UNED, de las valoraciones de las competencias docentes.

COMPARACIONES DE PROPORCIONES DE COLUMNAS[a]

		UNIVERSIDAD			
		ESPE	UNISON	IUNIR	LIBRE
		(A)	(B)	(C)	(D)
Planificación	Máx. (= 6)				A B
	Otro (≤ 5)	D	D		
Comunicación	Máx. (= 6)				B
	Otro (≤ 5)		D		
Motivación	Máx. (= 6)				B
	Otro (≤ 5)		D		
Metodología	Máx. (= 6)				
	Otro (≤ 5)				
Integración de medios	Máx. (= 6)	C			C
	Otro (≤ 5)			A D	
Tutoría	Máx. (= 6)				A B
	Otro (≤ 5)	D	D		
Evaluación	Máx. (= 6)				
	Otro (≤ 5)				
Investigación	Máx. (= 6)				
	Otro (≤ 5)				
Pertenencia institucional	Máx. (= 6)				B
	Otro (≤ 5)		D		
Innovación	Máx. (= 6)	C			C
	Otro (≤ 5)			A D	
Intercultural	Máx. (= 6)				C
	Otro (≤ 5)			D	
Identidad profesional	Máx. (= 6)	B			B
	Otro (≤ 5)		A D		

Los resultados se basan en pruebas bilaterales con un nivel de significación 0,05. Para cada par significativo, la clave de la categoría con la proporción de columna menor aparece debajo de la categoría con mayor proporción de columna.

[a] Utilizando la corrección de Bonferroni, se han ajustado las pruebas para todas las comparaciones por pares dentro de una fila para cada subtabla situada más al interior.

- La comparación entre la ESPE y la LIBRE muestra diferencias significativas en planificación y tutoría.

- La comparación entre la UNISON y el IUNIR no muestra diferencias significativas.

- La comparación entre la UNISON y la LIBRE muestra diferencias significativas en la planificación, comunicación, motivación, tutoría, pertenencia institucional e identidad profesional.

- La comparación entre la UNISON y el IUNIR muestra diferencias significativas en las competencias de integración de medios, innovación e intercultural.

3.4.2. *Comparación por género*

Las resultados de las valoraciones de las competencias por género son todas no significativas, excepto en el caso de la interculturalidad en la cual se observa una mayor proporción de mujeres que le otorgan la máxima valoración (tabla 62, tabla 63 y tabla 64).

Tabla 62. Comparación de la valoración de las competencias docentes por género.

		GÉNERO		
		MUJER	**HOMBRE**	**TOTAL**
Planificación	Máximo (= 6)	123	181	304
	Otro (≤ 5)	85	141	226
	Total	208	322	530
Comunicación	Máximo (= 6)	111	164	275
	Otro (≤ 5)	93	160	253
	Total	204	324	528
Motivación	Máximo (= 6)	100	156	256
	Otro (≤ 5)	107	167	274
	Total	207	323	530
Metodología	Máximo (= 6)	113	159	272
	Otro (≤ 5)	95	161	256
	Total	208	320	528
Integración de medios	Máximo (= 6)	96	158	254
	Otro (≤ 5)	106	163	269
	Total	202	321	523
Tutoría	Máximo (= 6)	109	156	265
	Otro (≤ 5)	96	163	259
	Total	205	319	524
Evaluación	Máximo (= 6)	122	172	294
	Otro (≤ 5)	84	152	236
	Total	206	324	530
Investigación	Máximo (= 6)	95	143	238
	Otro (≤ 5)	103	178	281
	Total	198	321	519
Pertenencia institucional	Máximo (= 6)	105	154	259
	Otro (≤ 5)	96	168	264
	Total	201	322	523
Innovación	Máximo (= 6)	106	162	268
	Otro (≤ 5)	96	161	257
	Total	202	323	525
Intercultural	Máximo (= 6)	99	129	228
	Otro (≤ 5)	103	193	296
	Total	202	322	524
Identidad profesional	Máximo (= 6)	150	227	377
	Otro (≤ 5)	55	96	151
	Total	205	323	528

Tabla 63. Comparaciones de las proporciones de columnas, correspondientes a género, de las valoraciones de las competencias docentes.

PRUEBAS DE CHI-CUADRADO DE PEARSON		GÉNERO
Planificación	Chi cuadrado	0,442
	gl	1
	Sig.	0,506
Comunicación	Chi cuadrado	0,722
	gl	1
	Sig.	0,395
Motivación	Chi cuadrado	0,000
	gl	1
	Sig.	0,998
Metodología	Chi cuadrado	1,086
	gl	1
	Sig.	0,297
Integración de medios	Chi cuadrado	0,143
	gl	1
	Sig.	0,705
Tutoría	Chi cuadrado	0,909
	gl	1
	Sig.	0,340
Evaluación	Chi cuadrado	1,920
	gl	1
	Sig.	0,166
Investigación	Chi cuadrado	0,581
	gl	1
	Sig.	0,446
Pertenencia institucional	Chi cuadrado	0,964
	gl	1
	Sig.	0,326
Innovación	Chi cuadrado	0,268
	gl	1
	Sig.	0,605
Intercultural	Chi cuadrado	4,043
	gl	1
	Sig.	0,044*
Identidad profesional	Chi cuadrado	0,514
	gl	1
	Sig.	0,474

Los resultados se basan en filas y columnas no vacías de cada subtabla más al interior.
* El estadístico de chi-cuadrado es significativo en el nivel 0,05.

Tabla 64. Comparaciones de las proporciones por pares, correspondientes a género, de las valoraciones de las competencias docentes.

COMPARACIONES DE PROPORCIONES DE COLUMNAS[a]

		GÉNERO	
		MUJER	HOMBRE
		(A)	(B)
Planificación	Máximo (= 6)		
	Otro (≤ 5)		
Comunicación	Máximo (= 6)		
	Otro (≤ 5)		
Motivación	Máximo (= 6)		
	Otro (≤ 5)		
Metodología	Máximo (= 6)		
	Otro (≤ 5)		
Integración de medios	Máximo (= 6)		
	Otro (≤ 5)		
Tutoría	Máximo (= 6)		
	Otro (≤ 5)		
Evaluación	Máximo (= 6)		
	Otro (≤ 5)		
Investigación	Máximo (= 6)		
	Otro (≤ 5)		
Pertenencia institucional	Máximo (= 6)		
	Otro (≤ 5)		
Innovación	Máximo (= 6)		
	Otro (≤ 5)		
Intercultural	Máximo (= 6)	B	
	Otro (≤ 5)		A
Identidad profesional	Máximo (= 6)		
	Otro (≤ 5)		

Los resultados se basan en pruebas bilaterales con un nivel de significación 0,05. Para cada par significativo, la clave de la categoría con la proporción de columna menor aparece debajo de la categoría con mayor proporción de columna.

[a] Utilizando la corrección de Bonferroni, se han ajustado las pruebas para todas las comparaciones por pares dentro de una fila para cada subtabla situada más al interior.

3.4.3. Comparación por grupos de edad

Las comparaciones de las valoraciones de las competencias por grupos de edad son todas no significativas, excepto en el caso de la motivación, en la cual se observan diferencias significativas entre los grupos 25-35 y más de 55, observándose una mayor valoración de la competencia de motivación por parte de este último grupo.

Tabla 65. Comparación de la valoración de las competencias docentes por grupos de edad.

		EDAD				
		25-35	36-45	46-55	Más de 55	Total
Planificación	Máx. (= 6)	59	89	107	68	323
	Otro (≤ 5)	55	71	69	44	239
	Total	114	160	176	112	562
Comunicación	Máx. (= 6)	51	80	95	63	289
	Otro (≤ 5)	61	78	82	50	271
	Total	112	158	177	113	560
Motivación	Máx. (= 6)	43	72	87	66	268
	Otro (≤ 5)	72	87	91	45	295
	Total	115	159	178	111	563
Metodología	Máx. (= 6)	54	77	95	59	285
	Otro (≤ 5)	60	81	83	51	275
	Total	114	158	178	110	560
Integración de medios	Máx. (= 6)	55	79	80	52	266
	Otro (≤ 5)	56	79	97	58	290
	Total	111	158	177	110	556
Tutoría	Máx. (= 6)	51	75	87	65	278
	Otro (≤ 5)	60	84	90	45	279
	Total	111	159	177	110	557
Evaluación	Máx. (= 6)	67	91	93	62	313
	Otro (≤ 5)	48	69	84	49	250
	Total	115	160	177	111	563
Investigación	Máx. (= 6)	48	66	87	52	253
	Otro (≤ 5)	63	91	88	56	298
	Total	111	157	175	108	551
Pertenencia institucional	Máx. (= 6)	60	72	85	55	272
	Otro (≤ 5)	52	86	91	55	284
	Total	112	158	176	110	556
Innovación	Máx. (= 6)	58	73	98	56	285
	Otro (≤ 5)	56	85	78	53	272
	Total	114	158	176	109	557
Intercultural	Máx. (= 6)	43	70	81	49	243
	Otro (≤ 5)	71	87	93	62	313
	Total	114	157	174	111	556
Identidad profesional	Máx. (= 6)	77	114	130	80	401
	Otro (≤ 5)	38	46	44	31	159
	Total	115	160	174	111	560

Tabla 66. Comparaciones de las proporciones de columnas, correspondientes a grupos de edad, de las valoraciones de las competencias docentes.

PRUEBAS DE CHI-CUADRADO DE PEARSON		EDAD
Planificación	Chi cuadrado	3,025
	gl	3
	Sig.	0,388
Comunicación	Chi cuadrado	2,793
	gl	3
	Sig.	0,425
Motivación	Chi cuadrado	11,523
	gl	3
	Sig.	0,009*
Metodología	Chi cuadrado	1,630
	gl	3
	Sig.	0,653
Integración de medios	Chi cuadrado	0,935
	gl	3
	Sig.	0,817
Tutoría	Chi cuadrado	4,925
	gl	3
	Sig.	0,177
Evaluación	Chi cuadrado	1,108
	gl	3
	Sig.	0,775
Investigación	Chi cuadrado	2,503
	gl	3
	Sig.	0,475
Pertenencia institucional	Chi cuadrado	1,758
	gl	3
	Sig.	0,624
Innovación	Chi cuadrado	3,000
	gl	3
	Sig.	0,392
Intercultural	Chi cuadrado	2,291
	gl	3
	Sig.	0,514
Identidad profesional	Chi cuadrado	2,071
	gl	3
	Sig.	0,558

Los resultados se basan en filas y columnas no vacías de cada subtabla más al interior.
* El estadístico de chi-cuadrado es significativo en el nivel 0,05.

Tabla 67. Comparaciones de las proporciones por pares, correspondientes a grupos de edad, de las valoraciones de las competencias docentes.

COMPARACIONES DE PROPORCIONES DE COLUMNAS[a]

		EDAD			
		25-35	36-45	46-55	Más de 55
		(A)	(B)	(C)	(D)
Planificación	Máx. (= 6)				
	Otro (≤ 5)				
Comunicación	Máx. (= 6)				
	Otro (≤ 5)				
Motivación	Máx. (= 6)				A
	Otro (≤ 5)	D			
Metodología	Máx. (= 6)				
	Otro (≤ 5)				
Integración de medios	Máx. (= 6)				
	Otro (≤ 5)				
Tutoría	Máx. (= 6)				
	Otro (≤ 5)				
Evaluación	Máx. (= 6)				
	Otro (≤ 5)				
Investigación	Máx. (= 6)				
	Otro (≤ 5)				
Pertenencia institucional	Máx. (= 6)				
	Otro (≤ 5)				
Innovación	Máx. (= 6)				
	Otro (≤ 5)				
Intercultural	Máx. (= 6)				
	Otro (≤ 5)				
Identidad profesional	Máx. (= 6)				
	Otro (≤ 5)				

Los resultados se basan en pruebas bilaterales con un nivel de significación 0,05. Para cada par significativo, la clave de la categoría con la proporción de columna menor aparece debajo de la categoría con mayor proporción de columna.

[a] Utilizando la corrección de Bonferroni, se han ajustado las pruebas para todas las comparaciones por pares dentro de una fila para cada subtabla situada más al interior.

3.4.4. Comparación por años de docencia

Las comparaciones de las valoraciones de las competencias por años de docencia son todas no significativas (tabla 68 y tabla 69).

Tabla 68. Comparación de la valoración de las competencias docentes por años de docencia.

		AÑOS DOCENCIA				
		Menos de 5	5-9	10-14	15-19	20 y más	Total
Planificación	Máx. (= 6)	56	62	64	38	105	325
	Otro (≤ 5)	44	53	41	28	64	230
	Total	100	115	105	66	169	555
Comunicación	Máx. (= 6)	48	58	59	33	92	290
	Otro (≤ 5)	53	51	45	34	80	263
	Total	101	109	104	67	172	553
Motivación	Máx. (= 6)	44	52	55	29	90	270
	Otro (≤ 5)	59	59	49	39	80	286
	Total	103	111	104	68	170	556
Metodología	Máx. (= 6)	54	59	56	36	83	288
	Otro (≤ 5)	48	51	49	32	85	265
	Total	102	110	105	68	168	553
Integración de medios	Máx. (= 6)	48	50	51	36	82	267
	Otro (≤ 5)	53	60	52	32	85	282
	Total	101	110	103	68	167	549
Tutoría	Máx. (= 6)	47	55	53	34	90	279
	Otro (≤ 5)	51	55	51	34	79	270
	Total	98	110	104	68	169	549
Evaluación	Máx. (= 6)	56	63	63	41	89	312
	Otro (≤ 5)	46	49	41	25	82	243
	Total	102	112	104	66	171	555
Investigación	Máx. (= 6)	45	43	46	35	83	252
	Otro (≤ 5)	52	65	57	32	85	291
	Total	97	108	103	67	168	543
Pertenencia institucional	Máx. (= 6)	49	61	48	31	83	272
	Otro (≤ 5)	51	50	54	35	86	276
	Total	100	111	102	66	169	548
Innovación	Máx. (= 6)	55	53	55	34	89	286
	Otro (≤ 5)	47	58	46	32	80	263
	Total	102	111	101	66	169	549
Intercultural	Máx. (= 6)	43	41	50	30	79	243
	Otro (≤ 5)	58	70	51	37	89	305
	Total	101	111	101	67	168	548
Identidad profesional	Máx. (= 6)	72	77	80	53	120	402
	Otro (≤ 5)	28	34	24	14	50	150
	Total	100	111	104	67	170	552

Tabla 69. Comparaciones de las proporciones de columnas, correspondientes a años de docencia, de las valoraciones de las competencias docentes.

PRUEBAS DE CHI-CUADRADO DE PEARSON		AÑOS DOCENCIA
Planificación	Chi cuadrado	2,455
	gl	4
	Sig.	0,653
Comunicación	Chi cuadrado	2,121
	gl	4
	Sig.	0,714
Motivación	Chi cuadrado	4,574
	gl	4
	Sig.	0,334
Metodología	Chi cuadrado	0,705
	gl	4
	Sig.	0,951
Integración de medios	Chi cuadrado	1,046
	gl	4
	Sig.	0,903
Tutoría	Chi cuadrado	0,770
	gl	4
	Sig.	0,942
Evaluación	Chi cuadrado	3,018
	gl	4
	Sig.	0,555
Investigación	Chi cuadrado	3,537
	gl	4
	Sig.	0,472
Pertenencia institucional	Chi cuadrado	1,750
	gl	4
	Sig.	0,782
Innovación	Chi cuadrado	1,233
	gl	4
	Sig.	0,873
Intercultural	Chi cuadrado	4,180
	gl	4
	Sig.	0,382
Identidad profesional	Chi cuadrado	3,352
	gl	4
	Sig.	0,501

Los resultados se basan en filas y columnas no vacías de cada subtabla más al interior.

3.4.5. *Comparación por tipo de dedicación*

Las comparaciones de las valoraciones de las competencias por tipo de dedicación son todas no significativas, excepto en el caso de la competencia de pertenencia institucional, para la cual la proporción de docentes con dedicación completa que otorgan máxima valoración a esta competencia es significativamente diferente a la valoración que asignan los docentes con dedicación parcial.

Tabla 70. Comparación de la valoración de las competencias docentes por tipo de dedicación.

		DEDICACIÓN		
		TIEMPO COMPLETO	TIEMPO PARCIAL	TOTAL
Planificación	Máximo (= 6)	199	116	315
	Otro (≤ 5)	127	91	218
	Total	326	207	533
Comunicación	Máximo (= 6)	174	108	282
	Otro (≤ 5)	149	100	249
	Total	323	208	531
Motivación	Máximo (= 6)	168	92	260
	Otro (≤ 5)	155	117	272
	Total	323	209	532
Metodología	Máximo (= 6)	170	109	279
	Otro (≤ 5)	150	100	250
	Total	320	209	529
Integración de medios	Máximo (= 6)	161	94	255
	Otro (≤ 5)	156	114	270
	Total	317	208	525
Tutoría	Máximo (= 6)	160	113	273
	Otro (≤ 5)	155	97	252
	Total	315	210	525
Evaluación	Máximo (= 6)	185	115	300
	Otro (≤ 5)	139	92	231
	Total	324	207	531
Investigación	Máximo (= 6)	154	90	244
	Otro (≤ 5)	159	116	275
	Total	313	206	519
Pertenencia institucional	Máximo (= 6)	172	91	263
	Otro (≤ 5)	148	114	262
	Total	320	205	525
Innovación	Máximo (= 6)	176	101	277
	Otro (≤ 5)	147	103	250
	Total	323	204	527
Intercultural	Máximo (= 6)	153	83	236
	Otro (≤ 5)	168	121	289
	Total	321	204	525
Identidad profesional	Máximo (= 6)	244	142	386
	Otro (≤ 5)	79	64	143
	Total	323	206	529

Tabla 71. Comparaciones de las proporciones de columnas, correspondientes a tipo dedicación, de las valoraciones de las competencias docentes.

PRUEBAS DE CHI-CUADRADO DE PEARSON		DEDICACIÓN
Planificación	Chi cuadrado	1,312
	gl	1
	Sig.	0,252
Comunicación	Chi cuadrado	0,193
	gl	1
	Sig.	0,661
Motivación	Chi cuadrado	3,245
	gl	1
	Sig.	0,072
Metodología	Chi cuadrado	0,048
	gl	1
	Sig.	0,827
Integración de medios	Chi cuadrado	1,575
	gl	1
	Sig.	0,210
Tutoría	Chi cuadrado	0,459
	gl	1
	Sig.	0,498
Evaluación	Chi cuadrado	0,122
	gl	1
	Sig.	0,726
Investigación	Chi cuadrado	1,515
	gl	1
	Sig.	0,218
Pertenencia institucional	Chi cuadrado	4,379
	gl	1
	Sig.	0,036*
Innovación	Chi cuadrado	1,243
	gl	1
	Sig.	0,265
Intercultural	Chi cuadrado	2,454
	gl	1
	Sig.	0,117
Identidad profesional	Chi cuadrado	2,786
	gl	1
	Sig.	0,095

Los resultados se basan en filas y columnas no vacías de cada subtabla más al interior.
* El estadístico de chi-cuadrado es significativo en el nivel 0,05.

Tabla 72. Comparaciones de las proporciones por pares, correspondientes a tipo de dedicación, de las valoraciones de las competencias docentes.

COMPARACIONES DE PROPORCIONES DE COLUMNAS[a]

		DEDICACIÓN	
		Tiempo completo	Tiempo parcial
Planificación	Máximo (= 6)		
	Otro (≤ 5)		
	Total		
Comunicación	Máximo (= 6)		
	Otro (≤ 5)		
	Total		
Motivación	Máximo (= 6)		
	Otro (≤ 5)		
	Total		
Metodología	Máximo (= 6)		
	Otro (≤ 5)		
	Total		
Integración de medios	Máximo (= 6)		
	Otro (≤ 5)		
	Total		
Tutoría	Máximo (= 6)		
	Otro (≤ 5)		
	Total		
Evaluación	Máximo (= 6)		
	Otro (≤ 5)		
	Total		
Investigación	Máximo (= 6)		
	Otro (≤ 5)		
	Total		
Pertenencia institucional	Máximo (= 6)	B	
	Otro (≤ 5)		A
	Total		
Innovación	Máximo (= 6)		
	Otro (≤ 5)		
	Total		
Intercultural	Máximo (= 6)		
	Otro (≤ 5)		
	Total		
Identidad profesional	Máximo (= 6)		
	Otro (≤ 5)		
	Total		

Los resultados se basan en pruebas bilaterales con un nivel de significación 0,05. Para cada par significativo, la clave de la categoría con la proporción de columna menor aparece debajo de la categoría con mayor proporción de columna.

[a] Utilizando la corrección de Bonferroni, se han ajustado las pruebas para todas las comparaciones por pares dentro de una fila para cada subtabla situada más al interior.

3.4.6. *Comparación por titulación*

Los resultados sobre las comparaciones con respecto a la titulación que detentan los docentes se recogen en la tabla 73. La tabla 74 muestra los niveles de significación de la prueba de chi-cuadrado y la tabla 75 especifica las comparaciones significativas.

Tabla 73. Comparación de la valoración de las competencias docentes por titulación.

| | | TITULACIÓN | | | | | |
		Especia-lista	Licenciado/ Ingeniero	Diplo-mado	Máster	Doctor	Total
Planificación	Máx. (= 6)	53	64	24	126	55	322
	Otro (≤ 5)	25	67	18	83	43	236
	Total	78	131	42	209	98	558
Comuni-cación	Máx. (= 6)	56	44	23	117	50	290
	Otro (≤ 5)	25	86	19	90	48	268
	Total	81	130	42	207	98	558
Motivación	Máx. (= 6)	48	42	22	113	43	268
	Otro (≤ 5)	32	87	19	97	56	291
	Total	80	129	41	210	99	559
Metodología	Máx. (= 6)	47	53	19	127	41	287
	Otro (≤ 5)	34	78	21	82	54	269
	Total	81	131	40	209	95	556
Integración de medios	Máx. (= 6)	40	36	24	116	49	265
	Otro (≤ 5)	39	88	17	94	49	287
	Total	79	124	41	210	98	552
Tutoría	Máx. (= 6)	56	50	18	110	44	278
	Otro (≤ 5)	25	75	23	100	52	275
	Total	81	125	41	210	96	553
Evaluación	Máx. (= 6)	55	53	23	129	49	309
	Otro (≤ 5)	25	78	18	79	49	249
	Total	80	131	41	208	98	558
Investigación	Máx. (= 6)	40	43	22	102	44	251
	Otro (≤ 5)	36	83	19	104	53	295
	Total	76	126	41	206	97	546
Pertenencia institucional	Máx. (= 6)	46	52	22	107	43	270
	Otro (≤ 5)	35	77	19	98	53	282
	Total	81	129	41	205	96	552
Innovación	Máx. (= 6)	46	43	24	130	41	284
	Otro (≤ 5)	35	86	17	74	56	268
	Total	81	129	41	204	97	552
Intercultural	Máx. (= 6)	45	34	22	105	37	243
	Otro (≤ 5)	36	96	18	97	61	308
	Total	81	130	40	202	98	551
Identidad profesional	Máx. (= 6)	66	75	29	166	62	398
	Otro (≤ 5)	14	54	12	40	37	157
	Total	80	129	41	206	99	555

Tabla 74. Comparaciones de las proporciones de columnas, correspondientes a titulación, de las valoraciones de las competencias docentes.

PRUEBAS DE CHI-CUADRADO DE PEARSON		TITULACIÓN
Planificación	Chi cuadrado	8,235
	gl	4
	Sig.	0,083
Comunicación	Chi cuadrado	28,554
	gl	4
	Sig.	0,000*
Motivación	Chi cuadrado	21,133
	gl	4
	Sig.	0,000*
Metodología	Chi cuadrado	17,861
	gl	4
	Sig.	0,001*
Integración de medios	Chi cuadrado	24,481
	gl	4
	Sig.	0,000*
Tutoría	Chi cuadrado	18,601
	gl	4
	Sig.	0,001*
Evaluación	Chi cuadrado	22,458
	gl	4
	Sig.	0,000*
Investigación	Chi cuadrado	10,505
	gl	4
	Sig.	0,033*
Pertenencia institucional	Chi cuadrado	7,738
	gl	4
	Sig.	0,102
Innovación	Chi cuadrado	34,279
	gl	4
	Sig.	0,000*
Intercultural	Chi cuadrado	29,912
	gl	4
	Sig.	0,000*
Identidad profesional	Chi cuadrado	28,342
	gl	4
	Sig.	0,000*

Los resultados se basan en filas y columnas no vacías de cada subtabla más al interior.
* El estadístico de chi-cuadrado es significativo en el nivel 0,05.

Tabla 75. Comparaciones de las proporciones por pares, correspondientes a titulación, de las valoraciones de las competencias docentes.

COMPARACIONES DE PROPORCIONES DE COLUMNAS[a]

		TITULACIÓN				
		Especia-lista	Licenciado / Ingeniero	Diplo-mado	Máster	Doctor
		(A)	(B)	(C)	(D)	(E)
Planificación	Máximo (= 6)					
	Otro (≤ 5)					
Comunicación	Máximo (= 6)	B			B	
	Otro (≤ 5)		A D			
Motivación	Máximo (= 6)	B			B	
	Otro (≤ 5)		A D			
Metodología	Máximo (= 6)				B E	
	Otro (≤ 5)		D			D
Integración de medios	Máximo (= 6)	B		B	B	B
	Otro (≤ 5)		A C D E			
Tutoría	Máximo (= 6)	B E				
	Otro (≤ 5)		A			A
Evaluación	Máximo (= 6)	B			B	
	Otro (≤ 5)		A D			
Investigación	Máximo (= 6)					
	Otro (≤ 5)					
Pertenencia institucional	Máximo (= 6)					
	Otro (≤ 5)					
Innovación	Máximo (= 6)	B		B	B E	
	Otro (≤ 5)		A C D			D
Intercultural	Máximo (= 6)	B		B	B	
	Otro (≤ 5)		A C D			
Identidad profesional	Máximo (= 6)	B E			B E	
	Otro (≤ 5)		A D			A D

Los resultados se basan en pruebas bilaterales con un nivel de significación 0,05. Para cada par significativo, la clave de la categoría con la proporción de columna menor aparece debajo de la categoría con mayor proporción de columna.

[a] Utilizando la corrección de Bonferroni, se han ajustado las pruebas para todas las comparaciones por pares dentro de una fila para cada subtabla situada más al interior.

Como puede apreciarse, prácticamente todas las comparaciones son significativas, si exceptuamos el caso de la planificación y la pertenencia institucional. No obstante merece destacarse el hecho de que incluso en estos dos casos de no significación el *p-valor* es bastante bajo.

En una primera aproximación, posiblemente no esté desencaminado afirmar que puede admitirse la existencia de diferencias significativas en las valoraciones de las competencias si atendemos a esta variable. De hecho, la tabla 75 da cuenta de la existencia de numerosas comparaciones por pares que presentan dichas diferencias significativas, siendo más acusadas entre los grupos de máster y licenciado/ingeniero y especialista y licenciado/ingeniero y de menor intensidad entre los grupos de doctores y máster.

Ahora bien, los resultados anteriores deben considerarse con cierta precaución dada la falta de uniformidad entre las denominaciones de las titulaciones en las distintas instituciones, en particular, entre las categorías que muestran mayores diferencias.

3.4.7. *Comparación por rama de conocimiento*

Los resultados correspondientes a las valoraciones de las competencias por rama de conocimiento vienen reflejados en la tabla 76. La prueba chi-cuadrado muestra diferencias significativas a nivel conjunto en comunicación, motivación, integración de medios, tutoría y pertenencia institucional (tabla 77).

En las comparaciones por pares se obtienen algunos resultados llamativos. En primer lugar, cabe destacar que la rama de Artes y Humanidades no presenta diferencias significativas con las otras ramas en ninguna de las competencias.

Por otra parte, las diferencias más acusadas se observan en la rama de Ciencias tanto cuando se compara con las Ciencias Sociales como con las Ciencias de la Salud. En concreto presenta diferencias con ambas en comunicación y tutoría. Además Ciencias y Ciencias de la Salud difieren también en motivación y pertenencia institucional, mientras que Ciencias y Ciencias Sociales difieren en integración de medios. La rama de Ciencias también presenta diferencias significativas en esta última competencia con la rama de Arquitectura e Ingeniería, diferencias que también subsisten al comparar esta última rama con Ciencia de la Salud. Podemos concluir que, por lo que se refiere a las ramas de conocimientos, la integración de medios tiene un papel diferencial entre las competencias docentes.

Tabla 76. Comparación de la valoración de las competencias docentes por rama de conocimiento.

		TITULACIÓN					
		Artes y Humani-dades	Ciencias	Ciencias Sociales	Ciencias de la Salud	Arqui-tectura e Ingeniería	Total
Planificación	Máx. (= 6)	28	33	139	85	40	325
	Otro (≤ 5)	25	24	88	56	35	228
	Total	53	57	227	141	75	553
Comunicación	Máx. (= 6)	24	18	131	82	36	291
	Otro (≤ 5)	28	40	94	58	40	260
	Total	52	58	225	140	76	551
Motivación	Máx. (= 6)	24	18	112	81	36	271
	Otro (≤ 5)	28	40	113	62	40	283
	Total	52	58	225	143	76	554
Metodología	Máx. (= 6)	21	28	126	75	39	289
	Otro (≤ 5)	31	30	98	66	37	262
	Total	52	58	224	141	76	551
Integración de medios	Máx. (= 6)	19	20	127	58	44	268
	Otro (≤ 5)	33	38	97	83	28	279
	Total	52	58	224	141	72	547
Tutoría	Máx. (= 6)	25	19	128	77	31	280
	Otro (≤ 5)	27	39	97	63	41	267
	Total	52	58	225	140	72	547
Evaluación	Máx. (= 6)	24	27	140	76	46	313
	Otro (≤ 5)	27	32	84	67	30	240
	Total	51	59	224	143	76	553
Investigación	Máx. (= 6)	17	23	115	60	38	253
	Otro (≤ 5)	31	35	110	74	38	288
	Total	48	58	225	134	76	541
Pertenencia institucional	Máx. (= 6)	24	19	114	80	36	273
	Otro (≤ 5)	24	39	108	62	40	273
	Total	48	58	222	142	76	546
Innovación	Máx. (= 6)	26	25	130	68	38	287
	Otro (≤ 5)	23	34	91	75	37	260
	Total	49	59	221	143	75	547
Intercultural	Máx. (= 6)	23	22	102	67	30	244
	Otro (≤ 5)	25	38	119	76	44	302
	Total	48	60	221	143	74	546
Identidad profesional	Máx. (= 6)	34	40	169	107	51	401
	Otro (≤ 5)	15	19	56	35	24	149
	Total	49	59	225	142	75	550

Tabla 77. Comparaciones de las proporciones de columnas, correspondientes a rama de conocimiento, de las valoraciones de las competencias docentes.

PRUEBAS DE CHI-CUADRADO DE PEARSON		RAMA
Planificación	Chi cuadrado	2,406
	gl	4
	Sig.	0,661
Comunicación	Chi cuadrado	17,373
	gl	4
	Sig.	0,002*
Motivación	Chi cuadrado	11,137
	gl	4
	Sig.	0,025*
Metodología	Chi cuadrado	4,808
	gl	4
	Sig.	0,308
Integración de medios	Chi cuadrado	21,149
	gl	4
	Sig.	0,000*
Tutoría	Chi cuadrado	13,732
	gl	4
	Sig.	0,008*
Evaluación	Chi cuadrado	9,056
	gl	4
	Sig.	0,060
Investigación	Chi cuadrado	5,900
	gl	4
	Sig.	0,207
Pertenencia institucional	Chi cuadrado	9,551
	gl	4
	Sig.	0,049*
Innovación	Chi cuadrado	7,480
	gl	4
	Sig.	0,113
Intercultural	Chi cuadrado	2,743
	gl	4
	Sig.	0,602
Identidad profesional	Chi cuadrado	2,985
	gl	4
	Sig.	0,560

Los resultados se basan en filas y columnas no vacías de cada subtabla más al interior.
* El estadístico de chi-cuadrado es significativo en el nivel 0,05.

Tabla 78. Comparaciones de las proporciones por pares, correspondientes a rama de conocimiento, de las valoraciones de las competencias docentes.

COMPARACIONES DE PROPORCIONES DE COLUMNAS[a]

		RAMA				
		Artes y huma-nidades	Ciencias	Ciencias sociales	Ciencias de la salud	Arqui-tectura e ingeniería
		(A)	(B)	(C)	(D)	(E)
Planificación	Máximo (= 6)					
	Otro (≤ 5)					
Comunicación	Máximo (= 6)			B	B	
	Otro (≤ 5)		C D			
Motivación	Máximo (= 6)				B	
	Otro (≤ 5)		D			
Metodología	Máximo (= 6)					
	Otro (≤ 5)					
Integración de medios	Máximo (= 6)			B D		B
	Otro (≤ 5)		C E		C	
Tutoría	Máximo (= 6)			B	B	
	Otro (≤ 5)		C D			
Evaluación	Máximo (= 6)					
	Otro (≤ 5)					
Investigación	Máximo (= 6)					
	Otro (≤ 5)					
Pertenencia institucional	Máximo (= 6)				B	
	Otro (≤ 5)		D			
Innovación	Máximo (= 6)					
	Otro (≤ 5)					
Intercultural	Máximo (= 6)					
	Otro (≤ 5)					
Identidad profesional	Máximo (= 6)					
	Otro (≤ 5)					

Los resultados se basan en pruebas bilaterales con un nivel de significación 0,05. Para cada par significativo, la clave de la categoría con la proporción de columna menor aparece debajo de la categoría con mayor proporción de columna.

[a] Utilizando la corrección de Bonferroni, se han ajustado las pruebas para todas las comparaciones por pares dentro de una fila para cada subtabla situada más al interior.

3.4.8. *Comparación por modalidad de enseñanza*

Los resultados obtenidos al realizar las comparaciones entre las modalidades de enseñanza se encuentran en la tabla 79. Las comparaciones derivadas de la prueba de chi-cuadrado muestran diferencias significativas en las competencias de planificación, comunicación, evaluación, innovación, intercultural e identidad profesional (tabla 80).

Tabla 79. Comparación de la valoración de las competencias docentes modalidad de enseñanza.

		MODALIDAD			
		Presencial	Distancia	Bimodal	Total
Planificación	Máx. (= 6)	266	30	30	326
	Otro (≤ 5)	169	38	24	231
	Total	435	68	54	557
Comunicación	Máx. (= 6)	234	23	34	291
	Otro (≤ 5)	203	43	18	264
	Total	437	66	52	555
Motivación	Máx. (= 6)	217	25	29	271
	Otro (≤ 5)	222	42	23	287
	Total	439	67	52	558
Metodología	Máx. (= 6)	231	29	29	289
	Otro (≤ 5)	206	37	23	266
	Total	437	66	52	555
Integración de medios	Máx. (= 6)	217	24	27	268
	Otro (≤ 5)	220	39	24	283
	Total	437	63	51	551
Tutoría	Máx. (= 6)	219	29	32	280
	Otro (≤ 5)	216	34	21	271
	Total	435	63	53	551
Evaluación	Máx. (= 6)	255	25	33	313
	Otro (≤ 5)	184	42	18	244
	Total	439	67	51	557
Investigación	Máx. (= 6)	205	23	25	253
	Otro (≤ 5)	225	43	24	292
	Total	430	66	49	545
Pertenencia institucional	Máx. (= 6)	225	25	23	273
	Otro (≤ 5)	212	41	24	277
	Total	437	66	47	550
Innovación	Máx. (= 6)	234	22	31	287
	Otro (≤ 5)	203	44	17	264
	Total	437	66	48	551
Intercultural	Máx. (= 6)	203	15	26	244
	Otro (≤ 5)	232	51	23	306
	Total	435	66	49	550
Identidad profesional	Máx. (= 6)	325	38	40	403
	Otro (≤ 5)	113	29	9	151
	Total	438	67	49	554

Tabla 80. Comparaciones de las proporciones de columnas, correspondientes a modalidad de enseñanza, de las valoraciones de las competencias docentes.

PRUEBAS DE CHI-CUADRADO DE PEARSON		UNIVERSIDAD
Planificación	Chi cuadrado	7,246
	gl	2
	Sig.	0,027*
Comunicación	Chi cuadrado	11,897
	gl	2
	Sig.	0,003*
Motivación	Chi cuadrado	4,608
	gl	2
	Sig.	0,100
Metodología	Chi cuadrado	2,143
	gl	2
	Sig.	0,343
Integración de medios	Chi cuadrado	3,363
	gl	2
	Sig.	0,186
Tutoría	Chi cuadrado	2,554
	gl	2
	Sig.	0,279
Evaluación	Chi cuadrado	11,842
	gl	2
	Sig.	0,003*
Investigación	Chi cuadrado	4,242
	gl	2
	Sig.	0,120
Pertenencia institucional	Chi cuadrado	4,258
	gl	2
	Sig.	0,119
Innovación	Chi cuadrado	12,678
	gl	2
	Sig.	0,002*
Intercultural	Chi cuadrado	14,954
	gl	2
	Sig.	0,001*
Identidad profesional	Chi cuadrado	11,102
	gl	2
	Sig.	0,004*

Los resultados se basan en filas y columnas no vacías de cada subtabla más al interior.
* El estadístico de chi-cuadrado es significativo en el nivel 0,05.

Cuando se realizan comparaciones por pares (tabla 81), se encuentran diferencias significativas entre la modalidad presencial y la modalidad a distancia en las mismas competencias que acabamos de señalar, diferencias que se mantienen entre la modalidad a distancia y la bimodal, si exceptuamos la competencia de planificación.

Tabla 81. Comparaciones de las proporciones por pares, correspondientes a modalidad de enseñanza, de las valoraciones de las competencias docentes.

COMPARACIONES DE PROPORCIONES DE COLUMNAS[a]

		MODALIDAD		
		Presencial	Distancia	Bimodal
		(A)	(B)	(C)
Planificación	Máximo (= 6)	B		
	Otro (≤ 5)		A	
Comunicación	Máximo (= 6)	B		B
	Otro (≤ 5)		A C	
Motivación	Máximo (= 6)			
	Otro (≤ 5)			
Metodología	Máximo (= 6)			
	Otro (≤ 5)			
Integración de medios	Máximo (= 6)			
	Otro (≤ 5)			
Tutoría	Máximo (= 6)			
	Otro (≤ 5)			
Evaluación	Máximo (= 6)	B		B
	Otro (≤ 5)		A C	
Investigación	Máximo (= 6)			
	Otro (≤ 5)			
Pertenencia institucional	Máximo (= 6)			
	Otro (≤ 5)			
Innovación	Máximo (= 6)	B		B
	Otro (≤ 5)		A C	
Intercultural	Máximo (= 6)	B		B
	Otro (≤ 5)		A C	
Identidad profesional	Máximo (= 6)	B		B
	Otro (≤ 5)		A C	

Los resultados se basan en pruebas bilaterales con un nivel de significación 0,05. Para cada par significativo, la clave de la categoría con la proporción de columna menor aparece debajo de la categoría con mayor proporción de columna.

[a] Utilizando la corrección de Bonferroni, se han ajustado las pruebas para todas las comparaciones por pares dentro de una fila para cada subtabla situada más al interior.

4. Una lectura cuantitativa de las respuestas de las preguntas abiertas

Como se ha indicado, para cada una de las competencias docentes el cuestionario incluye un espacio abierto en el cual los profesores han podido expresar sus opiniones y narrativas sobre qué tareas consideran apropiadas para la adquisición y desarrollo de la competencia indicada.

Dedicamos este apartado a elaborar una lectura cuantitativa de dichas narrativas. La técnica empleada se basa en las ideas características de las metodologías de investigación mixtas, cualitativas y cuantitativas, y puede esquematizarse del modo siguiente:

1. Inicialmente, se procede a una fase de limpieza y depuración de los posibles errores y erratas que puedan existir en el material bruto, con la ayuda inicial de un corrector ortográfico o, incluso, de forma manual mediante una lectura atenta del texto original.

2. A continuación, se aplica a las respuestas un software de Minería de textos para identificar los términos y expresiones más singulares que aparecen en las narrativas. Dichos términos son el elemento material con que los encuestados expresan sus opiniones sobre la cuestión planteada. Como es fácil suponer, la variedad de las respuestas es amplia, si bien, con la ayuda del software y una lectura atenta del investigador es posible extraer de manera interactiva algunas ideas generales que, conceptualmente, recogen el significado que quiere expresar el encuestado en su respuesta. Estas ideas reciben el nombre de *conceptos* o *códigos* y forman el esqueleto más simplificado de las ideas básicas que pueden encontrarse en las respuestas. Así pues, el resultado final de esta etapa consiste en obtener el denominado *diccionario de conceptos*.

3. Conforme a los métodos del Análisis de contenido, el siguiente paso consiste en aplicar o marcar con los códigos del diccionario cada una de las respuestas, Para ello, hay que definir la denominada unidad de codificación, por ejemplo, el encuestado, los párrafos del documento u otros. En nuestro caso, vistas las características de las redacciones encontradas, se decidió que la unidad de codificación apropiada era los *párrafos* que forman la respuesta. Como resultado de la codificación, quedan definidas en cada una de las observaciones de los datos

originales unas variables de tipo cualitativo binario, con carácter de indicadoras de la presencia o ausencia de un determinado concepto, o código, en cada una de las respuestas.

4. Finalmente, se realiza una lectura de la encuesta basada en el análisis estadístico de estas variables indicadoras. El tipo de análisis realizado será similar al efectuado con las demás variables de la encuesta: un examen descriptivo de cada uno de los códigos, en forma de tablas y diagramas de barras, y un estudio conjunto de dichas variables basado en las técnicas de reducción de variables, como el escalamiento multidimensional o el análisis de correspondencias.

En los apartados siguientes se incluirán los resultados obtenidos por aplicación de las ideas que acabamos de describir a las repuestas abiertas. Antes de presentar los análisis es necesario señalar un hecho relevante para su interpretación que se comenta a continuación.

Con frecuencia, en las investigaciones que utilizan como instrumento de indagación un cuestionario mixto integrado por preguntas con respuesta estructurada y preguntas abiertas, se observa que muchos encuestados obvian la cumplimentación de la parte del cuestionario correspondiente a las narrativas. Sin duda, responder a una cuestión abierta conlleva un esfuerzo de redacción sensiblemente mayor que el exigido para valorar en una escala un determinado ítem del cuestionario. Por ello, es comprensible que se produzcan numerosas respuestas vacías en este tipo de cuestiones.

En la tabla 82 se muestra el número de respuestas de cada pregunta abierta y el número de encuestados de cada universidad que respondieron al menos a alguna pregunta abierta. Se observa que no se obtuvo ninguna repuesta de la ESPE ni del IUNIR. En la UNED respondieron al menos a alguna pregunta 36 encuestados, lo que representa un 40% del total de encuestados en la institución; en la UNISON se obtuvieron 81 respuestas, que suponen un 64,8% y en la LIBRE se alcanzaron 33 respuestas que representa un 58,9% de los encuestados en dicha universidad. En total, el número de encuestados que respondieron al menos a alguna respuesta es de 150, es decir, un 25,4% del total de la muestra. Como se puede ver en la tabla 82, ninguna de las competencias obtuvo un pleno de respuestas; con carácter general, se aprecia una decrecimiento en la intensidad de las respuestas a medida que se avanza a lo largo del cuestionario.

Tabla 82. Número de respuestas de alguna pregunta abierta y número de repuestas de cada pregunta abierta por universidades.

Número de respuestas de las preguntas abiertas	UNIVERSIDAD			
	UNED	UNISON	LIBRE	TOTAL
Al menos alguna pregunta	36	81	33	150
Planificación	32	73	30	135
Comunicación	25	62	24	111
Motivación	18	62	18	98
Metodología	20	59	19	98
Integración de medios	21	55	16	92
Tutoría	20	56	16	92
Evaluación	19	59	20	98
Investigación	18	57	16	91
Pertenencia institucional	15	54	16	85
Innovación	17	50	18	85
Interculturalidad	18	46	14	78
Identidad profesional	10	48	11	69

4.1. El diccionario de conceptos

El examen de las respuestas abiertas condujo a la elaboración de un diccionario de conceptos clasificados de acuerdo con el catálogo de las doce competencias consideradas en el estudio. Aunque por razones metodológicas, el diccionario se va a presentar de acuerdo con esta catalogación, cabe señalar que la identificación y búsqueda de los códigos se ha extendido a todas las repuestas abiertas y no sólo a la correspondiente a la competencia bajo la cual se ha clasificado el código. De hecho, se observa con bastante frecuencia la presencia de términos que se repiten en varias respuestas abiertas correspondientes a distintas competencias. Esto es, sin duda, coherente con el concepto de competencia, puesto que la adquisición y desarrollo de una determinada competencia suele ser fruto de una serie de tareas que gozan de cierta transversalidad a lo largo del mapa de competencias.

El diccionario de conceptos y los términos encontrados en las narrativas está integrado por los 30 códigos siguientes:

– **Planificación:**

- *Planificación general.*

   Principales términos incluidos: *planificación, planeación, plan de estudios, perfil profesional, perfil del alumnado, características del alumnado, objetivos.*

- *Organización tiempo.*

   Principales términos incluidos: *organización, organizar, calendario, calendarización, cronograma, tiempo disponible, horario, distribución de tiempo.*

– **Comunicación:**

- *Recursos comunicación.*

   Principales términos incluidos: *expresión corporal, lenguaje coloquial, mayéutica, retórica, hablar claro, diferentes registros, manera formal.*

- *Comunicación general.*

   Principales términos incluidos: *comunicación, clase presencial, preguntas frecuentes, FAQ, ensayar el discurso, requerimientos alumnos.*

– **Motivación:**

- *Participación estudiantes.*

   Principales términos incluidos. *participación alumnos, opinión alumnos, intereses alumnos, consultas alumnos, diálogo, interacción, reuniones alumnos, conocer alumnos.*

- *Dinámica grupos.*

   Principales términos incluidos: *dinámica de grupos, grupos discusión, grupos estudio, grupo trabajo, aprendizaje colaborativo, comunidad de aprendizaje, dilemas éticos, problematizaciones, técnicas cooperativas.*

- *Motivación general.*

   Principales términos incluidos: *motivación, automotivación, concursos, premios, puntos extras.*

- **Metodología:**

  • *Estrategias didácticas.*

    Principales términos incluidos: *metodología, explicaciones, exposiciones, casos clínicos, casos reales, actividades de campo, análisis de documentación, simulación.*

  • *Conocimientos.*

    Principales términos incluidos: *conocimientos, ejercicios, dominio de la materia, campo específico, lecturas.*

- **Integración de medios:**

  • *Medios virtuales.*

    Principales términos incluidos: *computadora, internet, correo electrónico, TIC, videoconferencia, plataforma, virtualización, foros, software, bases de datos.*

  • *Materiales didácticos.*

    Principales términos incluidos: *materiales didácticos, medios didácticos, diseño de material, libros, diapositivas, Power Point, pizarras.*

  • *Materiales multimedia.*

    Principales términos incluidos: *materiales multimedia, medios audiovisuales, vídeo, televisión, películas, radio, grabaciones.*

- **Tutoría:**

  • *Actividad tutorial.*

    Principales términos incluidos: *tutoría, tutor, dudas, entrevistas, seguimiento diario, TAR.*

  • *Asesoramiento.*

    Principales términos incluidos: *asesoramiento, orientaciones, refuerzos, acompañamiento, coordinación tutorial.*

- **Evaluación:**

  • *Modalidades evaluación.*

    Principales términos incluidos: *evaluación, autoevaluación.*

- *Instrumentos evaluación.*

  Principales términos incluidos: *instrumentos de evaluación, exámenes, trabajos, cuestionarios, ensayos, PEC, participación en el foro, portafolio, quiz.*

– **Investigación:**

- *Proyectos investigación.*

  Principales términos incluidos: *investigación, proyectos de investigación, grupos de investigación.*

- *Congresos.*

  Principales términos incluidos: *congresos, conferencias, jornadas.*

- *Publicaciones.*

  Principales términos incluidos: *publicaciones, revistas científicas, artículos, bibliografía.*

– **Pertenencia institucional:**

- *Redes docentes.*

  Principales términos incluidos: *redes docentes, comunidad docente.*

- *Trabajo colaborativo.*

  Principales términos incluidos: *trabajo colaborativo, trabajo en equipo, compañeros, equipo docente, tareas en equipo, aportar ideas, puesta en común.*

- *Institución.*

  Principales términos incluidos: *institución, institucional, misión y visión, comisiones académicas, reuniones de profesores, claustro, facultad, actividad sindical, sede central.*

– **Innovación:**

- *Innovación general.*

  Principales términos incluidos: *innovación, proyectos de innovación, propuestas novedosas, propuestas innovadoras.*

- *Actitud innovadora.*

    Principales términos incluidos: *autocrítica, flexibilidad, actualización metodológica, potencial creativo.*

- **Intercultural:**

- *Valores.*

    Principales términos incluidos: *valores, formación integral, no discriminación.*

- *Diversidad.*

    Principales términos incluidos: *diversidad, intercultural, multicultural, globalización, discapacidad, factores identitarios, aspectos psicosociales, exclusión social, estudiantes extranjeros, estudiantes indígenas.*

- **Identidad profesional:**

- *Experiencia.*

    Principales términos incluidos: *experiencia, entrenamiento.*

- *Reflexión.*

    Principales términos incluidos: *reflexión, autoobservación, concienciación, compromiso.*

- *Formación.*

    Principales términos incluidos: *formación, formación permanente, capacitación, actualización, seminarios, sabáticos, IUED.*

- *Evaluación profesional.*

    Principales términos incluidos: *evaluación profesional, autoevaluación docente, procesos de autoevaluación, autoevaluación permanente.*

4.2. Estadísticas de conceptos

La tabla 83 recoge la distribución del número de veces que aparece citado cada concepto del diccionario en las narrativas.

Tabla 83. Frecuencia y porcentaje de aparición en las narrativas de cada concepto del diccionario y número de encuestados y porcentaje del total de encuestados que habiendo dado respuesta a alguna de las narrativas incluidas en el cuestionario (150) hacen referencia al concepto en alguna de ellas.

COMPETENCIA	CONCEPTO DEL DICCIONARIO	Fre- cuencia	%	Encues- tados	%
Planificación	Planificación General	82	6,08	61	40,67
Planificación	Organización tiempo	29	2,15	21	14,00
Comunicación	Comunicación general	41	3,04	31	20,67
Comunicación	Recursos Comunicación	23	1,70	22	14,67
Motivación	Dinámica grupos	32	2,37	28	18,67
Motivación	Participación estudiantes	28	2,08	23	15,33
Motivación	Motivación general	27	2,00	27	18,00
Metodología	Estrategias Didácticas	107	7,93	63	42,00
Metodología	Conocimientos	76	5,63	52	34,67
Integración de medios	Medios virtuales	115	8,52	74	49,33
Integración de medios	Materiales Didácticos	73	5,41	46	30,67
Integración de medios	Materiales multimedia	25	1,85	18	12,00
Tutoría	Actividad tutorial	46	3,41	38	25,33
Tutoría	Asesoramiento	43	3,19	37	24,67
Evaluación	Modalidades Evaluación	73	5,41	55	36,67
Evaluación	Instrumentos Evaluación	41	3,04	31	20,67
Investigación	Proyectos Investigación	101	7,49	72	48,00
Investigación	Publicaciones	34	2,52	25	16,67
Investigación	Congresos	12	0,89	10	6,67
Pertenencia institucional	Institución	42	3,11	38	25,33
Pertenencia institucional	Trabajo colaborativo	36	2,67	30	20,00
Pertenencia institucional	Redes Docentes	22	1,63	16	10,67
Innovación	Innovación general	16	1,19	14	9,33
Innovación	Actitud innovadora	9	0,67	8	5,33
Intercultural	Diversidad	28	2,08	26	17,33
Intercultural	Valores	18	1,33	15	10,00
Identidad profesional	Formación	112	8,30	65	43,33
Identidad profesional	Experiencia	34	2,52	17	11,33
Identidad profesional	Reflexión	13	0,96	11	7,33
Identidad profesional	Evaluación profesional	11	0,82	10	6,67

La representación de dicha distribución en forma de diagrama de barras aparece en la figura 55.

Los grupos de conceptos que sobresalen por su mayor frecuencia, con más de 100 apariciones cada uno, son los que hacen referencia a los *medios virtuales*, citado por 74 docentes, la *formación*, citado por 65, las *estrategias didácticas*, citado por 63 y los *proyectos de investigación*, citado por 72 encuestados. El caso de los medios virtuales no parece extraño, pues las tecnologías tienen actualmente una gran vigencia en el ámbito docente y

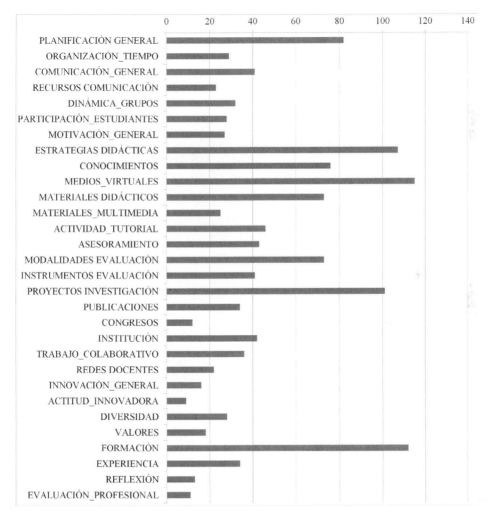

Figura 55. Diagrama de barras de la distribución de frecuencias de aparición de cada concepto del diccionario en las narrativas.

afloran fácilmente al discurso de los profesores cuando se les pregunta sobre las cuestiones que pueden contribuir a la mejora de su docencia. En el mismo sentido puede considerarse la posición relevante de las estrategias didácticas, que actualmente han cobrado un renovado impulso a la hora de configurar la docencia. En cambio, merece la pena destacar la presencia destacada en las narrativas de dos ideas que, entendemos, son los dos pilares en los que se fundamenta actualmente la carrera profesional. Por un lado, se tiene conciencia de la necesidad de formación docente, como la capacitación y actualización pedagógica. Por otra parte, se reconoce que la actividad investigadora es hoy en día un pilar esencial para la promoción profesional. Por ello no es sorprendente que estos dos conceptos estén muy presentes en las narrativas del profesorado.

Un segundo bloque de conceptos con una posición destacada está integrado por la *planificación general*, con 82 citas de 61 encuestados, los *conocimientos*, con 76 citas de 52 encuestados, las *modalidades de evaluación*, con 73 citas de 55 encuestados y los *materiales didácticos* con 73 citas de 46 encuestados. Encontramos de nuevo en nuestro estudio, el papel básico que desempeña la planificación en la actividad docente, junto con lo que podemos llamar sus elementos más tradicionales, los conocimientos de la disciplina, los materiales y la evaluación.

En la zona intermedia de la tabla, con un número de citas en el rango de 22 a 46, figura un grupo de conceptos relativos a todo el espectro de competencias salvo la innovación. El número de encuestados que son responsables de la citas oscila también entre 20 y 40, aproximadamente, con un reparto bastante uniforme. No obstante, resalta las referencias al concepto *experiencia* que, en media, es citado dos veces por cada encuestado que lo ha incluido en su narrativa.

En la parte baja de la tabla, con menos de una veintena de citas, encontramos algunos conceptos relativos a la pertenencia institucional, como las *redes,* y la identidad profesional, como la *reflexión.* Sin embargo, es llamativo, una vez más en el estudio, la escasa presencia de menciones a la innovación e incluso a la interculturalidad, a las cuales apenas se refiere una decena de encuestados.

Si agrupamos los conceptos por competencias, obtenemos la tabla 84 en la que se muestra el número de veces, y el correspondiente porcentaje, que se encuentra en las narrativas cada uno de los conceptos que encajan dentro de cada competencia docente. El correspondiente diagrama de barras se ve

Tabla 84. Distribuciones del número y porcentaje de conceptos del diccionario, agrupados por competencias, encontrados en las narrativas y del número y porcentaje de encuestados que citan al concepto en alguna de sus narrativas.

CONCEPTO DEL DICCIONARIO	Núm.	%	Respuestas	%
Integración de medios	213	15,80	94	62,70
Metodología	183	13,60	85	56,70
Identidad profesional	170	12,60	76	50,70
Investigación	147	10,90	81	54,00
Evaluación	114	8,50	69	46,00
Planificación	111	8,20	69	46,00
Pertenencia institucional	100	7,40	65	43,30
Tutoría	89	6,60	62	41,30
Motivación	87	6,40	61	40,70
Comunicación	64	4,70	41	27,30
Intercultural	46	3,40	37	24,70
Innovación	25	1,90	21	14,00

en la figura 56. Asimismo, en la tabla se incluye el número de encuestados que han mencionado el concepto en alguna de sus narrativas, acompañado del porcentaje que representa dicho número con respecto al colectivo de encuestados que han incluido en sus respuestas alguna narrativa.

Al ordenar las competencias de acuerdo con el número de citas que recogen las narrativas, asciende al primer lugar la *integración de medios*, fruto sin duda, como se ha indicado anteriormente, de la facilidad con que se incorpora al discurso del buen hacer docente la omnipresencia de los medios virtuales, los materiales multimedia e incluso los materiales tradicionales. En la misma línea pueden considerarse los aspectos metodológicos que ocupan el segundo lugar en cuanto a número de referencias.

Las dos competencias docentes siguientes de la lista conforman, al igual que en la discusión previa realizada a partir de la lista extensa de conceptos del diccionario, los dos elementos de la carrera profesional: la *identidad docente* y la *investigación*.

La presencia a continuación de la *evaluación*, con más de un centenar de citas en conjunto, puede explicarse por la adición de los conceptos relativos a las modalidades y los instrumentos de evaluación.

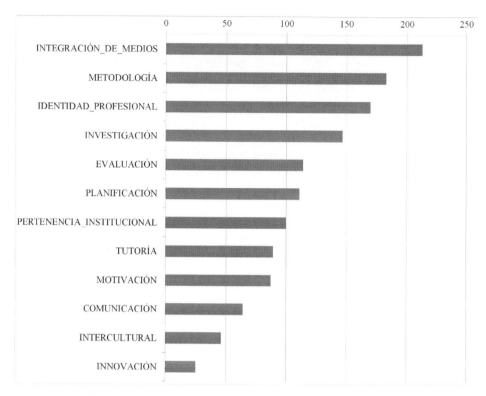

Figura 56. Diagrama de barras del número de conceptos de cada competencia encontrados en las narrativas.

La *planificación* mantiene un lugar destacado en las narrativas, así como la *pertenencia institucional*. Siguen a continuación las tres competencias prácticas relativas a la *tutoría*, la *motivación* y la *comunicación*. Y ocupan los últimos lugares de la tabla la *interculturalidad* y la *innovación*.

4.3. Concurrencia de conceptos

Examinamos en este apartado la concurrencia de conceptos en las narrativas. Este análisis nos permitirá tener una nueva perspectiva de la visión del profesorado acerca de las competencias docentes, basada en la lectura numérica de las narrativas codificadas con los conceptos establecidos por el diccionario.

Para efectuar este examen recurriremos a dos técnicas complementarias: el análisis de conglomerados y el escalamiento multidimensional. Ambos procedimientos conducen a una representación de la similitud, o cercanía, entre los diferentes conceptos del diccionario, tanto en su forma extensa, como en su forma reducida en la que los conceptos considerados llevan el mismo nombre que las competencias del mapa confeccionado.

El objetivo del análisis de conglomerados es obtener el dendrograma o árbol de proximidad entre conceptos, plasmando las semejanzas y diferencias entre ellos. Por su parte, el escalamiento multidimensional representa en un plano bidimensional todas las variables que representan los conceptos, manteniendo en dicha representación una imagen a escala de la cercanía o lejanía entre ellos, deducida de su distribución en la muestra. En definitiva, lo que se pretende es hacer una valoración sobre cómo se ve en las narrativas de los encuestados las interacciones entre las distintas competencias.

4.3.1. *Proximidad entre los conceptos del diccionario*

El dendrograma de proximidad entre los conceptos de la lista extensa del diccionario se representa en la figura 57, se observa que la similaridad entre las competencias es, en todos los casos, inferior a 0,1. Este dato es un

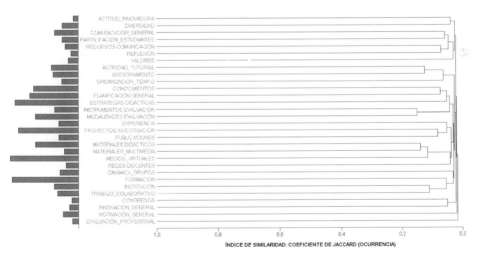

Figura 57. Dendrograma del índice de similaridad de los conceptos de la lista extensa del diccionario.

buen indicador de que cada una de los conceptos incluidos en el diccionario aporta información propia, es decir, no parece observarse conceptos redundantes en el diccionario.

En la figura 58 se presenta el dendrograma del orden de aglomeración de los conceptos del diccionario, mientras que la figura 59 representa dicho mapa de conceptos.

El examen de ambas gráficas encierra información relevante sobre el grado de asociación que presentan los conceptos considerados, según puede deducirse de su presencia conjunta en las narrativas. Algunas ideas que pueden destacarse son las siguientes:

– Buena parte de los clúster de proximidad y asociaciones que se observan coinciden con lo esperado al tener presente nuestro conocimiento del dominio. En particular, podemos señalar que las ideas sobre la planificación general, las cuestiones metodológicas (estrategias y conocimientos) y las cuestiones de evaluación (modalidades e instrumentos) resultan muy cercanas. Otra asociación evidente es la que presentan las cuestiones sobre la integración de medios (materiales, multimedia y virtualización). También están cercanos aspectos relativos a la comunicación y motivación de los estudiantes (comunicación, recursos y participación). Con cierta independencia, pero con repre-

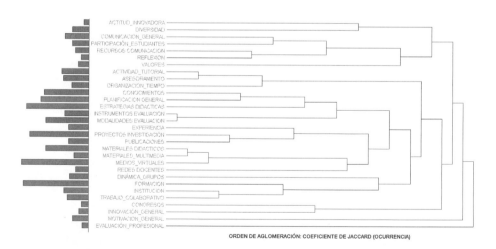

Figura 58. Dendrograma del orden de aglomeración de los conceptos de la lista larga del diccionario.

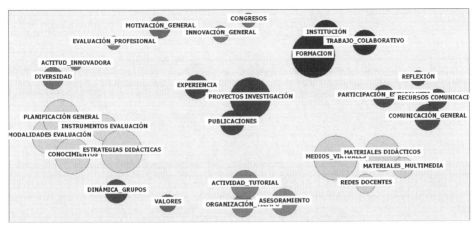

Figura 59. Mapa de conceptos extraído de las narrativas.

sentación relativamente cercana, encontramos los conceptos relativos a congresos o innovación general a los conceptos de investigación y publicaciones.

– En los gráficos podemos observar asociaciones menos evidentes a primera vista y que, sin embargo, en nuestra opinión proporcionan información novedosa sobre la visión de los docentes acerca de las actividades en que puede desdoblarse el desarrollo de una competencia.

Algunas ideas al respecto son las siguientes:

– La formación docente y el trabajo colaborativo encuentran su lugar dentro de la institución, lo que nos lleva a recalcar el papel que deben realizar las universidades en orden a favorecer la formación de su profesorado y crear un clima de colaboración entre los docentes de la misma.

– La investigación se asocia de forma natural con las publicaciones, pero también destaca la cercanía del concepto relacionado con la experiencia. Ello significa que en las respuestas de la encuesta los profesores hacen mención conjunta de la experiencia al hablar de investigación. Una posible idea a explorar es cómo ven los profesores menos experimentados la actividad investigadora.

– Cercano al clúster que engloba a los conceptos de integración de medios, observamos el concepto relativo a redes docentes. Esto parece indicar que el profesorado otorga cierto protagonismo al trabajo en red a la hora de preparar los materiales didácticos, como los medios virtuales.

– Una idea interesante, que por otra parte se ha encontrado en diversas ocasiones en la encuesta, es la asociación que puede observarse entre los conceptos de la tutoría (actividad tutorial y asesoramiento) con la organización del tiempo, concepto éste que hemos incluido dentro de la competencia de planificación. Cabe decir que los profesores encuentran relación entre la eficacia de la labor tutorial y la organización de dicha actividad, especialmente en lo relativo al tiempo dedicado a la misma.

– El clúster que engloba los conceptos de comunicación y participación de estudiantes tiene en su entorno el concepto de reflexión. Podemos interpretar que una de las principales misiones de la autoobservación de los profesores tiene como objetivo la mejora de su capacidad de comunicación y motivación de los estudiantes.

– En el mismo ámbito de la motivación encontramos que la dinámica de grupos se encuentra próxima al concepto que recoge los valores, incluido en el diccionario dentro de la competencia de interculturalidad. La interpretación posible de esta asociación es entender que la mejor manera de manejar el aula, y los grupos que puedan configurarse en ella, no es otra que procurar que la función docente esté constantemente presidida por una formación en valores.

– Una asociación interesante se observa entre el concepto relativo a la diversidad y el concepto de actitud innovadora. Parece indicar que en el discurso del profesorado hay una proximidad entre la manifestación de actitudes innovadoras y la sensibilidad hacia los problemas derivados de la multiculturalidad.

4.3.2. *Proximidad entre las competencias a partir del diccionario de conceptos*

En la figura 60 se representa el dendrograma del índice de similaridad entre las competencias que puede deducirse a partir de los conceptos incluidos en el diccionario. Como se observa, la semejanza entre ellas es, en todos la casos, inferior a 0,1. Este dato es una aportación más para confirmar que

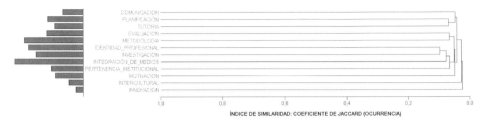

Figura 60. Dendrograma del índice de similaridad entre los conceptos de competencias.

el conjunto de competencias consideradas en el estudio es apropiado para los objetivos de la investigación. En efecto, todas ellas presentan una dimensión propia e independiente del conjunto, sin que puedan observarse que incluyan información redundante.

En la figura 61 se representa dendrograma del orden de aglomeración entre los conceptos relativos a las competencias y en la figura 62 se incluye el mapa de competencias que se obtiene por escalamiento multidimensional del conjunto de conceptos del diccionario.

Ambas figuras contienen relevante información sobre la estructura de las competencias que puede deducirse de las narrativas. Entre las principales ideas que pueden observarse, consideramos oportuno destacar las siguientes:

– Se pone de manifiesto el papel peculiar que ocupan en el mapa las competencias de innovación e interculturalidad. Ambas se muestran relativamente independientes del resto, e incluso entre ellas mismas. De alguna forma, se confirma que la visión que tienen los docentes de estas competencias es sensiblemente diferente del resto.

Figura 61. Dendrograma del orden de aglomeración entre los conceptos de competencias.

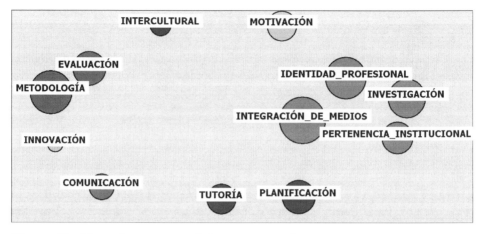

Figura 62. Mapa de conceptos de las competencias.

– En una línea similar se encuentran las competencias de comunicación y motivación, con un carácter que ahora se destaca relativamente, tanto de las competencias prácticas como las de reflexión. Ahora bien, no deja de observarse la diferente ubicación en el mapa de cada una de ellas. Mientras la comunicación está más próxima a competencias relacionadas con la actividad docente en el aula (metodología, tutoría, evaluación, planificación) la motivación parece estar más cercana de la identidad profesional, la investigación e incluso la pertenencia institucional.

– El resto de las competencias del mapa se agrupan en tres clúster: uno formado por la planificación y tutoría, otro por la metodología y la evaluación, y un tercer formado por la identidad profesional, la investigación, la integración de medios y la pertenencia institucional.

– En líneas generales podemos afirmar que tienen bastante similitud con los resultados que se ha obtenido como consecuencia del análisis de las valoraciones. En particular, la metodología y evaluación mantienen su cercanía. La planificación presenta una dimensión basal peculiar. La pertenencia institucional y la investigación son cercanas.

– No obstante, podemos identificar algunas peculiaridades que pueden explicarse mediante las siguientes consideraciones. La cercanía de la tutoría a la planificación puede venir motivada por las consideraciones de tiempo y organización que señalamos anteriormente. En cuanto a la presencia de la identidad profesional en el mismo clúster que la investigación y la pertenencia institucional viene motivada por las importantes implicaciones y asociaciones que se aprecian en las narrativas sobre la fundamentación de la profesional. Como es notorio, actualmente la promoción del profesorado se basa, principalmente, en el desarrollo de actividades de investigación y tiene la oportunidad de materializarse dentro del ámbito de la institución. De ahí que sean frecuentes en las narrativas la coocurrencia de estos conceptos.

- Finalmente, entendemos que la supremacía numérica de citas a la integración de medios y su mayor dimensión en el mapa es debida a la actual presencia de los medios virtuales, internet, etc., en los discursos de los docentes. De ahí el papel central que, a la vista del mapa de competencias parece desempeñar, a tenor de lo recogido en las narrativas.

CAPÍTULO 5

Mapa de Competencias emergidas de los datos empíricos y bases teóricas. Discusión y conclusiones de la investigación

1. Introducción

La investigación realizada mediante el empleo de un cuestionario con elevada validez de contenido y alta fiabilidad, que hemos presentado con minuciosidad en el capítulo anterior, nos avala para afirmar que el mapa de competencias presentado ha sido en su globalidad altamente valorado por el profesorado; desde la competencia más estimada según los diferentes análisis *Planificación* que agrupa la mayoría de las valoraciones otorgadas en torno a los valores de 5 y 6 con media de 5,48, moda y mediana de 6, hasta la menos valorada, la *Competencia Intercultural* que alcanza puntuaciones medias entre 4,90 y 5,25, con mediana de 5 en casi todos los encuestados y un 6 de moda en todas las preguntas.

La afirmación más pertinente es que todas las competencias constitutivas del mapa presentado al profesorado han sido en general muy estimadas, superando en una gran mayoría el valor de 5 sobre una valoración máxima de 6.

El mapa de competencias implica la síntesis de las más destacadas características que el profesorado universitario ha de asumir, desarrollar y mejorar continuamente si desea formar adecuadamente a los estudiantes, tener un conocimiento de sí mismos en los desafíos que presenta la docencia de calidad y compartir con el claustro universitario, un escenario riguroso de los aspectos, dimensiones formativas y marcos más valiosos para lograr desempeñar la docencia universitaria con el compromiso de la innovación permanente.

Mapa de competencias (armonizado)

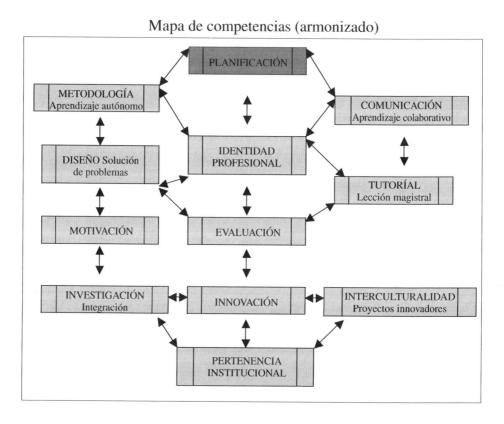

Mapa de competencias del Profesorado Universitario

La justificación del modelo objeto de la investigación se constata en el estudio de los numerosos datos alcanzados, presentados ampliamente y en los que profundizamos con un significado más holístico, analizando los instrumentos aplicados. Cabe destacar que la información más extensa y de mayor contenido en respuestas así como de elevada pertinencia en los datos obtenidos se ha explicitado en las respuestas a las preguntas cerradas del cuestionario. La riqueza de las preguntas abiertas, los abundantes textos y diálogos grabados y valorados en los Grupos de Discusión, sintéticamente presentados, constituyen el gran contrapunto característico del análisis cualitativo, que se ha completado con el diccionario de términos y atributos enumerados, aplicando la metodología de minería de datos.

Deseamos dar constancia de la Técnica de Ordenación/Jerarquización de las valoraciones dadas a cada competencia por los numerosos docentes que han realizado tal jerarquización y que hemos presentado y comentado.

2. Relación de los resultados y valoración alcanzada en cada una de las competencias

2.1. Planificación

El valor de la competencia quedó reflejado en la fundamentación teórica, dado que los autores consultados Zabalza (2006), De la Hoz (2010) y Villar (2004) entre otros, han subrayado su trascendencia para adaptar y diseñar los procesos de enseñanza-aprendizaje en los más variados contextos, situaciones e instituciones universitarias.

Los resultados más destacados de los análisis de las preguntas al cuestionario, alcanzan una fiabilidad de 0,825, *alfa* de Cronbach, 0,97, evidencian que las respuestas dadas (seis opciones posibles), se agrupan en dos componentes que explican el 76% de la varianza del conjunto de datos y coloca esta competencia como la más valorada.

Estos componentes de la competencia son altamente ponderados por el profesorado y agrupados en:

1. Forma material y desarrollo de la planificación:

    – Evidencias científicas y didácticas.

    – Selección y actualización de fuentes.

    – Competencias preferidas a alcanzar por los estudiantes.

    – Diseño de las tares relevantes para los estudiantes.

2. Responsabilidad de la planificación que se explicita en:

– Tiene en cuenta el plan de estudios y el título profesional.

– Planificación responsable de la asignatura.

La competencia de planificación se consolida y sintetiza en estos agregados, constituyendo los aspectos más característicos para formar al profesorado en su dominio y se tendrán en cuenta al presentar los focos constitutivos de cada una. La construcción de la planificación de la docencia se ha de concretar en *el saber de los elementos que constituyen la práctica de la acción planificadora* y que suponen el saber más profundo de la misma. Sin el conocimiento de las competencias profesionales de los estudiantes y sin el diseño de las tareas para propiciar que cada persona las adquiera, no se logrará la principal misión de la universidad: formar en el dominio de las competencias requeridas en la futura profesión, pero tal dominio ha de alcanzarse mediante el verdadero compromiso, responsabilidad y actitudes que el docente ha de asumir en relación con el diseño y puesta en práctica de la planificación.

Esta competencia docente, en la ordenación o jerarquización a juicio de cada participante del conjunto de competencias, ha quedado configurada respecto al resto, ocupando el primer puesto, con mayor fiabilidad, validez y homogeneidad entre los datos otorgados a cada competencia en la forma más clásica de ponderar las puntuaciones, con la jerarquía que en el conjunto de los rasgos se ha otorgado.

La visión teórica constata que esta competencia ha estado presente en la mayoría de las fuentes consultadas, así los diversos autores destacan que el profesorado ha de tomar conciencia del valor del proceso de enseñanza-aprendizaje, lo cual requiere que sea anticipado, diferenciado y organizado, de tal forma, que se determinen de modo razonado,las actividades, contenidos interdisciplinares, medios diversos y sobre todo que se respondan las cuestiones; ¿para qué, a quién y cómo? formar competencias/objetivos de los sujetos y métodos a aplicar para los estudiantes como grupo, equipo o individualmente. En consecuencia, este complejo proceso, aunque requiere una práctica artística, abierta a las incertidumbres y flexible, debe ser pensada, organizada y diseñada de tal forma, que sea factible establecer secuencias justificadas del conjunto de componentes del proceso enseñanza-aprendizaje, teniendo en cuenta el plan de estudios que se desea trabajar. En esta acción es necesario implicar a los colegas del curso, ciclo y aulas (ciberespacio), adaptando los modelos de educación a distancia, abierta y semi-presencial.

Los grupos implicados de los países participantes han avanzado y asumido que esta competencia es sustancial a sectores como la educación a distancia, ya que orienta y da sentido al resto de las competencias, dado el desafío de la comunicación con los estudiantes, motivación de los procesos formativos y adaptación de la tarea evaluadora a los verdaderos protagonistas, cada uno de los estudiantes implicados en el sistema.

La planificación requiere del complemento de las restantes competencias que la hacen imprescindible y que evidencian el sentido de globalización, integración y proyección holística del modelo. En su desarrollo se requiere de la metodología, integración de medios y comunicación, así como de la gran influencia en el proceso de aprendizaje que es la *tutoría*, actividad de gran impacto en la orientación personal, académica y profesional de cada estudiante.

2.2. Metodología

La competencia metodológica de carácter didáctico es la síntesis del dominio de métodos, estrategias y técnicas, que configuran el sistema de toma de decisiones del profesorado para realizar con éxito el proceso de enseñanza-aprendizaje. Constituida por las respuestas más valiosas a la pregunta «Cómo desarrollar el proceso enseñanza-aprendizaje» que implica armonizar el conjunto de acciones más pertinentes, mediante las que se lleva a cabo la acción docente y se propicia el aprendizaje de los discentes (Medina, 2010).

El análisis de las respuestas al cuestionario evidencia que la media de los ítems se sitúa en 5,36 y la moda, en casi todas las preguntas es de 6, salvo la que hace referencia a la construcción del sistema metodológico integrado, que es 5.

El valor *alfa* de Cronbach, 0,871, que evidencia la consistencia alcanzada entre los ítems de esta competencia.

Esta dimensión se aglutina en dos componentes un tanto desequilibrados dado que el primero aglutina cinco ítems que atañen a:

– Métodos utilizados propiciadores del aprendizaje.

– Diferentes estrategias para el aprendizaje de los estudiantes.

– Actividades didácticas coherentes con los objetivos.

– Casos prácticos pertinentes y relacionados con el contexto.

– Tareas relacionadas con la solución de problemas.

Por otro lado, proyectos y estudios de caso profesionales evidencian la puesta en práctica de la competencia. El requerido componente atañe a la visión teórico-práctica de la metodología.

La competencia metodológica se configura en la síntesis de las diversas formas de acción y desarrollo profesional de los docentes, poniendo de manifiesto el dominio de los diversos caminos que construye cada docente para llevar a cabo la planificación y explicarla en los escenarios universitarios.

Hemos señalado que el profesorado valora en el proceso de enseñanza-aprendizaje el empleo de la combinación de métodos: solución de problemas, proyectos y estudio de casos para propiciar el dominio de las competencias de los estudiantes así como el conocimiento de los métodos didácticos, esenciales para promover el aprendizaje de los estudiantes.

El valor menor se ha dado, aunque alcanza una media de 4,91, en la pregunta: «proceso de elaboración del sistema metodológico que atienda a la diversidad de expectativas y cultura de los estudiantes», poniendo de manifiesto que los métodos y las múltiples formas que emplea el profesorado para sincronizar con las expectativas y la pluralidad cultural de los estudiantes son altamente valorados.

La ordenación solicitada para jerarquizar el conjunto de las competencias, sitúa a ésta en el segundo lugar, convirtiéndola en una de las más estimadas, confirmando el valor cuantitativo referido.

El profesorado universitario ante la demanda de formar a los estudiantes en el óptimo desempeño de las competencias genéricas y profesionales ha de buscar los métodos más innovadores, pertinentes y adaptados a la mejora integral de las decisiones y actuaciones más coherentes con la nueva exigencia:

– Diseño de proyectos.

– Estudio de casos profesionales.

– Solución de problemas socio-laborales y vitales.

– Acciones de respeto a las expectativas de los estudiantes y respecto a la diversidad cultural.

La capacitación del profesorado para diseñar y propiciar un sistema integrado de métodos coherentes con la diversidad de los estudiantes, los retos de los profesores y las vivencias culturales de cada ser humano, en una demanda para el docente, pero es la menos valorada de las preguntas de la competencia.

La construcción de este sistema integrado es la base para aplicar la complementariedad entre los diversos métodos, encontrando el equilibrio entre el empleo de la lección magistral, ajustada a las demandas de los estudiantes, la presentación de saberes mediante adecuados materiales didácticos, el estímulo al auto-aprendizaje y autonomía de los estudiantes y la colaboración, aprendizaje colaborativo entre los estudiantes.

Se propone mejorar este proceso de integración y corresponsabilidad entre la implicación del docente y el fomento de la participación en la preparación, facilitación y apoyo al aprendizaje de cada estudiante y grupo, con el reconocimiento y estímulo a cada alumno para realizar estudios de casos, solución de problemas, e-Portfolio, etc. que han de completarse con el trabajo en equipo de los estudiantes,el aprovechamiento de las redes, del método de proyectos,la enseñanza mutua y del trabajo en diadas-parejas.

2.3. Integración de medios y TIC

La sociedad de la información y el conocimiento ha generado abundantes medios y ha desarrollado escenarios tecnológicos con gran potencialidad de recursos, creando en los estudiantes capacidades nuevas y procesos de multitareas desconocidos hasta el momento.

El profesorado ha de facilitar procesos de enseñanza-aprendizaje generando los medios más pertinentes y avanzando en su integración en los diversos contextos y actuaciones docente-discentes.

Los valores alcanzados en esta competencia evidencian un alto reconocimiento de la misma que se concreta en una media de 5,27, una moda de 6 y una mediana de 5.

La fiabilidad alcanzada en el conjunto de ítems de esta competencia, es 0,861, que pone de manifiesto la consistencia interna de esta escala. Se estructura esta competencia en dos grandes aspectos:

– Preparación y renovación de medios –TIC.

– Adecuación y facilitación al proceso de enseñanza-aprendizaje.

Preparación y actualización de medios aglutina las preguntas: «se actualiza en el manejo de la integración de medios en el proceso de enseñanza-aprendizaje» que obtiene una media de 5,3. Y «considera necesaria su especialización en el diseño e integración de medios para la mejora de la enseñanza» con media de 5,25.

Estos aspectos son esenciales para aprovechar la potencialidad de los medios, puesto que la gran abundancia en recursos instructivos en redes, bases de datos y escenarios diversos se utilizará en beneficio de los estudiantes, cuando el profesorado descubra la forma adecuada de incorporarlos como base y fuente de conocimiento y saberes en el espacio virtual; completados con la utilización síncrona o asíncrona de los múltiples medios clásicos, cibernéticos (plataforma, ámbitos de comunicación: foros, chats-web- conferencia, etc.) que adaptados al organigrama temporal de los estudiantes puedan emplearse.

La capacitación continua en la competencia digital es más que un modelo de formación de docentes, ha de conformar:

– Organización de las tareas en coherencia con métodos y medios, media 5,35.

– El conjunto de actividades didácticas generales, esencial para el proceso de enseñanza-aprendizaje, media 5,27.

– La frecuencia de incorporación de TIC al proceso de enseñanza-aprendizaje, alcanza una media de 4,94 y la frecuencia de diseño de material para la innovación de su docencia, una media de 4,97. Aunque ambas alcanzan una puntuación muy cercana a 5, son los valores menores en esta competencia.

Los medios a su vez facilitan la mejor comprensión de los mensajes y la preparación de planes motivadores. El uso de los medios implica la óptima preparación del profesorado en su diseño, integración y aplicación en estrecha interrelación con los métodos y las tareas a realizar.

El diseño de las asignaturas, con una visión transdisciplinar e hipertextual propicia en los estudiantes nuevas oportunidades para entenderlos y emplearlos en los movimientos y marcos más adaptados a su estilo de aprendizaje, expectativas e intereses.

La respuesta dada a la ordenación de las competencias sitúa a ésta en un lugar destacado, quedando en tercer lugar, siendo su valor alto en relación con el conjunto.

La presencia en la muestra de cerca del 23% de docentes de la modalidad de Educación a Distancia, uno de cuyos pilares en el proceso de enseñanza-aprendizaje es el diseño de medios didácticos, clásicos y virtuales, como los cursos COMA, o la gran amplitud de los realizados en red, colocan esta competencia en un destacado lugar del mapa; ofreciendo un marco abierto y de máxima flexibilidad, unido al resto de la Sociedad del conocimiento, la movilidad digital y la usabilidad plena de la información más allá del espacio, el tiempo y la relación educativa.

El ritmo exponencial de los ámbitos tecnológicos plantea al profesorado universitario la pregunta medular ¿Cómo desarrollar esta competencia más allá de la presión social, tecnológica y global? ¿Qué respuesta se espera para propiciar un uso académico y armónico de la pluralidad de los medios?

Cada docente y equipos han de descubrir el impacto que en su práctica y en el proceso de aprendizaje de los estudiantes ha de tener el conocimiento y adaptación de los nuevos medios en la segunda década del siglo XXI.

¿Qué horizonte esperamos generar en 2020? La universidad ha de encontrar el equilibrio entre liderar el diseño y creación de los medios con el uso y conservación del legado de recursos y patrimonio más valioso de una humanidad en excesivo cambio, sin encontrar los argumentos y fuentes más pertinentes entre el uso racional de los medios en su dimensión histórica y actual con una perspectiva retadora.

2.4. Comunicación

La docencia es esencialmente una práctica de comunicación, que debiera alcanzar la categoría de modélica, mediante la que se logre el dominio de las funciones semántica, sintáctica y pragmática, y el acercamiento entre los docentes y discentes en un clima de empatía y equilibrio emocional sincero.

Las respuestas a las preguntas planteadas al profesorado, evidencian que la media supera la puntuación de 5, próxima al 5,15 y la moda se eleva a 6, salvo en la cuestión menos valorada que obtiene una media de 4,15: «los estudiantes presentan repetidas preguntas acerca del tema explicado», que puede considerarse que se ha logrado un adecuado entendimiento y pertinente comunicación.

La fiabilidad alcanzada es $\alpha = 0,674$, inferior a la de las anteriores competencias debido en parte a la pregunta citada, y explica el 75,50% de la varianza, inferior a las presentadas.

Distinguimos en esta competencia a su vez, dos componentes representados por los ítems 1 y 3, el primero y el resto, confirman la segunda componente:

– Discurso claro y preciso empleado en el proceso enseñanza-aprendizaje de media 5,43.

– La interacción entre docente y estudiantes se realiza con empatía de media, 5,38.

La comunicación se explicita en el dominio del discurso que ha de emplearse en el proceso formativo de modo claro y preciso para que estimule a los estudiantes en el proceso de aprendizaje. Esta comunicación se convierte en un proceso interactivo, cuya base ha de ser la empatía entre los implicados en el acto didáctico.

El segundo gran componente de esta competencia lo configuran los ítems 4 y 5, a saber:

– «Los estudiantes presentan repetidas preguntas acerca del tema explicado» con una media 4,85.

– «La comunicación en el proceso de enseñanza-aprendizaje se ha facilitado por la incorporación de las TIC», alcanza una media de 5,6.

Este componente subraya la implicación de los estudiantes mediante la formulación de preguntas, pero se ha limitado a: «Acerca de un tema explicado», que pudieron entender los encuestados, que si se ha explicado con claridad, se deben disminuir los interrogantes.

La facilitación de la comunicación mediante TIC, confirma lo respondido en la anterior competencia de integración de los medios, al valorar con una media de 5,27, que «El conjunto de materiales didácticos que elabora es esencial para el proceso de enseñanza-aprendizaje», y «La frecuencia de incorporación de TIC al proceso de aprendizaje» de media 4,94 evidencia un elevado uso de TIC y el interés de facilitar la comprensión de los conceptos y modelos trabajados en la tarea docente.

Se confirma que se incrementa el proceso de comunicación cuando los métodos empleados incorporan los problemas vividos por los estudiantes, los proyectos y los casos más cercanos para estudiar la futura profesión y avanzar en el dominio de las competencias.

Esta competencia ha sido destacada por numerosos didactas como Rodríguez Diéguez (2004), Zabalza (2006) y Medina (2011), al señalar que el acto de enseñanza-aprendizaje es esencialmente una acción de sinergia y entendimiento, comunicación y encuentro entre los implicados; empleando los textos y términos más adecuados al saber, que se estudia y al reto de la cultura universitaria, adaptada a los umbrales de comprensión de los estudiantes, pero en un proceso de búsqueda y límites al desarrollo continuo del vocabulario, estructura semántica y metalenguaje de cada rama y campos del saber, con una visión de transdisciplinaridad y cobertura a la glocalización.

La valoración obtenida en la secuenciación y ordenación de las competencias, ateniendo al significado que se alcanza en la confrontación con el resto de ellas, se sitúa en noveno lugar, lo que implica que en el marco universitario es de destacar la comunicación como competencia, pero que su el nivel de dominio por los académicos ya no es tan relevante y quizás no se ha colocado en puestos cercanos a la *planificación*.

Destaca la segunda pregunta: «El proceso comunicativo incorpora los códigos: verbal, no verbal, para verbal e icónico», con una media de 5,23, que implica una alta estimación que subraya que el proceso comunicativo ha de utilizar estos códigos y el docente prestar la atención pertinente al dominio y ajuste que en el proceso de enseñanza-aprendizaje realiza de ellos.

Los códigos no verbal y para verbal, son poco estudiados por el docente universitario y constituyen unos componentes esenciales de las prácticas docentes; especialmente en la enseñanza presencial, dado que las emociones y las actitudes se comunican de forma más inconsciente con gestos. Coincide con el menor nivel de toma de conciencia del profesorado.

El código verbal ha de ser grabado en algunas sesiones y en complementariedad con los anteriores, hacerlo objeto de análisis y valoración, en situaciones de colaboración con estudiantes y colegas, constituyendo un aspecto nuclear de futuros procesos de investigación e innovación de la docencia, aplicando la metodología del estudio de caso, auto-observación y narrativas que se retomarán en las restantes competencias.

El código icónico es esencial para comprender el valor de los lenguajes, las imágenes en interacción y su impacto para entender en toda su complejidad el proceso de enseñanza-aprendizaje.

2.5. Motivación

La competencia de motivación de la docencia está relacionada con el dominio y la motivación de los estudiantes, consolidándose un clima de reciprocidad motivadora entre los participantes en el proceso de enseñanza-aprendizaje.

La motivación docente implica una mejora continua y un mayor grado de satisfacción y disfrute intelectual y afectivo al desarrollar la práctica del proceso educativo en la que todas las personas que participan en ella descubren su valor y su impacto en el futuro.

Los resultados alcanzados en las respuestas dadas en la escala oscilan en el valor de la media entre el menor asignado a la pregunta: «Aplica reconocimientos y recursos motivacionales externos para lograr un mayor rendimiento académico», de media 4,97, y el más elevado a la pregunta: «Considera que el ser humano se moviliza por valores», que obtiene una media de 5,28; sin embargo, la moda es la más alta, con un 6 y como contrapunto la mediana obtenida es de 5. El valor *alfa* de Cronbach es igual a 0,794 y explica el 75,68% de la varianza.

El modelo de componentes principales destaca dos dimensiones, la primera: las motivaciones han de trabajarse en el aula y debe facilitar el aprendizaje de los estudiantes.

- Pensamiento propio, como agente de motivación, coincidiendo con las preguntas «Trabaja en clase las motivaciones de los estudiantes», de media 5,19.

- «El aprendizaje orientado a la formación por competencias le motiva en el desarrollo de la docencia», de media 5,13.

– «Aplica reconocimientos y recursos para lograr mayor rendimiento académico», de media 4,77.

En este estudio tiene especial relieve conocer si para el profesorado «La formación por competencias le motiva en su docencia» y la aceptación es elevada de media 5,13, aunque un porcentaje inferior al 16% lo valora de modo inferior.

El profesorado ha de plantearse el reto que para cada docente implica: *Formar a los estudiantes para que alcancen las competencias genéricas y profesionales* y cómo esta orientación está marcando las restantes competencias. Si el profesorado, no alcanza un adecuado nivel de motivación, su trayectoria profesional quedará afectada, impactando negativamente en la formación de los estudiantes con las demandas que se establecen en los nuevos planes de estudio; en definitiva, han de preparar a los estudiantes en el óptimo desarrollo de las competencias genéricas (comunicación, trabajo en equipo, liderazgo, solidaridad, dominio y organización del tiempo, etc.), como paso y consolidación de las competencias profesionales.

La segunda competencia se explica mediante las cuestiones segunda y tercera, que sintetizan la valoración que se tiene de la potencialidad de la motivación en el aprendizaje y el impacto en tal aprendizaje del método basado en problemas, que alcanzan la media de 5,28 y 5,22, respectivamente, reconociendo la potencialidad de la motivación y su proyección en los aprendizajes de mayor rendimiento que se espera de los estudiantes. Secchi y Cols.(2010) han subrayado que el proceso y el compromiso de motivar al docente y estudiantes es una garantía para mejorar la formación de los universitarios, dado que la institución en su globalidad ha de trabajar para incrementar el nivel de expectativas y resultados en la tarea docente y en los procesos de aprendizaje de los estudiantes.

En la ordenación de las competencias, ésta se sitúa en un quinto lugar, que evidencia la importancia que tiene para la motivación del profesorado, el aprendizaje orientado a la formación por competencias y el valor de utilizar la motivación para optimizar y mejorar el aprendizaje de los estudiantes.

Entendemos esta competencia como la complicidad y reciprocidad que ha de haber entre el docente y el discente en el acto de enseñanza-aprendizaje. Se da una intensa relación en el desarrollo del proceso formativo, pero hemos de implicar a cada docente para que se cuestione y comprenda el impacto de esta competencia en la mejora de la identidad profesional y la implicación de los estudiantes en sus más valiosos proyectos y procesos de aprendizaje.La interacción y complementariedad entre la docencia y el aprendizaje, se explicita en el reconocimiento de la motivación con la tarea a desarrollar. El docente ha de identificar los aspectos más valiosos y consolidados de la tarea educativa en el marco universitario y preguntarse por el nivel de satisfacción y por su repercusión con el aprendizaje de los estudiantes.

La capacitación y actualización del profesorado universitario ha de partir del conocimiento profundo del nivel de motivación con la profesión docente y del grado de satisfacción alcanzado en el desempeño de la misma. Se establece una estrecha cercanía entre el avance en la lección docente con plena autonomía, espíritu de colaboración y consolidación de la identidad profesional, conscientes de que una parte sustantiva de problemas de la profesión, se superan mediante una elevada motivación en el proceso de enseñanza-aprendizaje.

2.6. Tutoría

La acción de sintonía, tutela y defensa del estudiante en sus aspectos personal, académico y profesional es una de las actividades más valiosas y formativas que ha de realizar el docente universitario, consciente del significado que tiene y tendrá para la óptima orientación y toma de decisiones de los estudiantes.

Hemos de destacar que el *alfa* de Cronbach alcanza un valor de 0,813 y una varianza del 75,44%. Hemos de considerar que un aspecto esencial de la acción tutorial es el de automotivarse como docente y propiciar la óptima motivación de los estudiantes, especialmente en la modalidad académica y profesional, encontrando claras cercanías entre ellos. Destaca aún más este valor en instituciones como UNED e IUNIR.

Las respuestas se aglutinan en dos componentes esenciales:

– «Asesora a los estudiantes en su aprendizaje», con una media de 5,39.

– «Enriquece la práctica docente y beneficia el aprendizaje del estudiante», con una media de 5,33.

Ambos ítems reflejan las funciones más caracterizadas de la tutoría y su bidireccionalidad en la mejora de la docencia, dado que el tutor es el motivador creativo del aprendizaje, el estímulo y apoyo para que el estudiante avance en el diseño y desarrollo de su proyecto vital, profesional y académico para adquirir las bases de la cultura académica universitaria.

Estrechamente ligada a la primera cuestión se presenta la quinta que se concreta en:

– «La tutoría atiende a las preguntas y dificultades de los estudiantes», con media de 5,27.

– «El tiempo dedicado a la tutoría es suficiente», con media de 4,64.

Destacamos la persistencia en dedicar la acción tutorial al asesoramiento y facilitación de superar las dudas presentadas por los estudiantes, como contrapunto se destaca la menor dedicación temporal, aún más marcada en los docentes de modalidades institucionales presenciales.

El uso de TIC para la mejora de la acción tutorial alcanza una media de 5,08, que corresponde a los valores altos de la escala, pero al igual que la dedicación temporal, corresponde a la modalidad a distancia, una estimación más positiva del empleo de las TIC en la mayor interactividad tutorial.

La ordenación dada a las competencias, encuentra en ésta una secuencia correspondiente al último tercio, ocupando el puesto décimo, en el que se considera una tarea más valorada en la educación a distancia y en el IUNIR que en las restantes instituciones; no obstante, en las valoraciones numéricas se alcaza una moda de 6, salvo la cuestión referente al tiempo de dedicación prestado en la asignatura.

La función tutorial como presentamos en la fundamentación se ha convertido en una de las tareas nucleares para la formación en competencias de los estudiantes, y aún más intensa al inicio de los Grados (1º y 2º) de la titulación elegida y de gran relevancia en los Posgrados (Maestrías), por su impacto en la preparación para la profesión elegida; demandando del profesorado nuevas respuestas y especialmente, apertura a la flexibilidad, la solidaridad y los retos cambiantes e ingentes del mercado laboral.

Es fundamental el papel de apoyo de la acción tutorial en la iniciación al puesto de trabajo, en el aprendizaje a lo largo de la vida y destaca especialmente el valor de actualización y encuentro con las personas en un mundo en cambio exponencial y con referentes axiológicos en continua evolución.

El dominio de esta competencia es complejo al aglutinar grandes dimensiones de los estudiantes como personas y como profesionales que han de plantearse el sentido y las adaptaciones razonables que se llevan a cabo en la formación académica, conscientes de la transformación de las universidades, convertidas en núcleos de saber y ser, bien consolidados pero ajenas a los grandes retos del «hacer y proceder» en diversas instituciones.

El conocimiento académico en su solidez ha de actualizarse y consolidarse pero enfocado a las ingentes transformaciones sociales, laborales, pluriculturales, tecnológicas, artísticas, etc., que requieren respuestas innovadoras, apoyadas en rigurosos procesos de indagación e investigación.

El dominio y consolidación de esta competencia precisa de una acomodación del tiempo, los papeles y funciones que la tutoría requiere en este período de la universidad del continuo ajuste y acomodación a las expectativas y necesidades de los estudiantes y de las nuevas sociedades y comunidades.

La competencia tutorial tiende a focalizarse en alguna de las tres grandes modalidades, pero la formación en competencias requiere la integración de saberes, prácticas y actitudes en cada persona. Las nuevas profesiones necesitan un saber académico más vivencial y riguroso en armonía con la búsqueda del conocimiento profundo de la academia y su necesaria dinamización y acomodación a los retos de las nuevas profesiones-ocupaciones.

2.7. Evaluación

Es la acción didáctica orientada a valorar los procesos y resultados alcanzados en la docencia y proyectados en la calidad de los aprendizajes de los estudiantes, mediante la construcción de algún modelo, pruebas, técnicas y criterios adecuados, para conocer la realidad y su distancia respecto de los principios deseados, generando juicios y bases para tomar decisiones para la mejora.

La evaluación ha obtenido datos relevantes, salvo en un ítem; en los restantes, los valores son elevados con una media 5,32, y de mediana y moda alcanzan el valor de 6, respectivamente.

La fiabilidad es de 0,843 y una elevada varianza explicada del modelo que en el conjunto de sus seis ítems representa el 83,90%:

- El conjunto se conforma de dos aspectos esenciales:

- El primero lo denominamos modelo de evaluación, instrumentos y tipos de evaluación, tareas a evaluar, pregunta sexta, instrumentos pregunta 2, tipos de evaluación, pregunta primera, con medias de 5,39, 5,46 y 5,50, respectivamente, que pone de manifiesto el elevado valor con los mayores valores en moda y mediana, 6.

- El segundo gran componente atañe al papel de los estudiantes en los procesos evaluativos:

- «Analiza con los estudiantes los resultados de la evaluación» de media 5,24.

- «Toma decisiones para la mejora a partir de los resultados» de media 5,45.

- El ítem 3 «ofrece alternativas de evaluación a los estudiantes con dificultades» de media 4,90. Esta pregunta obtiene menor valor, al contestar que ha de mejorarse el modelo y tipo de pruebas en algunas universidades para atender a la diversidad de los estudiantes.

La evaluación obtiene una valoración elevada, mientras que la situación en la ordenación la sitúa en una octava posición, lo que evidencia que esta competencia, aún siendo relevante para el profesorado encuestado, no alcanza los primeros puestos. Hemos de constatar que los valores alcanzados en la moda y mediana (6) corresponden al máximo estimado, y la media, salvo la correspondiente a la pregunta: «ofrece alternativas de evaluación a los estudiantes con dificultades»; en el resto de las cuestiones el valor supera la puntuación de 5,40.

La evaluación de la competencia, en este caso, el dominio de la evaluación de la docencia ha de estimarse y corresponde a la «meta-evaluación». El nivel del dominio de la evaluación como función didáctica y ponderación de la calidad de la enseñanza desempeñada y del resto de las competencias, ha de continuar ampliándose y mejorándose para entender en toda su amplitud esta metacompetencia de la evaluación de la calidad de la docencia.

Se ha identificado con preguntas «ad hoc» el modelo, pruebas y acciones, así como su nivel de pertinencia y aplicabilidad al conjunto de acciones (modelos y pruebas), para llevar a cabo la evaluación de los aprendizajes de los estudiantes, pero hemos de continuar avanzando en el dominio de la competencia evaluadora de la docencia y de cada una de las restantes competencias para conocer:

– La calidad de la docencia desarrollada.

– El nivel de dominio de esta competencia y de los restantes (evaluación y el mapa).

– La significación de la evaluación como competencia del docente.

La evaluación, por su naturaleza, nos facilita el conocimiento del nivel de dominio del profesorado del mapa de competencias diseñado y procede aplicar:

– Auto-evaluación:

  • Observación.

  • Análisis de la práctica evaluadora.

– Co-evaluación:

  • Observación.

  • Narrativa.

  • Informe en equipo.

– Hetero-evaluación:

  • Expertos, aplicando: observación, entrevistas, análisis de casos.

La evaluación de la docencia se concreta en la relación y complementariedad entre los modelos, métodos y técnicas, procesual-continua y final/anual, al acabar un semestre o curso. Se ha de ampliar el diseño y tipología de pruebas al conocimiento de las diversas competencias, prácticas innovadoras y modalidades, pruebas y criterios de evaluación, aplicando procesos meta-evaluadores y completando las líneas, perfiles y procesos de evaluación.

La razón de la evaluación es conocer el nivel de dominio del mapa de competencias y desde este conocimiento adoptar nuevos modelos, métodos y técnicas para la mejora continua, avanzando en cada competencia, ámbito y escenarios institucionales de aplicación.

La evaluación es la competencia limítrofe entre la investigación, conocimiento en profundidad de la realidad formativa y la innovación, al evaluar ampliamos el saber, comprobamos el nivel de dominio y la armonía entre lo diseñado y lo realmente conseguido, tomando decisiones para la mejora continua (innovación).

Se da un agrupamiento de estas competencias al interrelacionar las que han obtenido pesos similares, las que tienen distancias cercanas en el plano, que ponen de manifiesto convergencias en su configuración y en su impacto. Estas son: Investigación, Innovación, Pertenencia institucional e Interculturalidad.

2.8. Investigación

La acción docente ha de mejorarse, pero la base de tal logro radica en la investigación, que profundiza en el sentido, fundamentos e impacto de la docencia en la calidad de los aprendizajes de los estudiantes y del desarrollo institucional.

El conjunto de respuestas a esta competencia se perfila en torno a una media de 4,7 y una moda alta de 6, salvo en la primera cuestión que obtiene una media de 4,12; globalmente es de las menos elevadas del conjunto de preguntas del cuestionario.

La fiabilidad se específica en el *alfa* de Cronbach, en un nivel cercano al alcanzado en las otras competencias, 0.856 y una varianza que explica el 77,17% del modelo.

La estructura de las preguntas se concentra en dos grandes componentes:

1. Investigación centrada en la práctica y en los estudiantes, con una media de 5,07 y 4,94, respectivamente.

2. Actividad investigadora y su proyección en la cultura de innovación del profesorado y de la institución con media de 4,51.

La ordenación otorgada a las competencias, pone de manifiesto que la competencia de investigación ocupa una clasificación destacada, 4° lugar en relación con el conjunto de las que configuran el mapa.

La diferencia entre el orden asignado y la puntuación alcanzada en las diversas preguntas de la competencia, evidencia que el profesorado universitario considera muy adecuado avanzar en la investigación de la docencia y en la proyección que tendrá en el aprendizaje de los estudiantes. Se refiere a la práctica investigadora real, la que se explicita en cuestiones como:

- Formar parte de grupos de investigación educativa.

- Beneficio de la investigación en la cultura innovadora del profesorado y de la institución.

- Compartir los resultados de la investigación con colegas y estudiantes.

Estas cuestiones ponen de manifiesto que la realidad de la actividad investigadora en las Universidades implicadas es menor de lo esperado.

Los valores correspondientes a la moda y mediana alcanzan, salvo en la primera cuestión la máxima puntuación de 6 y en la mediana 5.

La mejora de la docencia está estrechamente unida a la investigación de la misma y será el profesorado universitario quien se implique más intensamente en esta línea, dada la proyección de la actuación de la cultura universitaria en el resto del sistema educativo, en cuanto Institución que realiza la formación inicial y permanente del profesorado.

La cultura universitaria ha de recuperar la doble línea de investigación del profesorado universitario:

- El ámbito de la disciplina en el foco de la máxima aportación científica, personal y del equipo-grupo en su campo de saber-proyección profesional.

- La práctica y tutorización de la docencia, la actividad profesional de gran impacto en el propio desarrollo, el avance en la cultura institucional y la consolidación del liderazgo en las aulas, ciber-espacio y formación de futuros docentes especializados.

La visión positiva de la investigación de la docencia y su adecuada jerarquización entre las competencias nos replantea un nuevo impulso en la indagación de la práctica, el avance en modelos teóricos y la consolidación de equipos de docentes-integrados en redes para promover la óptima mejora de las acciones formativas, basadas en la investigación rigurosa, con honda comprensión de la acción formativa.

2.9. Innovación

La actividad generadora de mejoras continuas del proceso de enseñanza-aprendizaje se concreta en la competencia de innovación, considerada la base para orientar y dar sentido a las necesarias transformaciones en la concepción práctica educativa a desarrollar en la Universidad (Medina, 2011).

Las valoraciones obtenidas en las preguntas de la cultura innovadora superaron la puntuación media de 5,13, se confirma con el valor de la moda, el máximo 6 y la mediana en las preguntas primera y quinta adquiere una puntuación de 6, en las restantes desciende a 5.

Destacamos el nivel alcanzado en el *alfa* de Cronbach de 0,894 y se confirma que el modelo explica el 88,88 % de la varianza de los datos.

Se produce una elevada saturación en las preguntas, primera a cuarta, con una alta consistencia interna y similar peso en esta primera dimensión, así se pondera desde 0,953 a 0,883, los pesos obtenidos en las cuestiones:

- La innovación es una línea necesaria para la formación docente de media, 5,4.

- La innovación es coherente con las transformaciones necesarias del proceso de enseñanza-aprendizaje de media, 5,21.

- El proceso de enseñanza-aprendizaje ha de fundamentarse en un modelo de innovación didáctica de media, 5,18.

- La innovación se realiza como un proceso de indagación y reflexión de media 5,13.

Estas cuestiones colocan el énfasis en la incidencia de la innovación en el desarrollo profesional el profesorado, asentándose la visión y el papel de generar culturas creativas en las aulas, que estimularán al profesorado en la mejora de su pensamiento docente y de su práctica.

La práctica innovadora ha de verse reflejada en la teoría, a la vez que se demandan modelos didácticos que fundamenten las innovaciones emprendidas, profundizándose en procesos y actuaciones reflexivas, que sean la garantía de permanentes mejoras.

Completa la estimación de esta competencia una respuesta que remite a la anterior competencia, la investigación, en parte avanzada, dado que al «investigar la propia práctica educativa se mejora la calidad de la docencia» con media de 5,07 y la investigación en su actividad docente» ha beneficiado la cultura de innovación del profesorado y de la institución con media 4,51.

Se anticipa el actual resultado de la cuestión:

«La investigación es la fuente principal para la innovación educativa» con media de 5,19, que evidencia la complementariedad entre ambas competencias y el convencimiento del profesorado de situar esta actividad rigurosa, reflexiva y sistemática en la fuente para diseñar innovaciones y lograr la mejora continua de los procesos de enseñanza-aprendizaje.

Las respuestas han establecido la ordenación de las competencias y una jerarquía entre ellas. Se sitúa en 6ª posición colocando previamente, entre otras, la investigación, e inmediatamente anterior a ella, la motivación.

Las continuas adaptaciones del sistema universitario pasan necesariamente por impulsar al profesorado en una línea de desarrollo personal y profesional en incremento permanente que se alcanzará si se logra la cultura de innovación en las aulas y en la Institución. Esta cultura de mejora estimula el compromiso de cada docente e implica a los equipos y claustros en un proceso de plena indagación y de consolidadas transformaciones, generando escenarios de interacción entre los itinerarios personales de los docentes y el clima generalizado de mejora que ha de caracterizar la institución universitaria.

La naturaleza de la cultura universitaria es innovadora, pero no se orienta con la misma intensidad a conseguir líneas y prácticas docentes de permanente actualización.

El conjunto de datos emergidos de los cuestionarios evidencia, que el desarrollo profesional de los docentes y la mejora de la práctica educativa dependen del nivel de dominio, que en esta competencia alcance el profesorado, consciente del significado que la potenciación de la cultura de innovación ha de tener para toda la comunidad universitaria, considerando que tal cultura depende del fomento de la «investigación de la docencia».

Esta competencia demanda la complementariedad de las restantes y mantiene una intensa interdependencia con la citada, por su rigor, empleo de métodos de investigación apropiados y cercanía a la metodología didáctica, requisito y exigencia para lograr la innovación de la docencia.

La innovación de la docencia se focaliza en un nuevo pensamiento y modelos que dan sentido a las prácticas y generan un clima general que impulsa al profesorado a sentirse agente y co-responsable de los cambios fundamentados y de las decisiones argumentadas que profundicen en los horizontes de la innovación. Es menester implicar al mayor número de personas (docentes, discentes, expertos, organizaciones empresariales, grupos sociales, etc.), construyendo en equipo el proyecto común, el diseño de nuevas titulaciones y planes y programas de formación coherentes con las expectativas y necesidades de los estudiantes, las exigencias de la sociedad del conocimiento y las demandas de organizaciones y empresas, promoviendo la colaboración entre aquéllas y la universidad.

2.10. Pertinencia Institucional

La toma de conciencia de la institución como un escenario creador de cultura y potenciador o inhibidor de corrientes de pensamiento y prácticas profesionales, ha inspirado a autores como Medina y Gómez (2012), Medina (2013) a considerar la competencia institucional en relación con el liderazgo y la implicación de las personas y los docentes, en general, mediante el compromiso con las directrices de la universidad de pertenencia.

Los análisis de datos evidencian que la media ante las cuestiones que definen la conciencia institucional se encuentra entre 4,84 y 5,15, una media global de 5 y una moda superior a 6, la mediana disminuye a 5, muy cercana a la media.

El *alfa* de Cronbach asciende a 0,857 y la varianza explicada a 79,08%, en el nivel de la mayoría de las restantes competencias.

Los componentes de la competencia evidencian una carga significativa en una dimensión, a saber todas las respuestas saturan la misma dimensión.

Así se destaca:

- «Valora el proyecto institucional de su universidad», de media 5,06.

- «Participa y fomenta el trabajo en equipo», de media 5,04.

- «Su práctica docente propicia el clima colaborativo en la institución», de media 5,15.

- «Aporta ideas e iniciativas a la mejora de su institución», de media 4,92.

- «Considera que sus aportaciones contribuyen al desarrollo institucional», de media 4,84.

Se constata la implicación en la institución valorando el proyecto, trabajando en equipo y actuando colaborativamente en su globalidad ello evidencia el reconocimiento de la cultura de colaboración, aspecto que contribuye a la construcción del sentimiento de pertenencia a la institución y como ampliación de esta cultura de colaboración se explicitan las principales aportaciones de los participantes en la encuesta, al valorar más la práctica docente, dado que propicia el clima de colaboración en la universidad, completada con las ideas e iniciativas para mejorar la cultura e imagen institucional.

La jerarquización de las competencias coloca la pertinencia en penúltimo lugar, hay que subrayar la menor valoración que el profesorado concede a esta toma de conciencia e implicación con la institución.

La institución universitaria lo es en la medida en que todos sus miembros la viven, consideran y valoran como una organización acogedora, respetuosa, exigente y creadora de una línea directriz que facilita la apertura a todas las iniciativas, mejoras y proyectos/prácticas creativas que caracterizan a las personas de la propia institución.

La base para afianzar la conciencia institucional reconocida en los datos la constituye:

– La práctica docente impulsora del clima de colaboración, las iniciativas de mejora y la transformación/armonización de la imagen institucional, que sirven a cada docente como cauce y línea para encontrar el auténtico sentido y los métodos que propicien asumir e implicarse en este proyecto común de carácter cooperativo.

2.11. Intercultural

La combinación de saberes, prácticas, actitudes y valores orientados al encuentro y enriquecimiento mutuo entre culturas constituyen la base de la competencia intercultural.

Los resultados obtenidos en las repuestas al cuestionario evidencian valores de la media entre 4,09 y 5,25, que implican una media muy cercana a 5. Las puntuaciones de la moda alcanzan en casi todas las preguntas 6 y la mediana 5. El *alfa* de Cronbach obtiene un valor elevado 0,957 y la varianza explica el 85,44%.

La distribución de los componentes del modelo no resulta sencilla, dado que todos los ítems tienen carga en la primera dimensión del modelo; sin embargo la primera y segunda pregunta alcanzan una carga positiva en el segundo componente.

Las cuestiones de la tercera a la quinta reflejan las diferencias socio-culturales en un mundo globalizado con media de 4,94. Las identidades culturales y su incidencia en las prácticas docentes obtienen una media de 4,96 y las actitudes favorables a la diversidad cultural que inciden favora-blemente en la formación del profesional de la docencia con una media de 5,25.

La valoración jerárquica otorgada a esta competencia la sitúa en el últi-mo lugar de la ordenación destacando que no es de gran interés para el adecuado desempeño de la docencia en los ambientes universitarios. La génesis del término universidad radica en la visión más general del conoci-miento y las prácticas formativas, considerando que los estudiantes se capa-citan en las aulas para resolver los problemas de las personas con una visión holística y una proyección mundial.

Las diversas culturas presentes en los entornos universitarios requieren una atención singularizada y abierta a los futuros desafíos de la multicultu-ralidad, que demandan procesos de valoración y comprensión de los conti-nuos retos de la sociedad del conocimiento. Se han de potenciar el respeto a cada grupo humano para aportar soluciones a los complejos problemas del mundo.

El profesorado universitario valora su preparación para responder en la práctica docente a la diversidad de planteamientos y estilos de aprendizaje de estudiantes de diferentes culturas, pero en la ordenación de las compe-tencias se considera en el último lugar.

La sociedad mundializada ha descubierto el interés y la proyección que la diversidad cultural representa en el actual siglo, al vivir las relaciones sociales y el desarrollo de las instituciones, siguiendo un pensamiento glo-bal orientado al reconocimiento y estímulo de todas las culturas, retomado en diversos programas: Erasmus Mundus, Alfa, etc.

Esta competencia docente se desarrolla como una práctica de enseñan-za-aprendizaje basada en el encuentro y toma de decisiones de acercamien-to entre las culturas, mediante el fomento de modelos de entendimiento y empatía entre todos los seres humanos, en la construcción de actitudes, valores y símbolos que evidencien la complejidad y el compromiso para alcanzar una educación integradora e innovadora.

2.12. Identidad profesional

La identidad es un proceso en continua mejora, que permite el reconocimiento, compromiso y satisfacción con el desempeño de la profesión, en nuestro caso, la docencia universitaria.

La proyección del docente en su actuación cotidiana se refleja de diversos modos al asumir la tarea docente, sentirse motivado y responder a los continuos retos que obligan a un estilo de superación y de búsqueda permanente de nuevos horizontes y significados.

El profesorado se expresa de diversos modos al aportar sus singularidades y las formas de desarrollar la docencia, alcanzando un alto grado de compromiso, satisfacción y desempeño profesional, que estimula el reconocimiento de la tarea de enseñanza-aprendizaje.

El dominio de esta competencia requiere que el profesorado conozca las bases del aprendizaje profesional y de la docencia, resuelva adecuadamente los problemas de la práctica y realice su actuación formativa con actitudes y valores favorables a la mejora continua del proceso educativo.

El tratamiento de datos nos evidencia que es una de las más valoradas globalmente, así la media asciende a 5,61 y la mediana y moda a 6 que ponen de manifiesto el interés máximo que tiene para el conjunto de los encuestados.

La fiabilidad obtenida mediante el *alfa* de Cronbach alcanza el 0,938 y el conjunto de cuestiones que definen esta competencia explica el 80,15% de la varianza. Se destaca en el conjunto de respuestas dos componentes que hacen referencia a la satisfacción y armonía con la profesión, expresadas en:

– «Considera relevante para usted la actividad profesional de la docencia», con media de 5,67.

– «El desempeño del proceso de enseñanza–aprendizaje le produce satisfacción», con media de 5,65.

– «Se encuentra en una situación de armonía al realizar la docencia» con media de 5,51.

Las tres cuestiones con elevada aceptación por el profesorado ponen de manifiesto que el desempeño satisfactorio y la armonía al realizar la docencia son las claves para avanzar en la identidad y mejora de la profesión, así al realizarla en condiciones de equilibrio y gozo se mejora la práctica profesional y se da respuesta al conjunto de decisiones que ha de caracterizar la actuación del profesorado universitario, al convertir su tarea en la base del disfrute humano e intelectual.

Emerge un segundo componente que es «la proyección y el impacto que la acción docente, desempeñada con gozo y calidad, ha de tener en el desarrollo profesional».

Las preguntas siguientes (cuarta y quinta) explicitan este reto y prospectiva de futuro con la mejora de la identidad profesional:

- «La identidad profesional se asume como un desafío permanente», con media de 5,55.

- «La práctica de su enseñanza depende del proceso de su desarrollo personal», con media de 5,45.

El avance en esta competencia depende del nivel de compromiso y de desarrollo profesional, dado que ambos aspectos coinciden con el de toma de conciencia, que asume el profesional universitario con su propia línea de mejora continua.

La graduación de las competencias, situación jerárquica otorgada por el profesorado, la sitúan en un lugar intermedio posterior (séptimo), considerando que la práctica universitaria para muchos docentes de la muestra, el 50% no asume la cátedra universitaria ni funciones análogas, dado que su verdadera actividad profesional corresponde a su tarea fuera de la universidad, sin embargo reconocen que la docencia es una profesión que ha de asumirse y debe significar para todos los implicados una auténtica oportunidad para reencontrarse con sus raíces y consolidar la docencia como una continua mejora personal y profesional.

La profesión docente por su especificidad requiere una alta implicación y demanda del profesorado una elevada cuota de sintonía y armonía con los retos y la singularidad de esta actividad. El avance en esta competencia requiere elevados niveles de altruismo y de profundización en los valores y actitudes más relevantes, que colocan al profesorado universitario en la línea de la superación continúa, la actualización de los saberes y su compromiso con prácticas de desarrollo integral de todas las personas, en consecuencia participar de los aspectos más creativos de los procesos educativos y definir su itinerario de mejora continua en su pensamiento y actuaciones en las aulas, ambientes virtuales y nuevas formas de aprender a aprender.

¿Cómo crear el clima para la mejora de la identidad con la profesión? Situando a cada docente como el protagonista y principal generador de estilos de comunicación y de dominio global del conjunto de competencias definidas en el mapa presentado, especialmente cercanas están: motivación, investigación, innovación, pertinencia institucional, metodología, tutoría, planificación.

Este conjunto constituye el fundamento y la razón para avanzar en el proyecto de vida de cada docente (Day y Ong, 2012), presentan una nueva perspectiva basada en la asunción de lo más valioso de la práctica docente apoyada en un proyecto vital de aprendizaje y colaboración profesional permanente.

La práctica docente ha de asumirse como un auténtico reto que atañe al profesorado y a la Institución Universitaria en su conjunto. Hemos de ser conscientes que el protagonista de las Innovaciones Universitarias ha de ser el profesorado; en consecuencia hemos de comprender las acciones más valiosas para mejorar la práctica docente y asumir el nuevo escenario en el que podremos investigar e innovar para la transformación continua.

3. Componentes principales emergidas del análisis de datos

La valoración del conjunto de competencias se presenta mediante el diagrama de barras que sintetiza las puntuaciones otorgadas de modo global, tal y como se refleja en la siguiente figura (63) y que como presentación analítica de la misma se muestra en la tabla (85).

El método descriptivo exploratorio aplicado se refleja en esta figura y tabla, y evidencia una valoración próxima a la puntuación máxima tal como sucede en la competencia de Identidad Profesional que alcanza 5,61 y los valores de la mediana y de la moda son 6, respectivamente y, una desviación típica de 0,74.

La secuencia de los valores de la media y de la moda del conjunto del mapa de competencias se distribuye desde la máxima citada a la mínima 5,07 (Interculturalidad) y hemos de destacar que el valor de la moda en todas las competencias alcanza la máxima puntuación, 6.

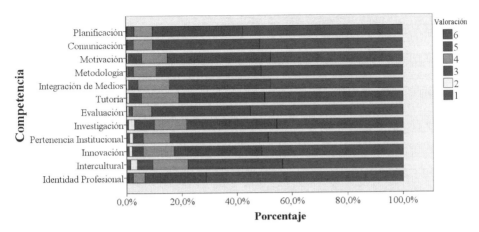

Figura 63. Diagrama de barras de las repuestas de valoración de las competencias.

El tercer valor, la mediana en seis competencias, alcanza el valor máximo, 6. A saber: planificación, comunicación, metodología, evaluación, innovación e identidad profesional. Confirmando tales hallazgos el valor otorgado al conjunto de competencias y a cada una, obteniendo una desviación típica relativa, entre 0,74 (identidad profesional) y 1,11 (intercultural).

Tabla 85. Estadísticos de la distribución de las valoraciones de las competencias docentes.

	MEDIA	MEDIANA	MODA	DESVIACIÓN TÍPICA
Planificación	5,44	6	6	0,79
Comunicación	5,38	6	6	0,77
Motivación	5,26	5	6	0,89
Metodología	5,36	6	6	0,79
Integración de medios	5,27	5	6	0,87
Tutoría	5,24	5	6	0,93
Evaluación	5,43	6	6	0,76
Investigación	5,10	5	6	1,08
Pertenencia institucional	5,24	5	6	0,98
Innovación	5,25	6	6	0,98
Intercultural	5,07	5	6	1,11
Identidad profesional	5,61	6	6	0,74

La segunda modalidad de valoración consistió en situar a cada encuestado ante la opción de ordenar por importancia el conjunto de competencias y el resultado de los contrastes dados en las 404 respuestas evidencia el siguiente ranking, que presentamos desde las competencias situadas en primer lugar, las colocadas hacia la mitad y las finales, extrayendo de nuevo las 6 que a su vez vamos a contrastar con las anteriormente mencionadas como las más valoradas, a saber: planificación, metodología, integración de medios, investigación, motivación e innovación.

Cotejamos el orden de las competencias en la jerarquía con las puntuaciones medias obtenidas en las respectivas valoraciones.

COMPETENCIA	X
Identidad Profesional	5,61
Planificación	5,44
Evaluación	5,43
Comunicación	5,38
Metodología	5,36
.....	.....
Investigación	5,10
Intercultural	5,07

Tabla 86. Ordenación de las estimaciones otorgadas a las competencias.

COMPETENCIA	RANKING	PUNTOS OBTENIDOS EN LA COMPARACIÓN DE PARES	MEDIA
Planificación	1.ª	4.238	5,44
Metodología	2.ª	3.288	5,36
Integración de medios	3.ª	3.216	5,27
Investigación	4.ª	3.194	5,10
Motivación	5.ª	3.193	5,26
Innovación	6.ª	2.362	5,25
Identidad profesional	7.ª	2.322	5,61
Evaluación	8.ª	2.242	5,43
Comunicación	9.ª	2.155	5,38
Tutoría	10.ª	2.096	5,24
Pertenencia institucional	11.ª	1.986	5,24
Intercultural	12.ª	1.220	5,07

La representación gráfica de los valores más representativos nos vuelve a ofrecer una suficiente consistencia interna en el proceso de valoración de la mayoría de las competencias pero se producen algunos cambios importantes que afectan solo a la identidad profesional que pasa del puesto 7º en la ordenación al valor medio de la media 5,61 y media y moda, 6.

La planificación mantiene un primer orden en el ranking y una alta media, 5,44, y el valor superior en la mediana y moda, 6. Se consolida en este caso como la competencia necesaria para todo docente universitario que se plantee la mejora de los procesos de enseñanza-aprendizaje y del desarrollo de las competencias genéricas y profesionales de los estudiantes.

La competencia de evaluación tiene una media de 5,43 que ocuparía el tercer lugar en la ponderación del valor y cuya mediana y moda alcanza la máxima puntuación y, sin embargo, en la ordenación ocupa el 8º lugar.

La comunicación es la valorada en 4º lugar con una media de 5,38 y una mediana y moda de 6 y, en la ordenación otorgada se sitúa en 9º lugar.

Finalmente, deseamos destacar la competencia de metodología que obtiene una media de 5,36 y la máxima en mediana y moda y se sitúa en la ordenación como la segunda competencia en importancia. Así mismo la competencia de integración de medios obtiene una media de 5,27, una mediana de 5 y una moda de 6 y en el proceso de ordenación se sitúa en una tercera posición.

El lugar cuarto en la ordenación corresponde a la investigación pero en la ponderación final la media es 5,10, 5 mediana y 6 de moda, pero colocada en el penúltimo lugar de la escala.

Consideramos que el contraste entre la ordenación y las puntuaciones obtenidas es destacable principalmente en investigación y comunicación, debido a que la investigación tiene 5,10 de media que correspondería a la penúltima menos valorada y en cambio en la ordenación ocupa el 4º lugar. Así mismo la comunicación se sitúa en el 9º lugar en la ordenación y el 4º en la media.

El resto de las competencias obtienen una posición cercana y dado que se coincide en colocar en la posición 12ª y con la menor valoración en la media, 5,07, de la competencia intercultural, existe pues cierta armonía entre ambas estimaciones, al menos en las primeras y en la última.

4. Análisis de la matriz de competencias y estudio de los componentes emergidos de la rotación del análisis factorial

La rotación a la que hemos sometido la matriz recogida en la tabla 86 evidencia tres grandes componentes en los que podemos estructurar el mapa de las competencias trabajadas.

Destacamos, en primer lugar, que una de las componentes, denotada por *Componente 3* en el modelo de análisis factorial, está integrada fundamentalmente por la competencia de planificación que ocupa un lugar destacado y un alto peso y que en la rotación promax alcanza (1,016).

Otra de las componentes del modelo, denotada como *Componente 1,* está basada principalmente de acuerdo con la carga obtenida por las competencias de tutoría (0,908), integración de medios (0,812), comunicación (0,700), motivación (0,648), evaluación (0,442), metodología (0,400).

Tabla 87. Matriz de configuración de las competencias docentes en el espacio factorial rotado.

MATRIZ DE CONFIGURACIÓN

	COMPONENTE		
	1	2	3
Planificación	−0,125	−0,014	1,016
Comunicación	0,700	−0,208	0,310
Motivación	0,648	0,046	0,178
Metodología	0,400	0,174	0,339
Integración de medios	0,812	0,097	−0,113
Tutoría	0,908	0,143	−0,301
Evaluación	0,442	0,203	0,260
Investigación	0,006	0,886	−0,159
Pertenencia institucional	0,066	0,643	0,173
Innovación	0,051	0,722	0,174
Intercultural	−0,048	0,840	−0,012
Identidad profesional	0,832	−0,076	0,008

Método de extracción: Análisis de componentes principales.
Método de rotación: Normalización Promax con Kaiser.

Este conjunto de competencias, que definen la *Componente 1*, corresponde a la puesta en práctica y a las necesidades que el profesorado tiene de llevar a cabo los procesos de planificación.

Se confirman así dos grandes dimensiones que el profesorado debe desarrollar para la mejora de los procesos de enseñanza-aprendizaje: planificación y justificación del proceso y, segundo, ejecución u óptimo desempeño mediante el dominio de las competencias, siguiendo el peso: tutoría, integración de medios, comunicación, motivación y metodología. Y muy cercano a todo este conjunto con un peso destacado, 0,832, en la componente 1 se sitúa la identidad profesional, formando así un conjunto cuyo núcleo es tutelar al estudiante mediante una comunicación empática, el uso de los medios pertinentes y una motivación adecuada empleando la metodología más creativa y mostrando la gran pertinencia del profesional comprometido con este proceso.

Finalmente, la *Componente 2* del modelo que define este destacado esquema tridimensional está constituida por la investigación con un peso de (0,886), la interculturalidad con (0,840), la innovación con (0,722) y la pertenencia institucional con (0,643).

Esta *Componente 2* sintetiza los tres aspectos más destacados que constituyen en el momento actual la garantía de una enseñanza universitaria de calidad, al alcanzar un nivel adecuado en la investigación de la docencia, orientado a una innovación permanente y apoyado en el reconocimiento de la institución que se lleva a cabo en escenarios cada vez más plurales y de máxima implicación y diálogo entre las culturas.

Presentamos esta explicación en la figura 64, que representa la distribución espacial en la que quedan claramente agrupadas las tres dimensiones y que son la evidencia perceptiva del espacio vectorial rotado.

5. Análisis cualitativo de las preguntas abiertas del cuestionario: taxonomía de conceptos

Análisis cualitativo de las preguntas abiertas del cuestionario: taxonomía de conceptos

En continuidad con lo presentado en las páginas anteriores, sintetizamos los principales textos y sometemos a análisis los mismos siguiendo las directrices de la minería de datos.

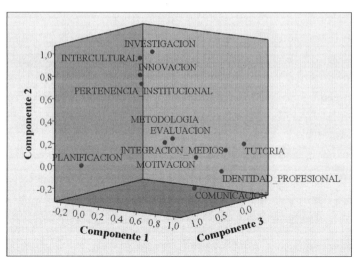

Figura 64. Grafico de componentes en espacio rotado para las competencias docentes.

Gráficamente ofrecemos en la tabla correspondiente la distribución del número y porcentaje de conceptos del diccionario, agrupados por competencias y destacamos la frecuencia y el peso alcanzados de las mismas (ver tabla 84 del capítulo anterior).

Esta tabla es expresiva de los términos que afectan por su valía a cada una de las anteriores competencias y de nuevo señalamos que las tres primeras y, al menos, las dos últimas, obtienen valoraciones similares a las alcanzadas en el análisis cuantitativo y de ordenación de rangos que hemos presentado con algunas modificaciones destacadas, tales como, la innovación con menor número de términos y un porcentaje de 1,90 y la interculturalidad que ocupan los últimos lugares y se mantienen en situaciones similares, metodología en quinto lugar en la media y segundo lugar en la ordenación, coincidiendo con el lugar alcanzado en este rango. La integración de medios, la más mencionada en las preguntas abiertas ocupaba la quinta valoración en la media y la tercera en la ordenación. De nuevo, la identidad profesional surge en tercer lugar, está más cercana de la primera valoración cuantitativa, media 5,61 y séptima en la ordenación.

Finalmente, evaluación, que alcanzó una valoración de 5,43, la tercera más valorada y aquí obtiene el quinto lugar con un porcentaje de 8,50. La investigación alcanza el mismo lugar en esta valoración de atributos que el obtenido en la ordenación.

Destacamos la competencia de planificación, que se encuentra en el 6º lugar y con un número de presencia de términos de 111 y un porcentaje de 8,20, mientras que en la valoración alcanzó 5,44 y en la ordenación la primera posición.

Estimamos que la situación de las seis primeras competencias y su ordenación, salvando la motivación, evidencia una alta sintonía en los diferentes análisis e igual sucede entre la jerarquía-ordenación otorgada a las competencias y pertinencia de los atributos correspondientes a cada competencia, tal como sucede en las competencias de interculturalidad y la comunicación.

La figura 65 presenta el diagrama de barras correspondiente a los valores alcanzados en las distintas competencias.

El dendrograma que presenta el índice de similaridad, de acuerdo con el coeficiente de Jaccard, de nuevo señala los términos más representativos que identifican las competencias y los atributos que las definen y es evidente la clara coincidencia con el diagrama de barras y la distribución anterior, aunque aquí aparecen claramente agrupados el valor de los materiales didácticos y los medios, las estrategias didácticas y la planificación junto a la organización del tiempo y la actualización de los conocimientos completados con el valor dado a la formación y desarrollo profesional y la importancia de participar en los proyectos de investigación.

Los análisis seguidos representan el mapa de conceptos y nos permiten interpretar esta figura 66 como síntesis de los atributos más destacados por el profesorado. Este mapa 67 coloca varios escenarios perceptivos de gran relevancia y agrupa las competencias en los siguientes focos.

1. Evaluación, conocimientos, planificación general, estrategias didácticas.

2. Actividad tutorial, asesoramiento y organización del tiempo, especial valor adquieren materiales didácticos, medios virtuales, multimedia, redes, etc.

3. Comunicación, participación y reflexión entre docentes y estudiantes.

4. Proyectos de investigación y las publicaciones como un aspecto fundamental para lograr la innovación general de la enseñanza, la participación en congresos y la actualización continua.

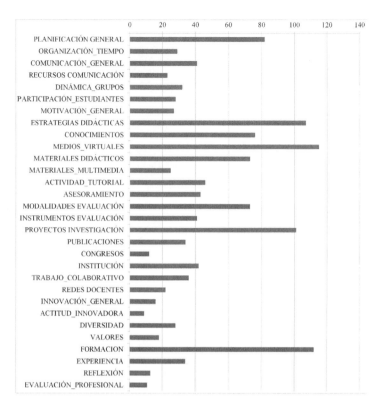

Figura 65. Diagrama de barras del número de conceptos de cada competencia encontrados en las narrativas.

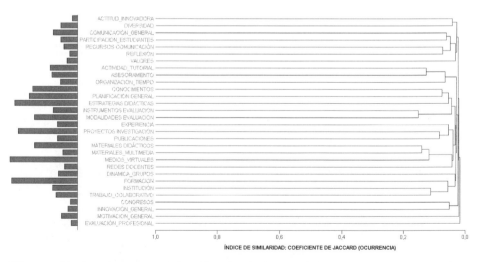

Figura 66. Dendrograma del índice de similaridad de los conceptos de la lista extensa del diccionario.

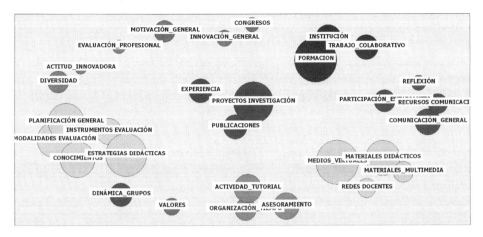

Figura 67. Mapa de conceptos extraído de las narrativas.

5. Trabajo colaborativo, institución y formación.

6. Motivación general, identidad y actitud innovadora.

El dendrograma presenta el índice de similaridad entre los conceptos de competencias y de nuevo, la integración de medios, metodología e identidad profesional adquieren valores más elevados seguidos de planificación, evaluación, pertenencia institucional, comunicación y motivación. Las competencias de innovación e intercultural aparecen en los valores más bajos del índice.

Los análisis seguidos representan el mapa de conceptos y nos permiten interpretar la figura 68 como síntesis de los atributos más destacados por el profesorado. Los escenarios nos explicitan los siguientes focos:

1. Metodología y evaluación.

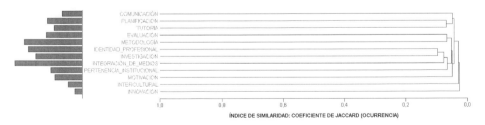

Figura 68. Dendrograma del índice de similaridad entre los conceptos de competencias.

2. Identidad profesional, integración de medios, investigación y pertenencia institucional.

3. Tutoría y planificación.

4. Comunicación e innovación.

5. Intercultural.

El mapa de conceptos agrupa los siguientes focos:

1. La planificación cercana a la tutoría, evidencia elementos sustanciales de la toma de decisiones para el desarrollo y aplicación del proceso formativo en la enseñanza, mediante el que se implica a los estudiantes en un mayor protagonismo.

2. La cercanía entre investigación, pertenencia institucional, identidad profesional e integración de medios, que subraya elementos anteriores destacados en la segunda componente del análisis presentado en los datos cuantitativos. La competencia de motivación se muestra más cercana a esta evidente sintonía entre pertenencia, investigación e identidad.

   La competencia intercultural queda alejada del resto, aislada y, en una cierta equidistancia de la evaluación y motivación.

3. El tercer agrupamiento que destacamos se encuentra entre metodología y evaluación más próximas e innovación y comunicación más

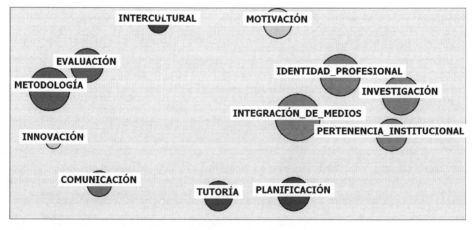

Figura 69. Mapa de conceptos de las competencias.

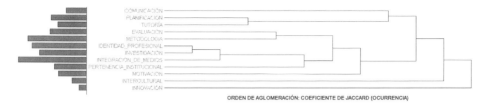

ORDEN DE AGLOMERACIÓN: COEFICIENTE DE JACCARD (OCURRENCIA)

Figura 70. Dendrograma del orden de aglomeración entre los conceptos de competencias.

distantes, pero que reflejan aspectos comunes a los procesos de presentación de información a través de la comunicación, que a su vez requiere de los métodos más adecuados como solución de problemas, proyectos, estudio de casos, etc. que propician una línea de innovación permanente que ha de ser completada con evaluación continua del proceso y resultados de las prácticas docentes.

En este dendrograma (figura 70) se representa la competencia de integración de medios seguida de las de metodología, identidad profesional, investigación, evaluación, planificación, pertenencia institucional, motivación, comunicación y, como siempre, intercultural e innovación.

En la página siguiente mostramos el resumen de las tareas para desarrollar las competencias emergidas del análisis de datos de las propuestas por el profesorado encuestado.

6. Narrativa explicativa, síntesis final más allá de los datos

Como se ha indicado en las páginas anteriores, nuestro punto de partida ha sido un mapa de doce competencias que configuran un modelo provisional para orientar y dar sentido a la formación del profesorado, singularmente del universitario.

La investigación realizada y los resultados obtenidos nos permite afirmar que el conjunto global formado por las doce competencias ha obtenido altas valoraciones, las medias se sitúan en la mayoría de los casos entre 5,20 y 5,60, sobre la máxima valoración de 6.

Tabla 88. Armonización entre competencias y tareas.

TAREAS/COMPETENCIAS	Planificación	Comunicación	Motivación	Metodología	Integración de Medios	Tutoría	Evaluación	Investigación	Pertenencia Institucional	Innovación	Interculturalidad	Identidad Profesional
Evidencias Científicas	X											
Selección de Fuentes	X											
Contribución de medios a la docencia		X			X	X				X		X
Utilización de las TIC		X										
Motivar en clase			X									
Construcción de un sistema metodológico	X			X								
Casos prácticos	X			X								
Utiliza medios adecuados	X	X	X		X	X						
Facilitar el aprendizaje	X					X						
Enriquecer la práctica docente	X		X			X	X					
Aprendizaje activo							X					
Toma de decisiones	X		X				X					
Investigación con otros compañeros	X		X					X		X		
Aportación docente al desempeño profesional									X			X

Competencia
Implicación en el proyecto institucional
Consideración de los factores interculturales
Docencia aquí y ahora
Docencia en el desempeño profesional
Utilización de las estrategias
Formación del profesional
Capacitación pedagógica
Actualización pedagógica
Investigación como promoción profesional
Planificación de tareas
Implementación de actividades
Conocimiento de la disciplina
Evaluación del aprendizaje
Utilización de las redes
Reflexión en la práctica
Identificación institucional
Instrumentación para la evaluación
Trabajo en redes para materiales didácticos
Utilización de los medios virtuales
Organización de tiempos
Labor tutorial
Dinámica de grupos
Actitud innovadora

Este universo de competencias confirma las investigaciones de base de las que hemos partido y alberga grandes esperanzas para diseñar programas de formación de docentes que consigan que todos los implicados en el programa las alcancen en el mayor nivel posible.

El diálogo intenso desatado acerca de la rigidez de las competencias como modelo formativo de docentes, al menos, la amplia muestra consultada, considera en una gran mayoría, que no solo es relevante capacitar al profesorado en el conjunto y en cada una de estas competencias, sino que su globalidad constituye un valioso escenario para orientar el desarrollo profesional de los docentes y comprometer a las instituciones universitarias en la facilitación de los medios y tareas más adecuadas que han sido propuestas por el profesorado para intentar alcanzar el óptimo grado de capacitación docente.

Una de las conclusiones más relevantes de nuestro estudio, obtenida como consecuencia de la interpretación de los resultados proporcionados por la técnica del análisis factorial, es que en el conjunto de competencias considerado ha emergido un sistema valioso de componentes que evidencia tres grandes funciones que resumen las doce propuestas, consolidando grandes síntesis que aglutinan las preferencias a las que ha de enfocarse la formación del profesorado.

Destacamos el papel relevante que alcanza la planificación y los atributos que la definen en su cercanía: la organización del tiempo, los recursos y la pertinencia de las decisiones para armonizar e incidir en el desempeño del resto de las competencias. Esta complementariedad entre la competencia de planificación y tutoría se refuerza en la presentación de términos característicos del profesorado que la consideran como organización de tiempo, cronograma necesario, distribución de horarios, seguimiento diario, asesoramiento y óptimo aprovechamiento de las posibilidades que facilitan los complejos procesos de enseñanza-aprendizaje. El docente necesita comprender la complejidad de la titulación y de la carrera en la que trabaja, identificar los retos de la sociedad para la que prepara a los estudiantes y entender las adaptaciones que han de realizarse para formar a los estudiantes en el dominio de competencias genéricas y profesionales, que constituyen la base más importante para la preparación de los futuros profesionales. La cercanía a la acción tutorial se explica porque el profesorado ha de propiciar a cada estudiante el óptimo aprovechamiento de su tiempo, la mejor toma de decisiones para superar las dificultades académicas y la necesaria anticipación a los retos y procesos innovadores que se requieren en las organizaciones y en el mundo empresarial en general.

La capacitación de los docentes debería ser armónica en la profundización en ambas competencias, logrando responder a los continuos desafíos de las profesiones y a las emergentes innovaciones derivadas de la tecnología, el arte y el verdadero saber científico. Así, el dominio y el avance en ambas competencias garantiza al profesorado tener la mejor visión de conjunto del proceso de enseñanza-aprendizaje en la planificación y en la tutela-implicación de cada estudiante en el cumplimiento de su formación integral.

El mapa de competencias construido garantiza el diseño de nuevos programas de formación del profesorado y requiere una profunda implicación de cada docente y de los equipos para avanzar en el dominio de las que estimen más destacadas para su óptimo desarrollo profesional, especialmente, para afianzar su identidad con la profesión y ofrecer soluciones argumentadas y fundamentadas para la mejora permanente de la educación integral de los estudiantes.

Destacamos que el modelo de formación por competencias ha de estar abierto a que cada docente seleccione y configure el mapa de competencias más valioso que considere que enriquecen su pensamiento y práctica profesional, convirtiendo así al propio profesorado en el principal agente de su formación y en el diseñador del itinerario de avance profesional que estima necesario para que en el marco de su universidad, región y con una mentalidad universal afronte la investigación e innovación permanente de su docencia, implicando a toda la comunidad universitaria y especialmente a los responsables de su universidad en el valor y relevancia que la actualización profesional tiene para dar respuesta a las nuevas formas que una docencia enriquecida y creativa nos demanda.

El proyecto ha aportado a las universidades participantes el conjunto de actuaciones innovadoras más coherentes con su marco institucional para estimular a cada miembro de la comunidad a alcanzar el óptimo desempeño de los procesos de enseñanza-aprendizaje, demostrando que la ausencia de responsabilidad institucional en este proceso deriva en la involución permanente, la ausencia de identidad profesional y en un proceso de estancamiento para la institución que por propia naturaleza ha de estar siempre al servicio y en la línea de la mejora continua y de la búsqueda de las soluciones más adecuadas a los múltiples problemas de los procesos de formativos y especialmente ante la necesidad que representa una sociedad globalizada, dinámica y con pluralidad de comunidades y empresas en continua transformación, que solo subsisten cuando todos sus miembros están plenamente activos y abiertos a su óptimo desarrollo personal y profesional.

El segundo gran componente está constituido por el desarrollo y transformación de la práctica de la docencia, que sintetiza aquellas competencias que son necesarias para su óptimo desempeño, es decir: comunicación, motivación, metodología, integración de medios, tutoría y evaluación. Se encuentra muy cercana a ellas la identidad profesional, que viene a ser una base imprescindible para la mejora y aplicación de tal práctica. Se espera del profesorado una reciprocidad entre el adecuado desarrollo de estas competencias y el incremento en la satisfacción y potenciación de la docencia.

La tercera componente constitutiva de la formación del docente universitario, en situación de cambio, está especialmente determinada porque incorpore a su práctica profesional la investigación de la docencia y la construcción de una línea de mejora, avance y consolidación de la práctica profesional, pero estas competencias necesitan entenderse y generarse desde el reconocimiento y el apoyo que la institución ha de dar a la consolidación y avance que lleve a cabo el profesorado en este proceso.

Como complemento de las mismas emerge la interculturalidad en un contexto significativo y de gran actualidad en la mayoría de las instituciones universitarias.

Entre este conjunto de competencias y la síntesis que nos muestra el análisis factorial hemos de tomar conciencia de aquellas de mayor impacto para el profesorado y del valor de representatividad de las mismas en los procesos de enseñanza-aprendizaje. Esta categorización, subraya, las más ponderadas tanto en la estimación cuantitativa como en los análisis cualitativos. Se destaca la planificación y metodología junto al diseño de medios como los más reconocidos y como contrapunto nos encontramos la interculturalidad y la innovación o la pertenencia institucional, las menos consideradas.

La práctica docente requiere estilos de comunicación múltiples, cercanos a los estudiantes que nos garanticen que tal proceso de comunicación, esencial al acto didáctico, se desarrolla con las garantías necesarias, especialmente, el empleo armónico de los códigos no verbal, verbal, paraverbal, icónico, etc. junto con el apoyo y selección adecuada de los medios más pertinentes y creativos valorando el peso de estas dos competencias. En la dimensión práctica se subraya el gran impacto y la importancia que para el profesorado tiene ser experto en ambas, profundizando en su empleo en las más diversas situaciones educativas, al llevar a cabo un uso creativo de la acción tutorial.

Pretendemos ampliar esta reflexión a la necesidad de construir modelos, pruebas y criterios de evaluación que faciliten a los docentes el mejor desempeño de tal práctica profesional y aprender a tomar decisiones en los procesos de enseñanza-aprendizaje, armonizando la estrecha relación existente entre el sistema metodológico que el profesorado ha de construir y aplicar, los estilos de comunicación que ha de emplear y la selección de medios clásicos y virtuales más apropiados al momento formativo y a la solución de los problemas de la docencia.

Encontramos una cercanía conceptual, confirmada por el análisis de datos, entre la competencia de investigación e innovación, especialmente, remarcadas ambas en la ordenación dada por el profesorado y que la sitúan en una cuarta y sexta posición, respectivamente. La línea de innovación de la docencia está estrechamente ligada a la de investigación, ya que necesitamos generar modelos y métodos que fundamenten la práctica docente y que posibiliten su mejora permanente. El cambio exponencial que caracteriza la sociedad actual requiere del profesorado una actitud y un compromiso de apertura y de búsqueda ingente de nuevas formas de conocimiento y de toma de decisiones en las aulas, en los centros, en las organizaciones y en los comportamientos docentes acordes con las múltiples realidades humanas. La investigación de la docencia es el camino riguroso que demanda del profesorado la búsqueda de modelos, la aplicación de métodos pertinentes y el desarrollo de nuevas técnicas de recogida de datos, prioritariamente, la co-observación en parejas y el estudio de casos compartido.

El diccionario de conceptos elaborado pone de manifiesto que el profesorado concede singular importancia al diseño y desarrollo de proyectos de investigación, a la realización de jornadas, seminarios, talleres para aplicar y profundizar las experiencias consolidadas y, especialmente, compartir los principales hallazgos de la investigación de la práctica mediante publicaciones, revistas científicas, artículos, etc. Esta base de conocimiento y reflexión es la mejor garantía para asumir la mejora y la innovación continua como una línea fecunda para docentes y estudiantes, compartiendo proyectos de innovación y singularmente destaca la flexibilidad y potencial creativo y la actualización metodológica, términos que subrayan que ambas competencias se convierten en los aspectos claves que requiere el profesorado en los momentos actuales.

Estrechamente relacionada con las anteriores competencias emerge la pertenencia institucional, que se concreta en la consolidación de redes institucionales, el apoyo colaborativo que ha de dar la institución, el trabajo en equipo, la comunidad de docentes y la necesidad de que la institución avale y promueva las anteriores competencias.

En el momento actual estas competencias se desarrollan en contextos de diálogo entre las culturas, con complejidad de actuaciones y necesidad de entender a cada ser humano desde la génesis de sus comunidades y de las diversas bases que lo caracterizan.

Se reconocen los grandes valores y el respeto a la diversidad para evitar la exclusión social y avanzar en la riqueza y significado de cada cultura.

7. Discusión de los hallazgos obtenidos y conclusiones

La investigación realizada ha puesto de manifiesto que la formación del docente universitario ha de incorporar un aspecto sustantivo el diseño y desarrollo de un mapa de competencias profesionales que propicien la mejora del proceso de enseñanza-aprendizaje.

Los docentes expertos de las cinco universidades participantes y el análisis de los datos realizados constatan el alto valor que el profesorado otorga al conjunto de competencias presentadas, poniendo de manifiesto que la primera menos valorada, cuantitativamente, ha alcanzado una media global que supera el 4,7 en una escala de 1 a 6, y la más valorada se encuentra con una estimación media próxima al 6, máxima ponderación. Estos hallazgos confirman que el mapa de competencias construido por los expertos, fundamentado en las numerosas investigaciones consultadas y analizada la información con el programa SPSS versión 19, consolida un escenario para la formación inicial y permanente del profesorado universitario de evidente valor.

La síntesis de las aportaciones de los datos cualitativos y la interpretación de expertos, resultados de los programas empleados (minería de datos) han consolidado los hallazgos cuantitativos y especialmente se destaca el modelo de ordenación de competencias basado en el criterio de contrastación dual entre competencias, que pone de manifiesto las coincidencias en la valoración de la mayoría de aquellas, especialmente, la competencia de planificación que se sitúa en primer lugar confirmando lo obtenido en el marco cuantitativo, sucediendo de modo similar con la competencia de diálogo entre las culturas (interculturalidad), en su menor valoración.

El proyecto aporta un conjunto de tareas innovadoras, que han sugerido más de 600 docentes implicados en la investigación, subrayado tareas precisas para el dominio de cada competencia y las tareas globales que de modo creativo y con una evidente puesta a punto capacitarán a los docentes universitarios.

La matriz que identifica las competencias reconocidas por los docentes, para su profesionalización, podrá mejorarse y consolidarse a partir del conocimiento y aplicación de las tareas más singulares que los análisis cualitativos, las preguntas abiertas del cuestionario y las expresiones valiosas de los grupos de discusión han constatado que el profesorado novel, con experiencia media y senior han de realizar.

El trabajo de investigación ha tenido un evidente impacto en la cultura de formación de las universidades participantes y ha mejorado los programas de formación inicial del profesorado y, especialmente, el estudio de caso desarrollado en la Escuela Politécnica del Ejército (ESPE) que se ha constituido en un proceso de auto-reflexión y de concienciación para el desempeño y mejora de la práctica docente. El impacto institucional se verá reflejado en un proyecto de capacitación y fortalecimiento de las competencias didáctico-pedagógicas de los docentes, considerando los ejes axiológicos de la práctica y la innovación docente. El proyecto se ha consolidado con la experiencia de expertos de otras universidades y el desarrollo de programas específicos de formación de docentes en esta línea, especialmente en la Universidad de Sonora (UNISON). Esta universidad desarrolla un amplio programa de mejora profesional y actualización de su profesorado, singularmente en Ciencias Sociales, en la que están implicadas las doctoras participantes en el proyecto y numerosos docentes noveles.

En la Universidad Libre de Colombia (UL) el desarrollo del proyecto ha servido como motivación para que los docentes inicien un proceso de formación permanente para el dominio de las competencias y la mejora continua del proceso de enseñanza-aprendizaje en cada uno de los programas y facultades.

Desde el cono Sur, el Instituto Universitario Italiano de Rosario (IUNIR) ha contribuido a la formación del profesorado para la auto-reflexión y análisis de las competencias y generado las bases para un posgrado en esta línea.

En la Universidad Nacional de Educación a Distancia (UNED) está en proceso de diseminación y aplicación de este proyecto en el marco de su especificidad, presentado ya en alguno de los medios: vídeoclases, vídeoconferencia, radio y acciones directas a través del organismo de formación del profesorado.

8. Consolidación de los objetivos del proyecto

Los resultados emergidos del proyecto nos permiten valorar el nivel de consecución de los objetivos pretendidos, especialmente, los que atañen al modelo de formación del profesorado universitario y a la potencialidad innovadora de las tareas, pertinentes para el dominio de las competencias, y en la incidencia y mejora de la práctica docente y la calidad de las aportaciones de los miembros del grupo de investigación.

8.1. Objetivo general del proyecto

El objetivo general del proyecto:

> Diseñar y aplicar un modelo metodológico innovador que permita desarrollar las competencias docentes mediante la mejora del conocimiento y su transmisión, junto con su aplicación práctica orientada por los valores permanentes de la universidad, de forma que el profesorado desarrolle una cultura de constante perfeccionamiento y colaboración que incida en el avance de los modelos formativos, el desarrollo sostenible y la transformación de la sociedad.

El análisis de los resultados obtenidos en las diferentes universidades evidencia la necesidad de diseñar y aplicar un modelo metodológico innovador para mejorar la práctica docente y desarrollar las competencias del profesorado para el perfeccionamiento y consolidación de los procesos de enseñanza-aprendizaje y de las instituciones universitarias.

Este objetivo se ha consolidado a través de los resultados de las compencias en su singularidad y en la globalidad de la investigación realizada.

En relación con el modelo:

- **Planificación:** necesita de los complementos de competencias que la hacen imprescindible para el desarrollo del modelo desde una visión holística, globalizadora e integradora con proyección en otras competencias como la comunicativa, metodológica e integración de medios.

- **Metodología:** se caracteriza por la síntesis y complementariedad de diversos métodos, lo que implica hacia el modelo la participación y el compromiso en el reconocimiento de la singularidad de los estudiantes y la utilización de estrategias para desarrollar un aprendizaje activo.

- **Integración de medios:** requiere el equilibrio entre el diseño y utilización de los mismos en los procesos formativos, de manera que se convierta en un reto la incorporación e imprescindible configuración de nuestro modelo, dadas las características del aprendizaje en las instituciones (a distancia, semi-presencial, presencial).

- **Comunicación:** desde la perspectiva del profesorado se convierte en el dominio del discurso para las transmisión del saber en el contexto práctico de los procesos formativos. Se requieren estrategias colaborativas que permitan la participación e interacción del docente con los estudiantes.

- **Motivación:** en el desempeño del modelo es una competencia imprescindible para la identificación de los aspectos más valiosos y los necesarios para el desarrollo de la tarea educativa. «La capacitación y actualización del profesorado universitario ha de partir del conocimiento profundo del nivel de motivación con la profesión docente y el grado de satisfacción alcanzada en el desempeño de la misma».

- **Tutoría:** ha de permitir el enriquecimiento de la práctica docente para la solución de problemas y la toma de decisiones. La integración de saberes, prácticas y actitudes son la base para dinamización del proceso formativo.

- **Identidad profesional:** en el modelo holístico e integrado se configura como una competencia que busca la mejora y actualización continua del profesorado. Se convierte en un reto en sí misma, ligada a la pertinencia institucional para su desempeño profesional y a otras competencias como la investigadora e innovadora para la consolidación de un perfil profesional adecuado al nivel educativo de Educación Superior.

- **Evaluación:** permite llevar a cabo el modelo y además afianzar el mismo desde diferentes perspectivas (auto-co-heteroevaluación). Nos permite constatar el dominio entre lo diseñado, el proceso seguido y el resultado obtenido.

- **Investigación:** se ha de consolidar en la cultura de la institución en general y en la docente en particular. Respecto al modelo, nos permite replantear nuevos retos docentes que consoliden el saber teórico con la integración de medios y la incorporación de redes de colaboración para la mejora del proceso formativo.

- **Innovación:** se convierte en la actividad generadora base de las orientaciones y transformaciones de las concepciones prácticas. Esta competencia se ha de ver desarrollada entre la teoría y la práctica, en el diseño de tareas e implementación de estrategias innovadoras. «La innovación en los modelos docentes se concreta en un nuevo pensamiento que de sentido a las prácticas formativas».

- **Pertenencia institucional:** se presenta como la base del perfeccionamiento del modelo respecto a la institución universitaria debido a que ésta permite la organización del mismo y la implicación de sus profesionales.

- **Interculturalidad:** dentro del modelo es el encuentro y enriquecimiento mutuo de las diversas culturas presentes en el entorno universitario y que confluyen en la atención sigularizada de las personas y, a su vez, presenta la apertura a nuevos desafíos multiculturales desde la comprensión y valoración del modelo.

8.2. Objetivos específicos

La consolidación de los objetivos específicos del proyecto y su justificación se exponen a continuación:

• Transformar los modelos didácticos y el sistema metodológico utilizados en la docencia universitaria.

Esta transformación de los modelos didácticos y del sistema metodológico se ha desarrollado principalmente a través de las competencias: metodológica, planificación y de identidad profesional.

Otras competencias cercanas a este objetivo son la motivación, la innovación y pertenencia institucional.

Las tareas que contribuyen a la consolidación de las competencias y la confirmación de los objetivos son principalmente:

– La construcción de un sistema metodológico.

– La utilización de estrategias adecuadas.

– La planificación e implementación de tareas.

– La utilización de los modelos adecuados.

Afianzar el grupo de investigación docente creado, consolidar las líneas de investigación en didáctica ya iniciadas y asentar la cultura de innovación en la institución.

Este proceso ha sido posible gracias al desarrollo de las competencias: motivadora, comunicativa e innovadora principalmente, muy ligadas a la identidad profesional y a la pertinencia institucional.

Los docentes destacan tareas como:

– La motivación en clase.

– La toma de decisiones.

– La dinámica de grupos.

– La aportación de los docentes al desempeño profesional.

– El desarrollo de la docencia.

• Diseñar actividades de enseñanza-aprendizaje innovadoras que mejoren la docencia universitaria y desarrollen las competencias docentes, al tiempo que propicien la convergencia de los diferentes niveles educativos y permitan la proyección y colaboración de la universidad con su entorno social, atentos a los retos de la sociedad del conocimiento y de la innovación tecnológica.

A continuación indicamos algunas de las actividades innovadoras más valoradas para el desarrollo de cada competencia por los participantes:

– Planificación: Evidencias científicas, selección de fuentes y facilitar el aprendizaje.

– Comunicación: Contribución de medios a la docencia, utilización de medios virtuales y utilización de las estrategias.

– Motivación: Docencia aquí y ahora, dinámica de grupos y enriquecer la práctica docente.

– Integración de medios: Utilización y diseño de medios adecuados, empleo de medios virtuales y participación crítica en redes.

– Tutoría: Organización de tiempos, planificación de tareas y evaluación del aprendizaje.

– Evaluación: Enriquecer la práctica docente, aprendizaje activo, toma de decisiones y construcción de pruebas formativas.

– Investigación: Investigación cooperativa, trabajo en red con material didáctico y elaboración de estrategias didáctico-heurísticas.

– Pertenencia institucional: Aportación al desempeño profesional, implicación en el proyecto institucional e identificación institucional.

– Innovación: Actualización pedagógica y capacitación.

– Interculturalidad: Dinámica de grupos, diálogo entre las culturas y consideración de los factores interculturales.

– Identidad profesional: Aportación docente al desempeño profesional, formación del profesional y conocimiento de la disciplina.

La competencia innovadora y la investigadora son las más pertinentes para este objetivo. La necesidad de vincular estas competencias a otras como la tutoría, la motivación y la comunicación, permiten desarrollar actividades como:

– Utilización de las TIC y medios adecuados.

– Investigación con otros compañeros.

– Investigación como promoción profesional.

– Participación en redes de aprendizaje.

• Diseñar métodos didácticos para la mejora de la enseñanza presencial y a distancia, junto con el desarrollo de acciones y actividades formativas pertinentes para la adquisición de las competencias docentes y su proyección a la formación del estudiante.

La competencia identidad profesional se presenta como la clave de este objetivo. Muy cercana también se encuentra la competencia tutorial. Las decisiones del profesorado universitario en este sentido llevan a proponer las siguientes tareas:

- Descripción de la docencia «aquí y ahora».

- Narrativa de la docencia en su desempeño profesional.

- Formación del profesional.

- Capacitación y actualización pedagógica.

- Conocimiento de la disciplina.

• Aplicar los desarrollos obtenidos en diferentes escenarios y modalidades de enseñanza-aprendizaje, tanto de manera presencial como a distancia.

La tutoría, la pertinencia institucional, la interculturalidad son la base en este objetivo.

La necesidad de comunicación en el aula, la motivación en los diferentes escenarios, la modalidad educativa y la pertenencia a la institución son tareas que junto a la implicación de los docentes en el proyecto institucional nos permiten consolidar este objetivo.

En síntesis, el modelo emergido del análisis de datos, especialmente la jerarquización de las competencias por el amplio número de docentes participantes en la encuesta nos permite afirmar que la competencia de planificación es determinante para que el profesorado, organice, mejore y lleve a cabo óptimos procesos de enseñanza-aprendizaje.

Sin embargo, constatamos que la competencia ligada al diálogo entre las culturas y al enriquecimiento de la multiplicidad de formas de entender la realidad por los seres humanos se sitúa a juicio del profesorado en el lugar decimosegundo.

Coincidiendo los resultados del análisis cuantitativo con el cualitativo en situar las primeras competencias en su valor de reconocimiento en los diversos procesos realizados e igual sucede con las que ocupan el último lugar y especialmente la final en la ordenación presentada.

El diseño de actividades que consolida esta investigación forma una nueva taxonomía que constituirá la base para tomar decisiones en los diferentes programas de desarrollo profesional de docentes para capacitarles en el dominio y desempeño de estas competencias.

Referencias bibliográficas

Álvarez, M. (2008).La tutoría académica en el Espacio Europeo de Educación Superior. *Revista Interuniversitaria de formación del profesorado* ISSN 0213-8646, n° 61 (Ejemplar dedicado a La tutoría universitaria en el espacio europeo de Educación Superior/coord. por Rufino Cano González). pp. 71-88

Alvino, E. (2000). *Report by the intercultural communicative competence Task Force, World Learning,* Brattleboro: VT.USA.

Ames, C. (1992). Clasroom: goals, structures and student motivation. *Journal of Educational Psychology.* (84) pp. 261-271.

Aneca(2008). Programa academia. Principios y orientaciones para la aplicación de los criterios de evaluación. Vol. 2, Madrid: Ministerio de Educación. España.

Angulo, J. y Corpas, C. (2006). Las competencias de la Titulación de Psicopedagogía a nivel Andaluz: investigando la opinión del profesorado, del alumnado universitario y de los profesionales de la orientación.*Revista de Investigación Educativa.* Vol. 24, n°2, pp. 575-593.

Antón, P. (2005). Motivación del profesorado universitario para la aplicación de las propuestas metodológicas derivadas de la utilización de las tecnologías de la información y la comunicación en la docencia. *Revista Latinoamericana de Tecnología Educativa.* Vol. 4, n°1, pp. 101-110.

Argudín, Y. (2005). *Educación basada en competencias: nociones y antecedentes.* México: Trillas.

Asencio, I., Carballo, R., García, M., Guardia, S. y García, N. (2005). La tutoría universitaria ante el proceso de armonización europea. *Revista de Educación* ISSN 0034-8082, n°337, pp.189-210.

Atkinson, J.W., Halisch, F. y Kuhl, J. (1987). *Studie of fear of falilure.Motivation, intention and volition.* Berlin: Springer. pp. 47-60.

Austin, J.L. (1962). *How to do things with words: The William James Lectures delivered at Harvard University in 1955.* Ed.J.O. Urmson. Oxford: Clarendon.

Banks, J.A. (2002). *Multicultural education: Issues and perspectives.* New York: Wiley and Sons.

Barnett, R. (2001). *Los límites de la competencia. El conocimiento, la educación superior y la sociedad.* Barcelona: Gedisa.

Beijaard, D. (1995). Teachers» prior experiences and actual perceptions of professional identity.*Teachers and Teaching: Theory and Practice*, 1, pp. 281-294.

Beijaard, D., Verloop, N. y Vermun. J.D. (2000). Teachers» perceptions of professional identity: an exploratory study from a personal knowledge perspective. *Teaching and Teacher Education*, 16. pp. 749-764.

Beijaard, D., Meijer, P.C. y Verloop, N. (2004). Reconsidering research on teachers» professional identity.*Teaching and Teacher Education*, vol. 20. pp. 107–128.

Beneitone, P. y otros (2007). *Reflexiones y perspectivas de la Educación Superior en América Latina:* Informe Final-Proyecto Tuning-América Latina, 2004-07; Universidad Deusto y Universidad de Groningen.

Bennett, N. y Carre, H.J.C. (1993). *Learning to teach.* London: Routledge.

Bernard, H. (1991). Cinq types de variables susceptible d´influencer les résultats de l´évaluations de l´enseignement par les étudiants. *Mesure et évaluations en éducation*, 14 (2), pp. 37-56.

Bertalanfy, L. (1969). *General system theory.* New York: George Braziller.

Bertoni, A. et al. (1997). *Evaluación.* Barcelona: Norma.

Birkenbhil, M. (2008). *Formación de formadores.* Madrid: Paraninfo.

Boyoga, D. et. al. (2000).*Competencias y proyecto pedagógico.* Bogotá: Unilibros

Braden, N. (2005). *Los seis pilares de la autoestima.* Barcelona: Paidós.

Brown, R. y Glasner, A. (2003). *Evaluar en la Universidad.* Madrid: Narcea.

Byram, M. (2000).Assessing intercultural competence in language teaching.*Sprogforum*, n°18, vol.6, pp.8-13.

Byram, M., Gribkova, B. y Starkey, H. (2002). *Developing the intercultural dimension in language teaching: A practical introduction for teachers.-Strasbourg.* Council of Europe.

Cáceres, M. et al. (2003). La formación pedagógica de los profesores universitarios. Una propuesta en la profesionalización del docente. *Revista Iberoamericana de Educación.* ISNN: 1681-5653,OEI.

Cajide, J. y Porto, A. (2002). Competencias adquiridas en la universidad y habilidades requeridas por los empresarios en Galicia. *Revista de Investigación Educativa.* Vol. 20, n°2, pp. 449-467.

Calderhead, J. (1987). *Cognition and metacognition in teacher profesional development.*Washington, Paper presented at the annual meeting of AERA.

Campanale, F. y Raîche, G. (2008). L´évaluation dans la formation supériure el professionnelle.En *Mesure l´évaluation en éducation.*Vol. 31, 3, pp. 35-59.

Canale, M. (1983). *From communicative competence to communicative language. Pedagogy.*Richards, R. y Schmidt, R. (Eds). *Language and communication.* London: Longman. pp. 2-27.

Cano, R. (2009). Tutoría Universitaria y aprendizaje por competencias ¿cómo lograrlo?*Revista electrónica interuniversitaria de formación del profesorado*, ISSN-e 1575-0965, vol. 12, n°1.2009 (ejemplar dedicado a: Perfiles y escenarios de la educación).

Cano, R. (2008). Modelo organizativo para la planificación y desarrollo de la tutoría universitaria en el marco del proceso de convergencia europea en Educación Superior. *Revista interuniversitaria de formación del profesorado*, ISSN 0213-8646, n°61, (ejemplar dedicado a: la tutoría universitaria en el espacio europeo de Educación Superior/coord. Por Rufino Cano González), pp. 185-206.

Cardona, J. (2008). *Formación y desarrollo profesional del docente en la sociedad del conocimiento*. Madrid: Universitas.

Carioca, V. (2007). *Modelo de avaliacao de competencia de profesores e formadores*. Manual de Implantación, Beja, A. Tevall. C publication. www.tebal.eu

Carter, K. (1990). Teachers knowledge and learning to teach.*En W. R. Houston,Handbook of research on teacher education* (pp. 291-310).New York: Macmillan.

Castellanos ed. Al. (2001). *Las Tics en la Educación*. Madrid: Anaya.

Castells, M. (1999). *La era de la información. 3 volúmenes*. Madrid: Siglo XXI Editores.

Centro Interuniversitario de Desarrollo, CINDA Grupo Operativo de Universidades Chilenas, Fondo de Desarrollo Institucional, MEDUC-MINEDUC-Chile. (2009). *Diseño Curricular basado en competencias y aseguramiento de la calidad en la educación superior.* Santiago: Cinda.

Chen, G. (1997). *A review of the concept of intercultural sensitivity. Paper presented at the Biennial Convention of the Pacific and Asian Communication Association,* Honolulu, HI.Eric Document Reproduction Servicen, n° ed 408634.

Chickering, A.W. y Reisser,L. (1993). *Education and identity.*San Francisco: Jossey-Bass, San Francisco p.542.

Clandinin, D.J. (1986).*Classroom practice: Teacher images in action*. London: Falmer Press.

Clawell, L. (1991). Identidad. Gran enciclopedia RIALP. Ediciones RIALP. www. canalsocial.net/GER/ficha_GER.asp?id=5769&cat=filosofia, Consultado el 14 de febrero de 2013.

Clyne, M. (1994).*Intercultural Comunication at work. Cultural values in discourse*. Cambridge: Cambridge University Press.

Coldron, J. y Smith, R. (1999). Active location in teachers» construction of their professional identities.*Journal of Curriculum Studies*, 31(6), pp. 711–726.

Collins, D. (1998). *Cambio organizacional: perspectivas sociológicas*. Londres: Rout-leg-dege.

Connelly, F.M. y Clandinin, D.J. (1999). *Shaping a professional identity: Stories of education practice*. London, Ontario, Canada: Althouse Press.

Conway, P. (2001). Anticipatory reflection while learning to teach: From a temporally truncated to a temporally distributed model of reflection in teacher education. *Teaching and Teacher Education,* 17, pp. 89–106.

Cooper, K. y Olson, M. R. (1996). The multiple «I»s» of teacher identity. In M. Kompf, W. R. Bond, D. Dworet, y R. T. Boak, *Changing research and practice: Teachers+ professionalism, identities and knowledge.* London: Falmer Press. pp. 78-89.

Corral, N. y Veiravé, M D. (2004).*Motivación y Aprendizaje: Estrategias Adaptativas del Estudiante Universitario al Contexto Académico.* Tucumán, Argentina: Amalevi.

Coste, D., Moore, D. y Zarete, D. (1997). *Compétence plurilingüe et pluriculturelle. Vers un Cadre Europeén Commun de référence pour Iénseignement et Iápprentissage des langues vivantes.*Études préparatoires Strasbour: Conseil de I´Europe.

Covington, M.V. (2000). *La voluntad de aprender.* Guía para la motivación en el aula.Madrid: Alianza.

Cox, T. y Beale, R.L.(1997). *Develop competency to manage diversity: Readings cases and activities.* San Francisco: Berret-Koeler publishers. San Francisco. p. 308.

Crost, W. y Cruse, D.A. (2004).*Cognitive Linguistics.*Cambridge: University Press.

Cruz, M.A. (2002). *Guía de autoevaluación de la actividad docente universitaria (documento).* Barcelona: Universidad de Barcelona.

Cushner, K. (1998). *Intercultural Education from an Intercultural perspective: Commonalities an future prospects, in: International perspectives on intercultural education.* Mahwah, N.J: Erlbaum Associates. pp. 353-370.

Day, C. (2005). *Formar docentes. Cómo, cuándo y en qué condiciones aprende el profesorado.* Madrid: Narcea.

Day, C. y Gu, Q. (2012). *Profesores: Vidas nuevas, verdades antiguas.* Madrid: Narcea.

De Jaeghere, J. y Zhang, Y. (2008).Development of intercultural competence among USA American Teachers: professional development factors that enhance competence.*Intercultural Education,*vol.19, (3), pp.225-268.

De la Hoz, G. (2010). *Los médicos y la educación médica.* Barranquilla, Colombia: Universidad Libre.

De la Orden, A. (2011). El problema de las competencias en la Educación General. *Bordón*, 63(1) pp.47-63.

De la Peña, J. (2004). *La calidad total, una utopía muy práctica.* Madrid: Universidad de Comillas, ICADE.

De Miguel, M. (2006). *Modalidades de enseñanza centradas en el desarrollo de competencias. Orientaciones para promover el cambio metodológico en el marco del EEES.* Oviedo: Ediciones Universidad de Oviedo.

De Pablos, J. (2010). Universidad y Sociedad del conocimiento. Las competencias informacionales y digitales. *Revista de Universidad y Sociedad del Conocimiento*. (RUSC). 7,2.

Deci, E.L. (1975). *Intrinsic motivation.*New York. Plenum Hillsdale, N.J.: Erlbaun.

Delamare Le Deist, F. y Winterton, J. (2005). What is competence? F.Weinert Human *Resource Development International*, vol.8, n° 1,27-46, March.

Doíaz, L. (2005) (ed.): *Making a difference in the Lives of Bilingreal 7 Bicultural Children*. New York: Peter Lang.

Domínguez, M.C. (2001). *New context in teachers work. Teaching and learning in a multicultural classroom*. Faro. Portugal. Paper (del 27 al 30 de septiembre).

Domínguez, M.C. (2006*). Investigación y formación del profesorado en una sociedad intercultural*. Madrid: Universitas.

Domínguez, M.C. y García, P. (2012). (Eds.) *Tratamiento Didáctico de las competencias básicas*. Madrid: Universitas.

Domínguez, M.C., Medina, A y Cacheiro M.C. (2010*). Investigación e Innovación de la Docencia Universitaria en el EEES*. Madrid: Editorial Universitaria Ramón Areces.

Domínguez, M.C. y Medina A. (2003). *Intercultural Formation in social science teachers intercultural secondary education*. Paper presented workshop. Tubinga, (19-20 de octubre).

Engelbert, S. (2004*).*Intercultural training in exchange situations for experts and management: a critical refletion*. Intercultural education.*15 8(2). pp.195-208.

Epstein, A. (1978). *Ethos and Identity*. Tavistock: London.

Erikson, E.H. (1968). *Identity, youth and crisis*. New York: W. W. Norton & Company.

Escudero, I., García, R. y Pérez, C. (2009). *Las artes del Lenguaje*. Madrid: UNED.

Espuny, C., González, J. y Gisbert, M. (2010). ¿Cuál es la competencia digital del alumnado al llegar a la Universidad? Datos de una evaluación cero. *Enseñanza y Teaching*, 28, pp.113-137.

Esteban, M.R. y Menjívar de Barbón S.V. (2011). *Una mirada internacional a las competencias docentes universitarias*. España: Octaedro.

Fernández, M.J. (2012). *Professional identity: a theoretical frame for research in music higher education*. Riga: University of Latvia, Pedagogical Scientific Institute of Department of Pedagogy.

Fernández, A. (1995). *La profesionalización del docente. Perfeccionamiento. Investigación en el aula. Análisis de la práctica*. Madrid: Siglo XXI. 2ª edición.

Fernández, M. (2006). *Desarrollo profesional docente*. Granada: Grupo Editorial Universitario.

Figueroa, P. (1998). Intercultural Education in Britain. K. Cushner (ed.) *In International perspectives on intercultural education.* Lawrence Erlbaum Associates, Mahwah, N.J. pp. 122-144.

Gairín, J., Muñoz, J.L., Feixas, M. y Guillamon, C. (2009). La transición Secundaria-Universidad y la incorporación a la Universidad. *Revista Española de Pedagogía,* ISSN 0034-9461, vol. 67, n° 242. pp.27-44

Gallego, R. (2000). *El problema de las competencias cognoscitivas: una discusión necesaria.* Bogotá: Universidad Pedagógica Nacional.

Gallego, D., Cacheiro, M.L., Martin, A.M. y Ángel, W. (2009). El e-portfolio como estrategia de enseñanza aprendizaje. *EDUTEC-E, Revista Electrónica de Tecnología Educativa,* 30. pp.1-12.

García, B. et. al.(2008). Modelo de evaluación de competencias docentes para la enseñanza medio y superior. *Revista Iberoamericana de Evaluación Educativa,* vol. 1, n° 3.

Garrido, I. (1996). *Psicología de la Motivación.* Madrid: Síntesis Psicológica.

Gee, J. P. (2001). Identity as an analytic lens for research in education. *In W. G. Secada (Ed.), Review of research in education,* vol. 25. pp. 99–125. Washington, DC: American Educational Research Association.

Gento, S. (1998). *Implantación de la calidad total en las instituciones educativas.* Madrid: UNED.

Gimeno, J. et al. (2008). *Educar por competencias. ¿Qué hay de nuevo?*Madrid: Morata.

Gimeno, J. (2001). *Educar y convivir en la cultural global.* Madrid: Morata.

Ginés, J. (2006). *Las competencias relacionadas con la empleabilidad.* Institute of Education: University of London.

Giroux, H.A. (1990). *Los profesores como intelectuales. Hacia una Pedagogía crítica del aprendizaje.* Madrid: Paidós-MEC

Goleman, D. (1995). *Emotional Intelligence.* New York: Bantam Books.

González, J. y Wagenaar, R. (2005). *Tuning Educational Structures in Europe.* Universidad Deusto y Universidad de Groningen.

Goodson, I. F. (1992). *Studying teachers» lives*: An emergent field of inquiry. In I. F.

Goodson, *Studying teacherslives.* London: Routledge. pp. 1- 17.

Goodson, I.F. y Cole, A.L. (1994). Exploring the teacher»s professional knowledge: Constructing identity and community.*Teacher Education Quarterly,* 21(1), pp. 85–105.

Gros, B. y Silva, J. (2005). La formación del profesorado como docentes en los espacios virtuales de aprendizaje. *Revista Iberoamericana de Educación.* 36 (1).

Gundara, J.S. (2002). Educación para la diversidad social, intercultural y ciudadana en la Unión Europea). En Muñoz- Repiso, M y Le Métais, J.(2002)(eds*):*

Hacia una Europa diferente: Respuestas educativas a la Interculturalidad. Madrid: CIDE/CIDREE, pp. 29-46.

Hamilton, L. y Corbett-Whittier, C. (2013). *Using Case Study in Education Research* Bera.Washington: Sage.

Haro, J. (2011). *Redes sociales para la educación.* Madrid: Anaya.

Hawes, B.G. (2005). *Evaluación de competencias en la Educación Superior.* Talca: Universidad de Talca Instituto de investigación y desarrollo educacional. Proyecto Me cesup: Tarsal 0101.

Heckhausen, H. (1985). *Achievement motivation in perspective.* London. England: Academic Press.

Hernández, F. y Rosario, P. (2006).Promoción del Aprendizaje estratégico y competencias de aprendizaje en estudiantes de primero de universidad: evaluación de una intervención.*Revista de Investigación Educativa.* Vol 24, nº2, pp. 615-631.

Hernández, M.J. y Fuentes, M. (2011). Aprender a informarse en la red:¿Son los estudiantes eficientes buscando y seleccionando información? En *Teoría de la Educación: Educación y Cultura en la Sociedad de la Información.* Vol.12, n°1, pp.47-78.

Heyman, G.D. y Dweck, C.S. (1992). Achievement goals and intrinsic motivations.*Motivation and Emotion,* 16 (3) pp. 231-247.

http://recursostic.educacion.es/blogs/europa/2012 Horizon Report

Hymes, D. (1972). On Communicative Competence.In Pride, J. B., Holmes, J. (eds.), *Sociolinguístics.* Harmondsworth: Penguin. pp. 269-293.

Hymes, D. (1995). Acerca de la competencia comunicativa. En VVAA, *Competencia comunicativa. Documentos básicos en la enseñanza de las lenguas extranjeras.* Madrid: Edelsa. pp.27-46.

Iglesias, I. (2000). *Diversidad cultural en el aula de E/LE: la interculturalidad como desafío y como provocación,* en http//www.ub.es/filis/culturele/pragmati.html.

Informe Horizon 2012 Enseñanza Universitaria Instituto Nacional de Tecnologías Educativas y de Formación del Profesorado. Departamento de Proyectos Europeos. Marzo 2012. Disponible en: www.ite.educacion.es

Iranzo, P. y Queralt, E. (2011). Competencia comunicativa lingüística.Ensenyar i aprenderé a ser competent lingüisticament a I´educació obligatoria. *Revista Catalana de Pedagogía.* Vol. 7. pp. 55-79.

Jokikokko, K. (2005). Interculturally trained finish teachers´conceptions of diversity and intercultural competence. In *Intercultural Education.* Roudedge Taylor y Francis Group, vol. 16, n°1, pp. 69-83.

Jornet, J.M., González, J., Suárez, J.M. y Perglas(2011).Diseño de procesos de evaluación por competencias: consideraciones acerca de los estándares en el dominio de las competencias. *Bordón.* 63 (1) pp. 125-145.

Jornet, J.M. (2007). *Evolución de los aprendizajes universitarios.* Ponencia. Jornadas de Grupos de Formación del Profesorado. Cádiz: UCA.

Kennedy, M.M. (1998). Learning to teach: Does teacher education make a difference?, New York: Teachers College Record.

Kerby, A. (1991).*Narrative and the self.* Bloomington: Indiana University Press.

Kezar, A. y Eckel, P. (2002). Examining the institutional transformation process: The importance of sensemaking and interrelated strategies, and Balance. *Research in Higher Education.Vol. 43, n° 3. pp. 295-315.*

Kezar, A. y Eckel, P.D. (2002). The Effect of Institutional Culture on Change Strategies in Higher Education: Universal Principles or Culturally Responsive Concepts. En *The Journal of Higher Education*, vol. 73, n° 4, pp.435-460.

Knapp. K., y Knapp-Potthoff, A. (1990). Interkulturelle Kommunikation. In *Zeitschrift fur Fremdsprachenforschung*, I.S. pp. 62-93.

Knowles, G.J. (1992). Models for understanding pre-service and beginning teachers» biographies: Illustrations from case studies.In I.F. Goodson (Ed.).*Studying teachers» lives.* London: Routledge. pp. 99–152.

Kompf, M., Bond, W.R., Dworet, D., y Boak, R. T. (Eds.) (1996). *Changing research. Tand practice: Teachers» professionalism, identities and knowledge.* London, Washington, DC: Falmer Press.

Le Boterf, G. (1994). *De la competence: Essai sur un attracteur étrange.* París: Editions de l´Organisation.

Le Boterf, G. (2010). *Repensar la competencia.* París: Editions de l´Organisation.

Le Boterf, G. (2010,7ª edic.). *D´Ingénierie et l´evaluation des competences.*Paris: Editions d´Organisation.

Leví, G. (2011). *Análisis de la formación de competencias de los grados en las universidades españolas.* Tesis doctoral. Madrid: UNED.

Leví, G. y E. Ramos (2009). La competencia matemática. En Medina (Ed): *Formación y desarrollo de las competencias básicas.* Madrid: Universitas.

Leví, G. y E. Ramos (2012). Evaluación de la competencia matemática. En Domínguez, M. C. y García, P. (2012). *Tratamiento didáctico de las competencias básicas.* Madrid: Universitas.

Leví, G. y Ramos, E. (2012).Mapas de conceptos de los subcomponentes de las competencias en los nuevos grados universitarios. *Enseñanza & Teaching.* Vol. 30, n°2, pp. 23-43.

Leví, G. y Ramos, E. (en prensa). Componentes de las Competencias en los nuevos grados de algunas universidades en España. *Revista de Educación.* Madrid.

Limón, M. (2002).Motivational, social and contextual aspects of conceptual change.En M. Limón y L. Masón (2002) (eds.): *Reconsidering conceptual change.* Kluwer Academic Publisher, pp. 259-290.

Llobera, M. et al. (1995). *Competencia Comunicativa.* Madrid: Edelsa.

Locke, E.A. y Lathan, G.P. (1984). *Goal setting: a motivational Technique that works* New Jersey Prentice-Hall, Englewood cliffs.

López, E. (2012). Propuestas para la formación inicial del profesorado de educación secundaria en España. *Perspectiva educacional*, 51 (1), pp. 87-108.

López, B. y Tuts, M. (2012). *Orientaciones para la práctica de la orientación intercultural.* Madrid: Ed. Wolters Kluwer.

Majós.T., Álvarez, R. y de Gispert, I. (2009). Diseño de propuestas docentes con Tic para la enseñanza de la autorregulación en la educación superior.En *Revista de Educación*, 348, pp. 377-399.

Mallart, J. (2011). Competéncies educatives. Revisión conceptual, cronológica y bibliográfica. *Revista Catalana de Pedagogía*. Vol. 7. pp. 249-282.

Marchesi, A. (2007). *Sobre el bienestar de los docentes. Competencias, emociones y valores.* Madrid: Alianza.

Marín, J.L. (2010).*Web 2.0.* La Coruña: Netbiblo.

Martin, J. (1992*). Cultures in organizations: Three perspectives.* New York: Oxford University.

Martínez, P.y Echeverría, B. (2009). Formación basada en competencias.Murcia. *Revista de Investigación Educativa.*Vol. 27, nº1, p. 125.

Mas, O. (2012). Las competencias del docente universitario: la percepción del alumno, de los expertos y del propio protagonista. REDU, Revista de Docencia Universitaria, 10(2) 299-318.

Matveev, A.V. y Milter, R.G. (2004). The value of intercultural competence for performance of multicultural teams. *Team Performance Management*, vol. 10, nº 5/6, pp.104 – 111.

Mc Cormick, C. B. y Pressley, M. (1997). *Educational psychology: Learning, instruction, assessment.* New York: Longman.

Mead, G.H. (1934). *Mind, self and society.* Chicago: University of Chicago Press.

Medina, A. (1994). La colaboración, principio para la formación permanente del profesorado. *Revista de innovación pedagógica,* (3). pp.59-78

Medina, A. (1997). *El liderazgo en educación.* Madrid: UNED.

Medina, A. (1996). La autobiografía. Modalidad de formación del profesorado: posibilidades y limitaciones. En E. López-Barajas (ed.): *Historias de vida y la investigación biográfica. Fundamentos y Metodología.* Madrid: UNED. pp.162-183.

Medina, A. (1995). Formación del profesorado e innovación curricular.En *Revista Bordón*, 47(2). pp.143-159.

Medina, A. (1999). Identidad profesional de los formadores de personas adultas: la acción formativa, base de la transformación integral de la comarca. *Revista de Educación de Adultos.* pp. 2-3, 61-92.

Medina, C. (2013). *Formación de líderes e inteligencia emocional.* Madrid: Universitas.

Medina, C. (2012). *La empresa y la inversión en formación:El ROI*. Madrid: Universitas.

Medina, A. (2008). *Evaluación del dominio de las competencias docentes-discentes*. Seminario Internacional Formación del Profesorado. Morelia. Marzo 2008. Paper.

Medina, A. (2009). *Formación y desarrollo de las competencias básicas*. Madrid: Universitas.

Medina, A. (2009). Fundamentación de las competencias discentes y docentes. En A. Medina (ed.): *Formación y desarrollo de las competencias básicas*. Madrid: Universitas. pp.11-44.

Medina, A. (2011). *Innovación de la Educación y la Docencia*, Madrid: Editorial Universitaria Ramón Areces.

Medina, A. (2012). Modelos, criterios y pruebas para evaluar las competencias básicas. En M.C. Domínguez y P. García (2012). *Tratamiento Didáctico de las Competencias Básicas*. Madrid: Universitas. pp. 423-457.

Medina, A. y cols. (2007). Evaluación de la colaboración española e internacional en Programas de Formación de Docentes: Un modelo para un nuevo proyecto futuro desarrollo en el Espacio Europeo de Educación Superior (MOEES) (Resolución de 4 de noviembre de 2005). Madrid: Ministerio de Innovación y Ciencia.

Medina, A. y Domínguez, M.C. (1997). *Autodesarrollo profesional de los docentes*. Frankfurt, ECER Paper, septiembre.

Medina, A. y Domínguez, M.C. (1995). Constructing.teacher´s practical knowledge throught analysis of Geography Teacher´s Discourse. *En Olechowski y Khan-Srik (eds): Experimental Reserch o.n Teaching an Learnin*. Peter Lang. Frankfurt am Main. pp.95-117.

Medina, A. y Domínguez, M.C. (1990). *Formación del Profesorado en una sociedad tecnológica*. Madrid: Cincel.

Medina, A., Domínguez, M. C. y Sánchez, C. (2013). Evaluación de las competencias de los estudiantes: Modelos y técnicas para la valoración. *Revista de Investigación Educativa*. Vol.31, (1) 239-256.

Medina, A. y Domínguez, M.C (2005). La formación del profesorado ante los nuevos retos de la interculturalidad. En Medina, et al.: *Interculturalidad, Formación del Profesorado y Educación*. Madrid: Pearson Educación. pp. 27-50.

Medina, A., Herranz, A. y Sánchez, C. (2012). *Formación pedagógica y práctica del profesorado*. Madrid: Editorial Universitaria Ramón Areces.

Medina, A., Medina, C. (2012). Formación y práctica de la competencia comunicativa del profesorado.En M.C. Domínguez y P. García (2012) *Tratamiento Didáctico de las Competencias Básicas*. Madrid: Universitas. pp.161-207.

Medina, A. y Sevillano, M.L. (2010) (Eds.). *Diseño, desarrollo e innovación del curriculum en las instituciones educativas*. Madrid: Universitas.

Medina, A., Sevillano, M.L y De la Torre, S. (2009) (eds.). *La universidad del siglo XXI*. Madrid: Universitas.

Mendoza, A. (Ed.) (2003). *Didáctica de la lengua*. Madrid: Pearson Educación.

Miguel, M. de (coord.) (1993). *Evaluación y desarrollo profesional docente*. Oviedo: Departamento de Ciencias de la Educación de la Universidad de Oviedo.

Morín, E. (2001). *I sette saperi necessari all'educazione del future*. Milano: R. Cortina.

Muñoz, R. y Le Métais, J. (2002). *Hacia una Europa diferente: Respuestas educativas a la interculturalidad*. Madrid: CIDE/CIDREE. pp.293-314.

Nias, J. (1989). Teaching and the self.In M. L. Holly, y C. S. McLoughlin (Eds.), *Perspective on teacher professional development*.London: Falmer Press. pp. 151–171.

OCDE (2002).*La definición y la selección de la competencia clave. (DeSeCo)*. Resumen ejecutivo de: http:/www.OECD.org/edu/statistics/deseco.

Oser, F.K. (1992). Morality in professional action: A discourse approach for teaching.In F.K. Oser (1992).*Effective and Responsible Teaching: The New Synthesis*. San Francisco: Jossey-Bass Inc.

Oser, A. Dick, y J.L. Patry (2010). *Efective and responsible teaching* San Francisco: Jossey-Bass pp. 109-125.

Pérez, R. (2007). *Evaluación de los aprendizajes y las competencias en el EEES*. Paper Ponferrada 21-22 de junio seminario de diseño de títulos de grado.

Perrenoud, P. (2004). *Desarrollar la práctica reflexiva en el oficio de enseñar. Profesionalización y razón pedagógica*. Barcelona: Graó.

Perrenoud, P. (2004). *Diez nuevas competencias para enseñar*. Barcelona: Graó.

Perrenoud, P. (2008). Construir las competencias, ¿es darle la espalda a los saberes?En *Revista de Docencia Universitaria (REDU)*, número 11 «Formación centrada en competencias». http://www.redu.m.es/Red_U/m2

Quiceno, H. (2007). *Pensar en la profesión docente es pensar en la Calidad de la Educación*. Bogotá, Colombia: Agenda Educativa.

Ramos, E., Vélez, R., Hernández, J., Navarro, E. Carmena, y Carrillo, J.A. (2009). Sistemas Inteligentes para el diseño de procedimientos equilibrados para la evaluación de competencias. En M. Santamaría y A. Sánchez-Elvira (coord.). *La UNED ante el EEES. Redes de investigación en innovación docente 2006/2007*. Madrid:Colección Estudios de la UNED, pp.597-610.

Richardson, V. (2001). *Handbook of research in teaching*. American Educational Research. Washington.

Risager, K. (2000). The teacher´s intercultural competence.In *Sprogforum*, n° 18, Vol. 6, pp. 14-20.

Rodríguez, R.A. (2005). *Desarrollo Institucional y del profesorado desde la evaluación como cultura innovadora. Tesis Doctoral*. Madrid: UNED.

Rosales, C. (2000). *Evaluar es reflexionar sobre la enseñanza*. Madrid: Narcea.

Russel, M. (2001). *La Universidad ayer, la Universidad hoy.* Bogotá: Universidad Externado de Colombia.

Sachs, J. (1999). *Teacher Professional Identity: competing discourses, competing outcomes, Paper Presented at AARE Conference Melbourne, November 1999,* Recuperado el 14 de febrero de 2013 de www.aare.edu.au/99pap/sac99611.htm

Sachs, J. (2001). Teacher Professional Identity: competing discourses, competing outcomes. *Journal Education Policy,* 16 (2), 149-161.

Saldívar, D. (2006). *Modelo curricular basado en el ejercicio del razonamiento clínico.* México: Universidad Autónoma de Nuevo León.

Sánchez, C y Cacheiro, M.L (2012) (coord.).»La integración de los recursos digitales en Educación Social». Documento Policopiado. Memoria de Proyecto de Innvoación de Redes 2012.UNED.

Sánchez, C. (2011). El educador social se orienta en la tecnoselva contemporánea: evaluación y selección de recursos para la intervención socioeducativa. En: D.J. Gallego; C.M. Alonso y M.L. Cacheiro (Coord.). *Educación, Sociedad y Tecnología.* Madrid: Editorial Universitaria Ramón Areces. pp. 367-388.

Sánchez, C. y Pérez, E. (2011*).* Actividades comunes, intercambios e internacionalización de la enseñanza práctica. En A. Medina, A. De la Herrán y C. Sánchez (Coord.). *Formación Pedagógica y práctica del profesorado.* Madrid: Editorial Universitaria Ramón Areces. pp. 217-246.

Scallon, G. (2004). *L´évaluation des apprentissages dans une approche par compétences.*Saint-Laurent, QC: ERPI.

Scriven, M. (1969).The methodology of evaluation. En Tyler, R, Gagne y Scriven, M. (1969). *Perspectives of Curriculum Evaluation.* Chicago: Rand and MacNally.

Secchi, M.A. (2005). *Hacia una teoría del aprendizaje centrado en las motivaciones.* Rosario, Argentina Tesis. Maestría en Educación Universitaria. IUNIR.

Secchi, M. A. y Darós, W. (2010). *Motivación. La enseñanza centrada en motivaciones.* En M.A. Secchi. *Didáctica Aplicada a la Medicina y Ciencias de la Salud.* Rosario, Argentina: Amalevi.

Secchi, M. y Medina, A. (2010) (Eds). *Didáctica Aplicada a la Medicina y Ciencias de la Salud.* Rosario: Amalevi.

Seligman, M. (2004). *Aprenda optimismo.* Barcelona: Nuevas ediciones de bolsillo.

Senge, G. y cols.(2000). *La danza del cambio.* Barcelona: Gestión.

Senge, P. (1995). *La quinta disciplina.* Barcelona: Granica.

Sevillano, L.M. (2003). *Nuevas tecnologías aplicadas a la Educación.* Madrid: UNED.

Sevillano, L.M. (Dir.) (2009).*Competencias para el uso de herramientas virtuales en la vida, trabajo y formación permanentes.* Madrid: Pearson Educación.

Sosinski, B. (2012). *La nube.* Madrid: Ed. Anaya.

Spencer, L.M y Spencer, S.M. (1993).*Competence at work. Models for superior performance.*New York: J.Willey.

Sternberg, R.J. y Horvath, J.A. (1995*).* A prototype view of expert teaching.*Educational Researcher,*24(6), p. 917.

Stiggings, R.J., Arter, J.A., Chappuis, J. y Chappuis, S. (2004). *Classroom assessment for student learning. Doing it right – Using it well.* Portland, OR: Assessment Training Institute.

Tajfel, H. y Turner, J.C. (1986). The social identity theory of intergroup behaviour. En S. Worchel y W. G. Austin (Eds.). *Psychology of intergroup relations.*Chicago: IL Nelson-Hall, pp. 7–24.

Tardif, M. (2004). *Los saberes del docente y su desarrollo profesional.* Madrid: Narcea.

Taylor, E.W.(1994). Intercultural competency:A transformation learning process. *Adult education quarterly*, 44 (3), pp. 154-174.

Tejada, J. (1999a). Acerca de las competencias profesionales I. *Herramientas*, 56, pp.20-30.

Tejada, J. (1999b). Acerca de las competencias profesionalesII. *Herramientas*, 57, pp.8-14.

Thomas, P.B. (2000). The competency-based professional curriculum: a key component of vision success.(CPA´s).*Journal of Accountancy*, American Institute of CPA´s.

Tiemey, W. (1988).Organizational culture in higher education.*Journal of Higher Education*, 59, pp. 2-21.

Tobón, S. (2006). *Formación basada en Competencias.* Bogotá: ECOE.

Torrado, P. y María, C. (2000). Educar para el desarrollo de las competencias una propuesta para reflexionar. En M.D. Bagoyaet. al.(2000) *Competencias y proyecto pedagógico.* Bogotá: Unilibros.

UNESCO (2008) *Estándares de competencias en Tic Para Docentes.* Disponible en:http://unesdoc.unesco.org/images/0016/001631/163149s.pdf

Unturbe, A. y Arenas, M.C. (2011). *Internet como recurso educativo.* Madrid: Anaya.

Valle, A. (1999). Un modelo cognitivo-motivacional explicativo del rendimiento académico en la universidad. *Estudios de Psicología*, 63. pp. 77-100.

Vial, M. (2006). Les relations entre formation et évaluation:Perspectives de recherches. *Mesure et évaluation en éducation*, 29 (1), pp. 81-97.

Villa, A. y M. Poblete. (2011). Evaluación de competencias genéricas: principios, oportunidades y limitaciones. *Bordón*, 63 (1), pp. 147-170.

Villa, A. y Poblete, M. (2007). *Aprendizaje basado en competencias: una propuesta para la evaluación de las competencias genéricas.* Bilbao: Universidad de Deusto.

Villa, A. y M. Poblete. (2004). Practicum y Evaluación de competencias. *Revista de Currículum y Formación del Profesorado,* 8 (2) Universidad de Granada. Recuperado el 2 de Enero de 2012 de http://www.ugr.es/-recfpro/rev82ART2.pdf.

Villar, L.M. (2008). Competencias básicas para uso y dominio de los nuevos medios e instrumentos.En Sevillano García, M.L. (Coord.): *Nuevas Tecnologías en educación Social.* Madrid: McGraw Hill, pp. 53-84.

Villar, L.M. (2004). *Programa para la mejora de la docencia universitaria.* Madrid: Pearson Educación.

Villar, L.M. (2004). *Manual para la excelencia en la educación superior.* Madrid: McGraw-Hill.

Volkmann, M.J. y Anderson, M. A. (1998). Creating professional identity: Dilemmas and metaphors of a first-year chemistry teacher.*Science Education*, 82(3). pp.293-310.

Weiner, B. y Kukla, A. (1970). An attributional analysis of achievement motivation. *Journal of personality and social psychology.* pp. 15(1). pp. 1-20.

Weinert, F.E.(2001). Concept of competence: a conceptual clarification.In Rychen, D.S. and Salganik, L.H (Eds).*Defining and selecting key competencies.* Göttingen:Hogreffe, pp.45-66.

Wertera, W. (2001). Competences in education: a confusion on tongues. *Journal of Curriculum Studies*, 33 (1) pp. 75-88.

Widdowson, H. (1978). *Teaching Language as Communication.*Oxford: Oxford University Press.

Winkin, Y. (ed.) (1981). *La nueva comunicación.* Barcelona: Kairós.

Woods, P. (2012). *Teacher Strategies: Explorations in the Sociology of the School*, Volumen 208. London: Routledge.

Yinger, R. y Hendricks-Lee, M. (1993).Working knowledge in teaching. In C. Day, J. Calderhead y P. Denicolo, *Research on teacher thinking: Understanding professional development.* London: Falmer Press. pp. 100-123.

Zabalza, M.A. (2002). *La enseñanza universitaria: El escenario y sus protagonistas.* Madrid: Nancea.

Zabalza, M.A. (2006). *Competencias docentes del profesorado universitario. Calidad y desarrollo profesional.* Madrid: Narcea.

Zabalza, M.A. y Cid, A. (2006). La tutoría en la universidad desde el punto de vista del profesorado.*Bordón.* Vol. 58, n° 2. pp.247-267.

Zabalza, M.A. (2006). *La Universidad y la docencia en el mundo de hoy.* Bogotá: Multimedios.

Zabalza, M.A. (2012). Articulación y rediseño curricular: el eterno desafío institucional. En *Revista de Docencia Universitaria*, vol. 10, n° 3. pp. 17-48.

ANEXO

Cuestionario AECID

Proyecto: «Diseño y aplicación de actividades innovadoras de enseñanza-aprendizaje para el desarrollo de competencias docentes»

El cuestionario que le presentamos tiene como objetivo explorar las competencias docentes de los/as profesores universitarios; el cual se enmarca dentro de la investigación denominada «**Diseño y aplicación de actividades innovadoras de enseñanza-aprendizaje para el desarrollo de competencias docentes**». Los resultados de este estudio permitirán el diseño de un modelo de formación docente de acuerdo a las necesidades encontradas en cada país, sin ninguna repercusión negativa.

El cuestionario consta de preguntas por competencia para evaluar con una escala de valores (1 al 6, siendo 1 el valor mínimo y 6 el valor máximo), una pregunta abierta y una pregunta final integradora.

1. Nunca-ninguno   2. Excepcionalmente   3. Poco

4. Frecuentemente   5. Casi Siempre   6. Siempre

Le pedimos la máxima sinceridad en sus respuestas.

Edad: 25-35 (___)   36-45 (___)   46-55 (___)   más de 55 (___)

Género: F (___)   M (___)

Años de experiencia docente universitaria:

_____

Universidad:

_____

Facultad / Departamento:

_____

Categoría o cargo docente:

_____

Área de conocimiento:

_____

Modalidad: Presencial (___)

Distancia (___)

Bi-modal (___)

Titulación académica máxima alcanzada:

Tecnólogo (___)

Licenciado/Ingeniería/Arquitectura/Doctor (___)

Diplomado (___)

Especialización (___)

Maestría (___)

Doctorado PhD (___)

I. Competencia de Planificación: Planifica el proceso enseñanza-aprendizaje con pertinencia y eficacia.

	1	2	3	4	5	6
1. Al planificar su asignatura tiene en cuenta el plan de estudios y el título profesional correspondiente.						
2. Basa su planificación en evidencias científicas y didácticas.						
3. Selecciona y actualiza en cada curso las fuentes pertinentes para su asignatura.						
4. La planificación de su asignatura la realiza tomando en cuenta las competencias profesionales del egresado.						
5. En el conjunto de su responsabilidad docente incluye la planificación de la asignatura.						
6. El diseño de tareas relevantes para los estudiantes es un aspecto esencial de la planificación de su docencia.						
7. Valore del 1 al 6 esta competencia para la mejora de su práctica profesional.						

Formule algunas tareas que le faciliten el dominio de esta competencia.

_____

_____

_____

_____

_____

_____

_____

_____

_____

_____

_____

_____

II. Competencia de Comunicación: Comunica oralmente y por escrito de manera veraz y oportuna.

	1	2	3	4	5	6
1. El discurso empleado en su proceso de enseñanza-aprendizaje es claro y preciso.						
2. El proceso comunicativo realizado con sus estudiantes incorpora estos códigos: verbal, no verbal, para verbal, icónico y escrito.						
3. El grado de interacción entre el docente y el estudiante se realiza con empatía.						
4. Los estudiantes presentan repetidas preguntas acerca de un tema explicado.						
5. La comunicación en el proceso de enseñanza-aprendizaje se ha facilitado por la incorporación de las TIC.						
6. Valore del 1 al 6 esta competencia para la mejora de su práctica profesional.						

Formule algunas tareas que le faciliten el dominio de esta competencia.

_____

_____

_____

_____

_____

_____

_____

_____

_____

_____

_____

_____

III. Competencia de Motivación: Motiva el aprendizaje para obtener logros académicos significativos.

	1	2	3	4	5	6
1. Trabaja en clase las motivaciones de los estudiantes.						
2. Considera que el ser humano (aprendiz) se moviliza por valores que motivan su inteligencia y su voluntad de aprender						
3. El aprendizaje basado en problemas refuerza las motivaciones internas y externas del estudiante.						
4. El aprendizaje orientado a la formación por «Competencias» le motiva en el desarrollo de su docencia.						
5. Aplica reconocimientos y recursos motivacionales externos para lograr mayor rendimiento académico.						
6. Valore del 1 al 6 esta competencia para la mejora de su práctica profesional.						

Formule algunas tareas que le faciliten el dominio de esta competencia como docente.

_____

_____

_____

_____

_____

_____

_____

_____

_____

_____

_____

_____

IV. Competencia de Metodología: Gestiona la diversidad de métodos y actividades formativas.

	1	2	3	4	5	6
1. Considera usted que los métodos didácticos utilizados facilitan el aprendizaje de sus estudiantes.						
2. Aplica diferentes estrategias metodológicas para el aprendizaje de los estudiantes.						
3. Emplea diversas actividades didácticas coherentes con los métodos didácticos elegidos para el logro de los objetivos propuestos.						
4. Presenta casos prácticos pertinentes y relacionados con el contexto para comprender los temas.						
5. Construye un sistema metodológico integrado que responde a la diversidad de expectativas y cultura de los estudiantes.						
6. Las tareas relacionadas con la solución de problemas, proyectos y estudio de casos son esenciales para la formación de las competencias profesionales.						
7. Valore del 1 al 6 esta competencia para la mejora de su práctica profesional.						

Formule algunas tareas que le faciliten el dominio de esta competencia como docente.

_____

_____

_____

_____

_____

_____

_____

_____

_____

V. Competencia de Integración de medios: Integra medios tecnológicos como un elemento esencial del diseño curricular para facilitar el aprendizaje.

	1	2	3	4	5	6
1. Con qué frecuencia incorpora las TIC en el proceso de aprendizaje.						
2. Se actualiza en el manejo de la integración de los medios para mejorar el proceso de aprendizaje.						
3. El conjunto de materiales didácticos que usted elabora es esencial para el proceso enseñanza-aprendizaje.						
4. Con qué frecuencia diseña material didáctico para la innovación de su docencia.						
5. Considera necesaria su especialización en el diseño e integración de medios didácticos para la mejora de la enseñanza.						
6. La organización de las tareas la realiza en coherencia con los métodos y los medios didácticos.						
7. Valore del 1 al 6 esta competencia para la mejora de su práctica profesional.						

Formule algunas tareas que le faciliten el dominio de esta competencia como docente.

_____

_____

_____

_____

_____

_____

_____

_____

_____

_____

VI. Competencia de tutoría: Orienta y asesora el aprendizaje.

	1	2	3	4	5	6
1. Asesora a los estudiantes en su proceso de aprendizaje.						
2. La modalidad tutorial enriquece la práctica docente y beneficia el aprendizaje del estudiante.						
3. El proceso tutorial queda mejorado con el uso de las TIC.						
4. La tarea tutorial se orienta a atender las preguntas y dificultades que presentan los estudiantes en su proceso de aprendizaje.						
5. El tiempo dedicado a la función tutorial de su asignatura es suficiente.						
6. Valore del 1 al 6 esta competencia para la mejora de su práctica profesional.						

Formule algunas tareas que le faciliten el dominio de esta competencia como docente.

_____

_____

_____

_____

_____

_____

_____

_____

_____

_____

_____

_____

_____

_____

VII. Competencia de Evaluación: Evalúa el proceso de aprendizaje del estudiante y es responsable de la mejora continuo de su curso.

	1	2	3	4	5	6
1. Aplica de manera formativa y equitativa las evaluaciones.						
2. Utiliza instrumentos de evaluación coherentes con la modalidad evaluativa elegida.						
3. Ofrece alternativas de evaluación a los estudiantes con dificultades.						
4. Analiza con sus estudiantes los resultados de las evaluaciones.						
5. Toma decisiones para la mejora a partir de los resultados de la evaluación.						
6. La selección y secuenciación de las tareas evaluativas demanda del profesorado un conocimiento profundo de las expectativas y exigencias de los estudiantes y de la asignatura.						
7. Valore del 1 al 6 esta competencia para la mejora de su práctica profesional.						

Formule algunas tareas que le faciliten el dominio de esta competencia como docente.

_____

_____

_____

_____

_____

_____

_____

_____

_____

_____

VIII. Competencia de investigación: Investiga sobre su acción didáctica.

	1	2	3	4	5	6
1. Participa en grupos de investigación educativa.						
2. La investigación de su propia práctica educativa mejora la calidad de su docencia.						
3. Promueve la investigación de los estudiantes en su área respectiva.						
4. Comparte los resultados de la investigación con sus colegas y estudiantes.						
5. La investigación en su actividad docente ha beneficiado la cultura de innovación del profesorado y de la institución.						
6. Valore del 1 al 6 esta competencia para la mejora de su práctica profesional.						

Formule algunas tareas que le faciliten el dominio de esta competencia como docente.

_____

_____

_____

_____

_____

_____

_____

_____

_____

_____

_____

_____

_____

_____

_____

IX. Competencia de pertenencia institucional: Incorpora sentido de pertenencia institucional y trabajo en equipo.

	1	2	3	4	5	6
1. El proyecto educativo institucional de su universidad es valorado por usted.						
2. En qué grado participa y fomenta el trabajo en equipo.						
3. Aporta ideas e iniciativas a la mejora de la cultura de su institución para consolidar la imagen institucional.						
4. Considera que sus aportaciones contribuyen al desarrollo institucional.						
5. Su práctica docente propicia el clima colaborativo en la institución.						
6. Valore del 1 al 6 esta competencia para la mejora de su práctica profesional.						

Formule algunas tareas que le faciliten el dominio de esta competencia como docente.

_____

_____

_____

_____

_____

_____

_____

_____

_____

_____

_____

_____

_____

X. Competencia de innovación: Innova la docencia

	1	2	3	4	5	6
1. Considera la innovación de la docencia una línea necesaria para su formación docente.						
2. La innovación es coherente con las transformaciones necesarias en el proceso de enseñanza-aprendizaje.						
3. El proceso enseñanza-aprendizaje ha de fundamentarse en un modelos de innovación didáctica.						
4. La innovación de la docencia la ha adquirido como un proceso de indagación y reflexión de su práctica universitaria.						
5. La investigación es la fuente principal para la innovación educativa.						
6. Valore del 1 al 6 esta competencia para la mejora de su práctica profesional.						

Formule algunas tareas que le faciliten el dominio de esta competencia como docente.

_____

_____

_____

_____

_____

_____

_____

_____

_____

_____

_____

_____

_____

XI. Competencia Intercultural: Adopta una posición activa en la enseñanza para la diversidad socio-cultural y personal del alumnado.

	1	2	3	4	5	6
1. Las tareas propuestas a los estudiantes integran la atención a sus necesidades y a los desafíos de la sociedad del conocimiento.						
2. La atención a la diversidad cultural de los estudiantes la tengo presente en los momentos fundamentales del proceso de enseñanza aprendizaje.						
3. Las diferencias socio-culturales constituyen en un mundo globalizado, la base para comprender el verdadero perfil del estudiante del siglo XXI.						
4. Las identidades culturales amplían las concepciones y transforman las prácticas del docente.						
5. Adoptar una actitud favorable a la diversidad socio-cultural favorece la formación del profesional que cada país necesita.						
6. Valore del 1 al 6 esta competencia para la mejora de su práctica profesional.						

Formule algunas tareas que le faciliten el dominio de esta competencia como docente.

_____

_____

_____

_____

_____

_____

_____

_____

_____

_____

XII. Competencia de Identidad profesional docente: Desarrollo e implicación con la profesión docente.

	1	2	3	4	5	6
1. Considera que la actividad profesional de la docencia es relevante para usted.						
2. El desempeño del proceso de enseñanza aprendizaje le produce satisfacción.						
3. Se encuentra en una situación de armonía al realizar la docencia.						
4. La identidad profesional la asume como un desafío permanente.						
5. La práctica de su enseñanza depende del proceso de su desarrollo profesional.						
6. Valore del 1 al 6 esta competencia para la mejora de su práctica profesional.						

Formule algunas tareas que le faciliten el dominio de esta competencia como docente.

_____

_____

_____

_____

_____

_____

_____

_____

_____

_____

_____

_____

Ordene las siguientes competencias según la importancia que le otorgue, de la 1 a la 12:

- Planificación
- Motivación
- Integración de Medios
- Evaluación
- Pertenencia Institucional
- Intercultural

- Comunicación
- Metodología
- Tutoría
- Investigación
- Innovación
- Identidad profesional docente

COMPETENCIA	ORDEN
	1
	2
	3
	4
	5
	6
	7
	8
	9
	10
	11
	12

Indique los elementos más relevantes del programa de formación docente que mejor le ha formado en los últimos años.

_____

_____

_____

_____

_____

_____